工会工作者岗位能力提升丛书

GONGHUI GONGZUOZHE GANGWEI
NENGLI TISHENG CONGSHU

# 怎样当好 劳动争议调解员

ZENYANG DANGHAO LAODONG
ZHENGYI TIAOJIEYUAN

潘泰萍◎编著

中国工人出版社

**图书在版编目（CIP）数据**

怎样当好劳动争议调解员 / 潘泰萍编著. —北京：中国工人出版社，2016.6
ISBN 978-7-5008-6433-2

Ⅰ.①怎… Ⅱ.①潘… Ⅲ.①劳动争议－调解－中国－问题解答 Ⅳ.①D922.591-44

中国版本图书馆CIP数据核字（2016）第121644号

怎样当好劳动争议调解员

---

**出 版 人** 芮宗金
**责任编辑** 王 璇
**责任校对** 孙逦伟
**责任印制** 栾征宇
**出版发行** 中国工人出版社
**地　　址** 北京市东城区鼓楼外大街45号 邮编：100120
**网　　址** http://www.wp-china.com
**电　　话** （010）62350006（总编室）（010）62005039（出版物流部）
（010）82075935（工会与劳动关系分社）
**发行热线** （010）62004002 （010）82081553（传真）
**经　　销** 各地书店
**印　　刷** 北京市密东印刷有限公司
**开　　本** 700毫米×1000毫米 1/16
**印　　张** 18.5
**字　　数** 270千字
**版　　次** 2016年7月第1版 2016年7月第1次印刷
**定　　价** 45.00元

---

**本书如有破损、缺页、装订错误，请与本社出版物流部联系更换**

# CONTENTS 目录


**一、劳动争议调解员必备的基础知识** ………………………………… 1

1. 什么是劳动争议？ ……………………………………………… 3
2. 引发劳动争议的原因主要有哪些？ ………………………… 3
3. 劳动争议分哪几种类型？ …………………………………… 4
4. 我国处理劳动争议的机构有哪些？ ………………………… 5
5. 引发集体劳动争议的原因是什么？ ………………………… 6
6. 劳动关系调整机制由哪些方面构成？ ……………………… 7
7. 什么是劳动合同制度？ ……………………………………… 7
8. 什么是平等协商与集体合同制度？ ………………………… 8
9. 什么是三方协商机制？ ……………………………………… 8
10. 什么是职工代表大会制度？ ……………………………… 10
11. 什么是劳动争议处理制度？ ……………………………… 11
12. 什么是劳动保障监察制度？ ……………………………… 11
13. 劳动争议的处理应该遵循哪些原则？ …………………… 11
14. 劳动争议处理的程序分几步？ …………………………… 12
15. 劳动争议可以协商解决吗？ ……………………………… 13
16. 劳动争议协商解决的程序是怎么规定的？ ……………… 13
17. 劳动争议调解是一个必经的过程吗？ …………………… 14
18. 在什么情况下可以申请劳动争议仲裁？ ………………… 15

19. 在什么情况下可以提起诉讼？ …………………………………… 15
20. 集体劳动争议如何进行调解、仲裁或者诉讼活动？ ……… 16
21. 什么是劳动争议调解？ ………………………………………… 17
22. 什么时候可以进行劳动争议调解？ ……………………………… 17
23. 劳动争议调解具体分为哪几种类型？ ………………………… 18
24. 发生劳动争议后当事人可以向哪些调解组织申请调解？ ……… 19
25. 劳动争议调解有哪些原则？ …………………………………… 19
26. 劳动争议调解有哪些作用？ …………………………………… 22
27. 劳动争议调解的效力有哪些？ ………………………………… 23
28. 什么情况下要设立企业劳动争议调解委员会？ ……………… 24
29. 企业劳动争议调解委员会由哪些人员组成？ ………………… 25
30. 企业劳动争议调解委员会的职责是什么？ …………………… 25
31. 对企业劳动争议调解员有什么具体规定？ …………………… 25
32. 企业劳动争议调解员应履行哪些职责？ ……………………… 26
33. 什么是基层人民调解组织？ …………………………………… 26
34. 人民调解在劳动争议调解中有什么作用？ …………………… 27
35. 什么是乡镇、街道劳动争议调解组织？ ……………………… 27
36. 乡镇、街道劳动争议调解组织有哪些职责？ ………………… 28
37. 劳动争议调解的流程是什么？ ………………………………… 29
38. 劳动争议调解的具体程序是什么？ …………………………… 29
39. 劳动争议调解期限要求是什么？ ……………………………… 31
40. 劳动争议调解需要收取费用吗？ ……………………………… 31
41. 当事人如何进行劳动争议调解的申请？ ……………………… 31
42. 劳动争议调解申请书怎么写？ ………………………………… 31
43. 口头申请劳动争议调解的要求有哪些？ ……………………… 33
44. 劳动争议调解达成一致后需要签署什么文件？ ……………… 33
45. 劳动争议调解协议书包括哪些内容？ ………………………… 33
46. 劳动争议调解协议书的效力是如何规定的？ ………………… 35

47. 未达成调解协议怎么办？ …………………………………… 36
48. 达成调解协议后不履行怎么办？ ……………………………… 36
49. 什么叫劳动争议调解意见书？ ………………………………… 37
50. 劳动争议调解意见书的作用是什么？ ………………………… 38

二、劳动争议调解员角色定位与素质要求 ……………………… 39

51. 什么是劳动争议调解员？ ……………………………………… 41
52. 为什么要培养劳动争议调解员？ ……………………………… 41
53. 担任劳动争议调解员的条件有哪些？ ………………………… 42
54. 劳动争议调解员的职责有哪些？ ……………………………… 43
55. 企业劳动争议调解委员会是如何组成的？ …………………… 44
56. 企业劳动争议调解员的条件和职责是什么？ ………………… 44
57. 劳动争议调解员需要具备哪些素质？ ………………………… 44
58. 劳动争议调解员要遵守哪些职业道德守则？ ………………… 45
59. 劳动争议调解员要坚持哪些职业操守？ ……………………… 47
60. 劳动争议调解员应具备哪些能力？ …………………………… 48
61. 劳动争议调解员的行为规范有哪些？ ………………………… 49
62. 劳动争议调解员怎样进行劳动争议调解？ …………………… 50
63. 劳动争议调解员怎样有效促进劳资双方的沟通？ …………… 51
64. 劳动争议调解员怎样有效管理劳资冲突？ …………………… 52
65. 劳动争议调解员在调解过程中有哪些禁忌？ ………………… 53
66. 劳动争议调解员在调解过程中应注意哪些细节？ …………… 55

三、劳动争议调解员工作方法与调解技巧 ……………………… 57

67. 劳动争议调解员调解的原则是什么？ ………………………… 59
68. 劳动争议调解员常用的调查方法有哪些？ …………………… 59
69. 劳动争议调解的具体方法有哪些？ …………………………… 60
70. 什么是面对面调解法？ ………………………………………… 61

71. 什么是背靠背调解法？ …………………………………… 61
72. 什么是赞扬激励法？ …………………………………… 61
73. 什么是换位思考法？ …………………………………… 62
74. 什么是苗头预测法？ …………………………………… 62
75. 什么是抓住主要矛盾进行调解法？ …………………… 64
76. 什么是抓住关键人物进行调解法？ …………………… 64
77. 什么是冷处理法？ ……………………………………… 64
78. 什么是依靠多种社会力量协助调解法？ ……………… 65
79. 什么是先易后难、逐个击破法？ ……………………… 65
80. 劳动争议调解员需要掌握哪些调解技巧？ …………… 65
81. 劳动争议调解员谈话技巧的重要性？ ………………… 67
82. 如何做好谈话的准备工作？ …………………………… 67
83. 如何选择最佳的谈话时机？ …………………………… 67
84. 谈话策略有哪些？ ……………………………………… 68
85. 如何根据中心话题采取不同的谈话方式？ …………… 68
86. 谈话过程中如何调整个人情绪？ ……………………… 69
87. 劳动争议调解员如何进行调解的风险控制？ ………… 69
88. 为什么掌握纠纷概况是做好调解工作的前提？ ……… 71
89. 如何营造宽松的调解环境？ …………………………… 71
90. 如何掌控劳动争议调解的氛围？ ……………………… 72

**四、工会与劳动争议调解的关系问题** …………………… 73

91. 工会与劳动争议调解员的关系？ ……………………… 75
92. 工会的劳动争议调解员的工作有哪些特点？ ………… 76
93. 工会代表担任劳动争议调解员有哪些职责？ ………… 76
94. 工会在劳动争议调解工作中处于什么地位？ ………… 76
95. 工会在劳动争议处理中有什么作用？ ………………… 77
96. 工会在劳动争议处理中如何发挥作用？ ……………… 78

97. 工会在劳动争议预防中有什么作用？ …………………… 79
98. 工会如何预防劳动争议？ ………………………………… 80
99. 工会在劳动争议调解中有哪些职责？ …………………… 82
100. 工会在企业劳动争议调解中有哪些权利？ ……………… 84
101. 工会参与劳动争议调解的原则有哪些？ ………………… 84
102. 工会如何强化劳动争议调解组织建设？ ………………… 84
103. 工会如何健全劳动争议调解工作制度？ ………………… 86
104. 工会如何加强对劳动争议调解工作的领导？ …………… 86

**五、不可不知的劳动合同问题** ………………………………… 87

**（一）建立劳动关系时** …………………………………………… 89
105. 建立劳动关系时，用人单位应告知劳动者哪些内容？ …… 89
106. 建立劳动关系必须订立书面劳动合同吗？ ……………… 89
107. 如何理解签订劳动合同时劳动者的告知义务？ ………… 90
108. 用人单位的用工禁止规定包括哪些内容？ ……………… 91
109. 劳动关系的起算时间如何计算？ ………………………… 91
110. 劳动合同的期限有几种类型？ …………………………… 93
111. 什么是固定期限劳动合同？ ……………………………… 93
112. 什么是无固定期限劳动合同？ …………………………… 94
113. 无固定期限劳动合同可以解除或变更吗？ ……………… 95
114. 什么情况下必须订立无固定期限劳动合同？ …………… 96
115. 什么是以完成一定工作任务为期限的劳动合同？ ……… 97
116. 什么条件下可以签订以完成一定工作任务为期限
的劳动合同？ ……………………………………………… 97
117. 应如何理解《劳动合同法》规定的连续工作年限？ ……… 98
118. 劳动合同必备条款的内容有哪些？ ……………………… 98
119. 劳动合同约定条款的内容有哪些？ ……………………… 99
120. 劳动合同必备条款约定不明确怎么办？ ………………… 99

121. 劳动合同的试用期是如何规定的？ …………………… 100
122. 试用期的生效要件包括哪些？ ……………………… 101
123. 试用期的工资如何支付？ ………………………… 103
124. 试用期能够解除劳动合同吗？ ……………………… 104
125. 劳动合同中可以规定服务期吗？ …………………… 106
126. 劳动者违反服务期的规定需要支付违约金吗？ ………… 108
127. 用人单位在什么情况下可以进行竞业限制的规定？ …… 109
128. 竞业限制的对象是谁？ …………………………… 109
129. 竞业限制的期限多长？ …………………………… 109
130. 用人单位和劳动者违反竞业限制约定的后果是什么？ …… 109
131. 什么样的劳动合同被认定是无效或部分无效劳动合同？…… 110
132. 劳动合同是否无效由哪个机构认定？ ………………… 111
133. 对部分无效的劳动合同如何进行处理？ ……………… 111
134. 劳动合同无效时的劳动报酬如何确定？ ……………… 111
（二）履行和变更劳动合同时 ………………………… 112
135. 劳动关系双方在劳动合同履行中应遵循哪些原则？ …… 112
136. 劳动合同履行中用人单位有哪些法定义务？ …………… 113
137. 劳动合同履行中劳动者有哪些法定义务？ …………… 114
138. 用人单位可以单方面制定规章制度吗？ ……………… 114
139. 什么情况下可以变更劳动合同？ …………………… 116
140. 用人单位发生变化后劳动合同如何履行？ …………… 117
141. 用人单位发生合并或者分立后劳动者怎么办？ ………… 119
（三）解除和终止劳动合同时 ………………………… 120
142. 什么是劳动合同的解除？ ………………………… 120
143. 什么是劳动合同的终止？ ………………………… 120
144. 如何区分劳动合同解除和劳动合同终止？ …………… 120
145. 解除劳动合同可以分几种情况？ …………………… 121
146. 什么情况下可以协商解除劳动合同？ ……………… 121

147. 劳动者可以解除劳动合同的情形有哪些？ …………………… 122
148. 劳动者解除劳动合同应注意哪些程序？ …………………… 124
149. 劳动者辞职要经用人单位批准吗？ ………………………… 124
150. 用人单位可以解除劳动合同的情形有哪些？ ……………… 126
151. 用人单位解除劳动合同应注意哪些程序？ ………………… 128
152. 什么情况下用人单位可以进行过失性辞退？ ……………… 130
153. 什么情况下用人单位可以进行无过失性辞退？ …………… 132
154. 哪些情况下用人单位可以进行经济性裁员？ ……………… 133
155. 用人单位进行经济性裁员应履行什么样的程序？ ………… 134
156. 用人单位进行经济性裁员时应优先留用哪些人员？ ……… 134
157. 什么情况下用人单位不得单方面解除劳动合同？ ………… 135
158. 用人单位解除或终止劳动合同时是否应出具书面证明？…… 137
159. 劳动合同终止的情形有哪些？ ……………………………… 137
160. 用人单位可以与劳动者约定终止劳动合同的条件吗？ …… 137
161. 劳动合同期满不能立即终止的情形有哪些？ ……………… 138
**（四）关于违约金、补偿金和赔偿金** ……………………………… 139
162. 什么是违约金？ ……………………………………………… 139
163. 什么情况下劳动者要承担违约金？ ………………………… 139
164. 什么是经济补偿金？ ………………………………………… 140
165. 什么情况下用人单位要承担经济补偿金？ ………………… 141
166. 如何把握经济补偿金的计算标准？ ………………………… 142
167. 什么是赔偿金？ ……………………………………………… 143
168. 什么情况下用人单位要承担赔偿金？ ……………………… 143
169. 赔偿金的标准如何计算？ …………………………………… 144
**（五）关于劳务派遣** ………………………………………………… 145
170. 什么是劳务派遣？ …………………………………………… 145
171. 设立劳务派遣机构的条件有哪些？ ………………………… 145
172. 劳务派遣工通常安排在哪些岗位？ ………………………… 146

173. 被派遣劳动者享有与用工单位的劳动者同工同酬的权利吗？ …… 147
174. 劳务派遣工享有哪些主要权利？ …… 147
175. 劳务派遣单位应履行哪些义务？ …… 148
176. 用工单位的主要义务有哪些？ …… 150
177. 订立劳务派遣协议有哪些具体要求？ …… 151
178. 跨地区派遣劳动者的劳动报酬如何确定？ …… 152
179. 劳务派遣中如何解除劳动合同？ …… 152
180. 劳务派遣机构侵害被派遣劳动者权益怎么办？ …… 153

**六、不可不知的集体合同问题** …… 155

**（一）集体协商与集体合同** …… 157
181. 什么是集体协商？ …… 157
182. 什么是集体合同？ …… 157
183. 集体合同应具有什么效力？ …… 158
184. 集体合同通常包括哪些内容？ …… 159
185. 进行集体协商、签订集体合同应遵循哪些原则？ …… 160
186. 进行集体协商、签订集体合同要经过哪些程序？ …… 161
187. 集体合同与劳动合同是什么关系？ …… 165
188. 规章制度、集体合同、劳动合同出现不一致怎么办？ …… 166
189. 什么是专项集体合同？ …… 168
190. 集体合同与专项集体合同是什么关系？ …… 169
191. 什么是工资集体协商？ …… 169
192. 工资集体协商主要包含哪些内容？ …… 170
193. 什么是集体合同的变更？ …… 170
194. 什么是集体合同的解除？ …… 170
195. 什么情况下可以变更或解除集体合同？ …… 171
196. 变更、解除集体合同应经过哪些程序？ …… 171

197. 什么是集体合同的终止？ …………………………………… 172
198. 集体合同争议分为几种类型？ ………………………………… 172
199. 因签订集体合同发生的争议如何处理？ ……………………… 173
200. 因履行集体合同发生的争议如何处理？ ……………………… 174
**（二）集体合同的主要内容** ……………………………………… 175
201. 我国的工时制度有哪些？ …………………………………… 175
202. 什么是非全日制用工？ ……………………………………… 176
203. 月平均工作时间和工资是怎么折算的？ ……………………… 178
204. 综合工时制下的加班费如何计算？ …………………………… 179
205. 用人单位违反工时制度怎么办？ ……………………………… 180
206. 什么是劳动定额？ …………………………………………… 181
207. 用人单位可以单方决定劳动定额吗？ ………………………… 182
208. 用人单位不按规定向劳动者支付加班费怎么办？ …………… 183
209. 职工带薪年休假有哪些具体规定？ …………………………… 186
210. 用人单位不安排职工带薪年休假怎么办？ …………………… 187
211. 职工工资包括哪些项目？ …………………………………… 187
212. 奖金属于工资吗？ …………………………………………… 189
213. 工资低于当地最低工资标准怎么办？ ………………………… 189
214. 小时工资标准可以由用人单位随意确定吗？ ………………… 190
215. 用人单位克扣、拖欠劳动者工资怎么办？ …………………… 191
216. 工资必须以货币形式支付吗？ ………………………………… 191
217. 什么是养老保险？ …………………………………………… 192
218. 基本养老保险制度覆盖哪些人群？ …………………………… 192
219. 基本养老金是怎样构成的？ ………………………………… 193
220. 个人缴费工资基数是如何确定的？ …………………………… 193
221. 用人单位不依法参加社会保险怎么办？ ……………………… 194
222. 职工按月领取养老金应符合什么条件？ ……………………… 195
223. 职工退休后的基本养老金是怎样计算的？ …………………… 196

224. 缴费不足十五年的能否领取基本养老金？ …………… 197
225. 什么是基本医疗保险？ ………………………………… 197
226. 基本医疗保险制度覆盖哪些人群？ ……………………… 197
227. 城镇灵活就业人员如何参加基本医疗保险？ …………… 198
228. 退休人员如何参加城镇职工基本医疗保险？ …………… 199
229. 农民工如何参加医疗保险？ …………………………… 199
230. 城镇职工的基本医疗保险费如何缴纳？ ………………… 200
231. 城镇职工基本医疗保险基金是怎样组成的？ …………… 200
232. 什么是工伤保险？ ……………………………………… 200
233. 工伤保险的适用范围包括哪些？ ………………………… 201
234. 工伤认定是如何进行的？ ……………………………… 202
235. 职业病包括哪些？ ……………………………………… 203
236. 如何申请劳动能力鉴定？ ……………………………… 206
237. 什么情形应当认定为工伤？ …………………………… 207
238. 什么情形不能认定为工伤？ …………………………… 207
239. 什么是失业人员？ ……………………………………… 208
240. 失业保险覆盖哪些单位和人员？ ………………………… 209
241. 失业保险费是怎么计算的？ …………………………… 209
242. 哪些失业人员可以享受失业保险待遇？ ………………… 210
243. 停止享受失业保险待遇有哪些情况？ …………………… 211
244. 领取失业保险金的期限是多长？ ………………………… 211
245. 失业保险待遇有哪些？ ………………………………… 212
246. 失业保险金是怎样确定的？ …………………………… 213
247. 什么是生育保险？ ……………………………………… 214
248. 生育保险待遇有哪些？ ………………………………… 214
249. 女职工产假有什么具体规定？ …………………………… 215
250. 什么是劳动安全卫生？ ………………………………… 216
251. 劳动安全卫生主要包括哪些内容？ ……………………… 216

252. 用人单位在劳动安全卫生方面应尽哪些义务？ ………… 216
253. 职工在劳动安全卫生方面享有哪些权利？ ……………… 217
254. 什么是补充保险和福利？ ……………………………… 219
255. 补充保险和福利主要包括哪些内容？ ………………… 219
256. 女职工和未成年工的特殊保护主要包括哪些内容？ …… 219
257. 女职工禁忌从事哪些劳动？ …………………………… 221
258. 女职工在经期禁忌从事哪些劳动？ …………………… 221
259. 怀孕女职工禁忌从事哪些劳动？ ……………………… 221
260. 哺乳期女职工禁忌从事哪些劳动？ …………………… 222
261. 什么是未成年工特殊保护？ …………………………… 222
262. 未成年工特殊保护包括哪些内容？ …………………… 224
263. 什么是职业技能培训？ ………………………………… 225
264. 职业培训的基本内容有哪些？ ………………………… 226

**七、相关法律法规**………………………………………………… 227

中华人民共和国劳动合同法……………………………………… 229
中华人民共和国劳动争议调解仲裁法…………………………… 248
企业劳动争议协商调解规定……………………………………… 258
最高人民法院关于审理劳动争议案件适用法律若干问题的
解释………………………………………………………………… 264
最高人民法院关于审理劳动争议案件适用法律若干问题的
解释（二） ………………………………………………………… 269
最高人民法院关于审理劳动争议案件适用法律若干问题的
解释（三） ………………………………………………………… 273
最高人民法院关于审理劳动争议案件适用法律若干问题的
解释（四） ………………………………………………………… 277

# 一 劳动争议调解员必备的基础知识

## 1. 什么是劳动争议？

劳动争议是劳动关系双方主体以劳动关系为中心所发生的争议，也可以说是用人单位和劳动者之间因劳动权利义务发生分歧而引起的争议。

把握劳动争议的核心和本质，必须考虑两个基本要素：一是劳动争议的主体；二是劳动争议的内容。劳动争议的主体是劳动关系的双方当事人。根据劳动关系的不同阶段，劳动争议的内容分为以下三种类型：一是劳动关系建立时的争议，即用人单位与劳动者个人因建立劳动关系而引起争议；二是劳动关系运行期间的争议，即用人单位与劳动者个人之间关于工资、工时、福利待遇等工作条件意见不一致而引起的争议，以及雇主或雇主团体与工会在集体谈判期间因确定、维持或变更劳动条件而产生的争议；三是劳动关系终止时的争议，用人单位开除、除名、辞退职工和职工辞职、自动离职的过程中发生的争议。

## 2. 引发劳动争议的原因主要有哪些？

引发劳动争议的原因主要有以下六个方面：

（1）因确认劳动关系发生的争议；

（2）因订立、履行、变更、解除和终止劳动合同发生的争议；

（3）因除名、辞退和辞职、离职发生的争议；

（4）因工作时间、休息休假、社会保险、福利、培训以及劳动保护发生的争议；

（5）因劳动报酬、工伤医疗费、经济补偿或赔偿金等发生的争议；

（6）法律、法规规定的其他劳动争议。

## 3. 劳动争议分哪几种类型？

按照争议对象的不同，劳动争议分为两种类型：权利争议和利益争议。权利争议是雇用人与受雇人之间关于权利发生效力及消灭问题所发生的争议。这一争议是围绕着既定权利的实施而发生的。而引发争议的权利是在法律上已经规定了的，或在集体合同或劳动合同上已经约定的权利，所以权利争议也称“实现既定权利的争议”或“法律上之争议”。利益争议是劳动者团体与雇主或雇主团体为团体协约的订立或变更所发生的争议。在这类争议中，双方所主张的权利义务在事先并没有确定，争议之所以发生，是因为双方当事人对这些有待确定的权利义务有不同的要求，因此利益争议又称为“事实上的争议”。由于权利争议和利益争议的争议对象不同，在实践中的解决方法也不相同。权利争议属于“法律上的争议”，双方当事人按照法律法规和合同的规定履行义务，则一般不会发生争议。如果其中一方不按规定履行义务，则侵犯了另一方既定的权利。由于权利争议的内容属于法律方面的问题，规定明确、易于判断，因此除当事人协商或由第三方调解、仲裁外，便于通过诉讼的方式进行处理。而利益争议是对待定权利的争议，所产生争议的内容并没有法律的规定，因此不应通过判决的方式直接解决。此类争议有待于双方的沟通，在双方协商的基础上通过达成谅解，形成合意，解决纠纷。在当事人双方难以达成合意的基础上，可通过第三方居中判断，对法律没有覆盖到的范围制定准则，化解纠纷。因此，利益争议的解决通常是采取双方当事人自主协商，或是通过第三方进行调解、仲裁的处理机制。

根据劳动争议的行为主体不同，劳动争议也分为两种类型：个别劳动争议与集体劳动争议。个别劳动争议的主体通常是指劳动者个人与用人单位。争议的内容仅涉及个人的权利与义务，并由劳动者个人提请处理。个别劳动争议中，争议的职工方为 1 ~ 2 人，但在参加争议的程序上视同 1 人。而集体劳动争议则发生于多个劳动者或工会与用人单位之间，争议的内容涉及多个劳动者或工会。这里涉及一个问题，即“多个”劳动者到底是指“几个”。《劳动争议调解仲裁法》第七条规定：发生劳动争议的劳动者一方在十人以上，并有共同请求的，可以推举代表参加调解、仲裁或者诉讼活动。在实践中，一般把争议的职工一方在三人以上的归为集体劳动争议。

## 4. 我国处理劳动争议的机构有哪些?

根据有关法律法规的规定，目前，我国劳动争议的处理机构主要有三种：劳动争议调解组织、劳动争议仲裁委员会和人民法院。

（1）劳动争议调解组织

《劳动争议调解仲裁法》规定了三类调解组织可以受理、调解劳动争议，即企业劳动争议调解委员会、依法设立的基层人民调解组织和在乡镇、街道设立的具有劳动争议调解职能的组织。

企业劳动争议调解委员会是设在企业内部解决本企业劳动争议的组织。企业劳动争议调解委员会由职工代表和企业代表组成。职工代表由工会成员担任或者由全体职工推举产生，企业代表由企业负责人指定。企业劳动争议调解委员会主任由工会成员或者双方推举的人员担任。

基层人民调解组织是我国解决民间纠纷的组织。根据国务院《人民调解委员会组织条例》的规定，人民调解委员会是村民委员会和居民委员会下设的调解民间纠纷的群众性组织，在基层人民政府和基层人民法院指导下进行工作。人民调解委员会委员除由村民委员会成员或者居民委员会成员兼任的以外由群众选举产生。人民调解委员会的任务为调解民间纠纷，并通过调解工作宣传法律、法规、规章和政策，教育公民遵纪守法，尊重社会公德。

在乡镇、街道设立具有劳动争议调解职能的组织，是一些地方为解决劳动争议的实际需要而设立的区域性劳动争议调解组织。这种调解组织一般依托乡镇、街道工会，由工会代表、劳动行政部门的代表、企业代表和社会有关人士代表等组成。调解组织主任大都由乡镇、街道工会代表担任。此外，一些地方工会设立的职工维权中心、法律援助中心和职工服务中心，乡镇、街道劳动服务站（所），也加载了劳动争议调解职能，成为区域性劳动争议调解组织的重要组成部分。

（2）劳动争议仲裁委员会

劳动争议仲裁委员会是处理劳动争议的专门机构。劳动争议仲裁委员会按照统筹规划、合理布局和适应实际需要的原则设立。省、自治区人民政府可以决定在市、县设立；直辖市人民政府可以决定在区、县设立。直辖市、设区的市也可以设立一个或者若干个劳动争议仲裁委员会。劳动争议仲裁委员会不按行政区划层层设立。劳动争议仲裁委员会由劳动行政部门代表、工会代表和企业方面的代表组成。

（3）人民法院

人民法院是国家审判机关，也担负着处理劳动争议的任务。劳动争议当事人对仲裁委员会的裁决不服，在法律规定时间内进行起诉的案件，人民法院负责受理。劳动争议案件一般由人民法院民事审判庭审理，适用民事诉讼程序，实行两审终审制。人民法院对劳动争议案件的判决是对劳动争议最终的处理决定，具有最终的法律效力，当事人必须服从。否则，胜诉的一方当事人可以申请人民法院强制执行。

## 5. 引发集体劳动争议的原因是什么？

集体劳动争议的原因一般包括两种：一种是多个劳动者因同样原因而引起的争议，如同一企业中的多名职工因工资问题与企业发生的纠纷；另一种是因签订或因履行集体合同发生的争议，如企业工会要求与企业签订集体合同，而企业予以拒绝，或在签订时协商不成，或企业拒绝履行集体合同。

## 6. 劳动关系调整机制由哪些方面构成？

劳动关系的调整机制是指用以规范和协调劳动关系相关法律制度的建立、实施和效果的整体运行状态。现阶段，我国劳动关系调整机制所涉及的相关法律制度主要包括劳动合同制度、平等协商与集体合同制度、工资分配制度、劳动用工制度、劳动标准与劳动保障制度、职业安全卫生制度、职工教育与技能培训制度、劳动争议处理制度、劳动保障监察制度、职工代表大会制度、三方协商机制以及政府与工会和企业家组织联席（联系）会议制度等。

在我国市场化改革进程中，劳动关系调整机制的形成不仅取决于劳动法律制度的确立与体系的构建，更取决于其有效实施和运作效果。只有当用以规范和协调劳动关系的相关法律制度的建立、实施和效果形成相互关联、彼此衔接的有序运行状态，劳动关系的调整机制才具有长效和可持续发展的生命力。

## 7. 什么是劳动合同制度？

劳动合同制度是调整劳动关系的一项最基本的法律制度。劳动合同是市场经济体制下用人单位与劳动者进行双向选择、确定劳动关系、明确双方权利和义务的协议。专门规范劳动合同的制度，称为劳动合同制度。中国的劳动合同制度从20世纪80年代中期开始试点，在90年代得到大力推行，至今已在城镇各类企业中广泛实施。作为我国劳动关系调整机制的重要组成部分之一，劳动合同制度的主要内容包括劳动者与用人单位经过平等协商后达成的关于双方责任、权利和义务的条款。将劳动合同制度化、法律化，对于保障劳动者择业自主权和用人单位用工自主权、维护劳动者合法权益、调解劳动关系矛盾、减少劳动争议发生、促进经济发展和社会进步，有着重要的现实意义。

我国于2007年制定并通过了《劳动合同法》，2012年予以修正。《劳动合同法》第一条开宗明义指出，立法目的是“为了完善劳动合同制度，明确劳动合同双方当事人的权利和义务，保护劳动者的合法权益，构建和发展和谐稳定的劳动关系”。《劳动合同法》的颁布，对我国劳动合同制度的健全完善和劳动法制建设以及劳动关系的协调稳定起到了重要作用。

## 8. 什么是平等协商与集体合同制度？

平等协商与集体合同制度是市场经济条件下调整劳动关系的一项重要法律制度。平等协商是指工会与相应的用人单位或其代表组织，为协调劳动关系以及签订集体合同而进行的协商行为。集体合同是指集体协商双方代表根据法律法规的规定，就劳动报酬、工作时间、休息休假、劳动安全卫生、保险福利等，在平等协商一致的基础上签订的书面协议。平等协商与集体合同制度的法律规范涉及集体谈判的主体、内容、程序，集体合同的签订，集体合同报送审核、履行实施、监督检查，违反合同的法律责任、争议处理等。

工会和经营者及其代表组织依照法定的程序，通过开展平等协商，调整和解决劳动关系双方之间的经济利益矛盾，可以在协调劳动关系的基础上，调动劳动者和经营者双方的积极性，共谋企业发展，促进经济增长和社会稳定。

## 9. 什么是三方协商机制？

三方协商机制是一种从宏观上对劳动关系进行调整的制度。在我国，三方协商机制是指在国家、地方以及产业领域，由政府、企业家组织和工会组织，根据相关法律并遵循一定的议事规则，就有关涉及劳动关系的重大问题进行协商的一种制度。2001 年 8 月，原劳动和社会保障部、全国总工会、中国企业联合会联合宣布，国家将全面启动劳动关系三方（国家、企业、职工）协商机制，以协商的形式解决劳动关系中存在的各种问题。目前全国省级和市一级的三方机制已经基本建立。三方机制正逐步向县（市、区）和产业一级延伸，全国将建立多层次的社会层面的三方协商机制。

根据《劳动争议调解仲裁法》第八条的规定，县级以上人民政府劳动行政部门会同工会和企业方面代表建立协调劳动关系三方机制，共同研究解决劳动争议的重大问题。具体来说，处理劳动争议的三方协商机制中的“三方”是指以下三方：

（1）政府代表

我国《工会法》和《劳动法》中都明确规定三方协商机制中的政府代表是劳动行政部门。一直以来，我国参加国际劳工大会的政府代表也是劳动行政部门。因此，处理劳动争议的三方协商机制中的政府代表理应由政府劳动行政部门担任。

（2）职工代表

由于三方机制协商劳动关系方面的重大问题，如处理劳动争议的重大共性问题，往往会超出具体企业的范围。在这种情况下，代表职工参加三方协商机制的是全国总工会和各级地方总工会。

（3）企业组织代表

由于我国经济体制改革的影响，企业的所有制形式和组织形式发生了巨大变化，代表企业的各种组织也有一个变化发展的过程。改革开放初期，我国是由经贸委代表企业组织。之后，全国各地建立了企业联合会（企业家协会），不过当时该组织代表的是国有企业。随着各类新建企业的迅猛发展，代表非公有制经济的各级工商联组织逐步完善，此外个体经营者协会、青年企业家协会、女企业家协会、民间的商会等纷纷成立，作为企业一方代表，它们都可以成为三方协商机制的一方。目前，在中央层面，是由中国企业联合会或者全国工商业联合会作为企业方代表。

三方协商机制从建立之初就是着眼于协调劳动关系、促进各方利益主体的一致性，最大限度地追求、实现三方共同利益和共同目标。因此要强调大处着眼，避免三方协商机制流于形式，使这一机制能够专注于处理和解决一些重大且带有全局性、倾向性的问题，有效发挥作用。《劳动争议调解仲裁法》的规定遵循这个原则，利用三方协商机制，共同研究解决劳动争议的重大问题，充分发挥三方协商机制的作用。

## 10. 什么是职工代表大会制度？

职工代表大会制度是职工民主管理的基本形式，也是我国调整劳动关系的一项重要制度。所谓职工代表大会制度是职工通过民主选举，组成职工代表大会，在企业内部行使民主管理权利的一种制度。职工代表大会制度对于增进劳动关系主体双方的了解、消除意见分歧，进而构建和谐稳定的劳动关系具有重要作用。

中央纪委、中央组织部、国务院国资委、监察部、中华全国总工会、全国工商联于2012年2月13日联合下发了《企业民主管理规定》，这是继1986年中共中央、国务院发布《全民所有制工业企业职工代表大会条例》以来，全面规范以职工代表大会为基本形式的企业民主管理制度的重要规章。《企业民主管理规定》最大的突破在于明确了在社会主义市场经济条件下，所有的企业都要实行以职工代表大会制度为基本形式的民主管理，消除了当下存在的非公有制企业实行职工代表大会制度的困扰。截至2012年，全国已建立工会的企事业单位单独建立职工代表大会制度的有404.9万家。其中公有制企业24.6万家，建制率为88.1%。事业单位44.5万家，建制率为82.9%。单独建立职工代表大会制度的非公有制企业335.8万家，建制率为80.1%。区域（行业）职工代表大会覆盖企业158.6万家，合计建制率为85.5%。

## 11. 什么是劳动争议处理制度？

劳动争议处理制度也是我国调整劳动关系的一项重要法律制度。我国的劳动争议处理制度主要包括劳动争议协商和调解制度、劳动争议仲裁制度、劳动争议诉讼制度。2007 年 12 月 29 日正式颁布的《劳动争议调解仲裁法》，对我国的劳动争议处理制度进行了进一步完善。该法立足于解决劳动争议体制中存在的问题，主要对下述五个方面进行了制度创新：一是注重发挥调解职能，劳动者可以调解协议书为依据申请支付令；二是简化了劳动争议处理程序，实行有条件的“一裁终局”；三是缩短了劳动争议仲裁审理时限，加速了劳动争议的处理程序；四是充分考虑了劳动者的举证困难，合理地分配了举证责任；五是解除了劳动争议当事人的经济负担，劳动争议仲裁不收费。

## 12. 什么是劳动保障监察制度？

根据《劳动法》赋予的职能，我国各级人力资源和社会保障部门建立了劳动保障监察机构，初步形成了省、地、县三级监察执法组织网络，一些地区和城市将监察机构延伸到了街道、乡镇，确立了日常巡视监察、举报专查、专项检查、劳动保障年检等监察执法方式，制定了基本执法规范及统计报告、目标管理等内部管理制度，形成了“职能统一、制度统一、程序统一”的工作体制。我国各级人力资源和社会保障部门按照依法行政、严格执法的原则，不断加强人力资源和社会保障行政部门的执法力度，建立健全劳动保障监察组织。

## 13. 劳动争议的处理应该遵循哪些原则？

根据《劳动争议调解仲裁法》第三条的规定，解决劳动争议，应当根据事实，遵循合法、公正、及时、着重调解的原则，依法保护当事人的合法权益。

（1）合法原则

在查清事实的基础上依法处理的原则，即劳动争议处理机构处理劳动争议的所有活动和决定都要以事实为根据、以法律为准绳。

（2）公正原则

当事人适用法律上一律平等的原则，即劳动争议处理机构在处理劳动争议时必须保证争议双方当事人处于平等的法律地位、具有平等的权利义务，不得偏袒任何一方，依法保护当事人的合法权益。

（3）及时处理、着重调解原则

劳动争议的调解贯穿于劳动争议处理的各个程序，企业劳动争议处理的工作程序的全过程都属于调解，其他处理程序也都必须坚持先行调解，调解不成时才能进行裁决或判决。及时处理强调各道处理程序的时间限制：受理、调解、仲裁、判决、结案都应在法律法规规定的时限内完成，及时保护当事人的合法权益，防止矛盾激化。

## 14. 劳动争议处理的程序分几步？

《劳动争议调解仲裁法》第五条规定，发生劳动争议，当事人不愿协商、协商不成或者达成和解协议后不履行的，可以向调解组织申请调解；不愿调解、调解不成或者达成调解协议后不履行的，可以向劳动争议仲裁委员会申请仲裁；对仲裁裁决不服的，除本法另有规定的外，可以向人民法院提起诉讼。

我国目前的劳动争议处理制度可以用“一调一裁两审”来概括，即发生劳动争议后，当事人除先进行协商外，可以申请劳动调解，调解不成，或者不愿意调解的，当事人可以向劳动争议仲裁委员会申请仲裁；对仲裁裁决不服的，可以向人民法院提起诉讼，其诉讼程序按照民事诉讼法的规定，实行两审终审制。“一调一裁两审”的制度将仲裁作为诉讼的一个前置程序，不经仲裁，当事人不能直接向人民法院提起诉讼。

## 15. 劳动争议可以协商解决吗?

根据《劳动争议调解仲裁法》第四条的规定，发生劳动争议，劳动者可以与用人单位协商，也可以请工会或者第三方共同与用人单位协商，达成和解协议。劳动争议的协商解决是处理劳动争议的一个独立程序。从诉讼和仲裁法学的视角考察，争议或纠纷的协商解决是指权利的自力救济方式。所谓自力救济是指争议的当事人在没有争议主体以外的第三人的介入或帮助下，依靠当事人自身的力量通过商谈、妥协、让步解决纠纷。当代解决劳动争议的自力救济方式主要为当事人的相互协商、和解。当事人可以完全自行解决争议，也可以请求第三方介入协助解决争议。协商的特征为自治性、争议主体的合意性和非严格的规范性。这里应当指出的是，协商这一程序完全是建立在双方自愿的基础上，任何一方或者第三方都不得强迫另一方当事人进行协商。如果当事人不愿协商、协商不成或者达成和解协议后不履行的，另一方当事人仍然可以向劳动争议调解组织申请调解，或者向劳动争议仲裁机构申请仲裁。

## 16. 劳动争议协商解决的程序是怎么规定的?

依据《企业劳动争议协商调解规定》，协商的具体步骤如下：

（1）发生劳动争议，一方当事人可以通过与另一方当事人约见、面谈等方式协商解决。

（2）劳动争议当事人的劳动者一方可以要求所在企业工会参与或者协助其与企业进行协商。工会也可以主动参与劳动争议的协商处理，维护劳动者合法权益。劳动者可以委托其他组织或者个人作为其代表进行协商。

（3）一方当事人提出协商要求后，另一方当事人应当积极作出口头或者书面回应。5日内不作出回应的，视为不愿协商。协商的期限由当事人书面约定，在约定的期限内没有达成一致的，视为协商不成。当事人可以书面约定延长期限。

（4）协商达成一致，应当签订书面和解协议。和解协议对双方当事人具有约束力，当事人应当履行。经劳动争议仲裁庭审查，和解协议程序和内容合法有效的，仲裁庭可以将其作为证据使用。但是，当事人为达成和解目的作出妥协所涉及的对争议事实的认可，不得在其后的仲裁中作为对其不利的证据。

（5）发生劳动争议，当事人不愿协商、协商不成或者达成和解协议后，一方当事人在约定的期限内不履行和解协议的，可以依法向调解委员会或者乡镇、街道劳动就业社会保障服务所（中心）等其他依法设立的调解组织申请调解，也可以依法向劳动人事争议仲裁委员会申请仲裁。

## 17. 劳动争议调解是一个必经的过程吗？

发生劳动争议，当事人不愿协商、协商不成或者达成和解协议后不履行的，可以向劳动调解组织申请调解。调解程序是一个自愿程序，当事人不愿调解的，可以直接向劳动争议仲裁委员会申请仲裁；如果自劳动争议调解组织收到调解申请之日起十五日内没有达成调解协议，或者达成调解协议后在协议约定的期限内，一方当事人不履行的，另一方当事人可以向劳动争议仲裁委员会申请仲裁。

《企业劳动争议处理条例》规定了着重调解的原则，《劳动争议调解仲裁法》在此基础上，进一步强化了调解原则，具体体现在：扩大了劳动争议调解组织的范围；对劳动争议调解程序作了细化规定；明确规定仲裁庭在作出裁决前应当先行调解。

## 18. 在什么情况下可以申请劳动争议仲裁？

根据《劳动争议调解仲裁法》第五条的规定，发生劳动争议，当事人不愿调解、调解不成或者达成调解协议后不履行的，可以向劳动仲裁委员会申请仲裁。

劳动仲裁是指劳动争议仲裁机构对劳动争议当事人争议的事项，根据劳动方面的法律、法规、规章和政策等的规定，依法作出裁决，从而解决劳动争议的一项劳动法律制度。与诉讼相比，劳动仲裁法律制度具有一定的优越性。一是快捷。快捷是指用仲裁的方法解决争议，程序简便，时间比较短。劳动争议需要快速处理，当事人一般都不愿意在纠纷处理上花费很长时间和很多精力，仲裁正好适应了这一要求。二是专业性强。参加仲裁的仲裁员是来自劳动方面和法律方面的专家，具有处理劳动争议的丰富经验，有利于提高仲裁办案质量。但是，仲裁裁决书发生法律效力后，当事人不履行仲裁裁决的，仲裁机构不能强制执行，只能由当事人申请人民法院强制执行。

## 19. 在什么情况下可以提起诉讼？

根据《劳动争议调解仲裁法》第五条的规定，如果当事人对劳动争议仲裁委员会的仲裁裁决不服的，除本法另有规定的外，当事人可以向人民法院提起诉讼。这里的“除本法另有规定的外”是指本法第四十七条规定的一裁终局的情形。第四十七条规定，下列劳动争议，除本法另有规定的外，仲裁裁决为终局裁决，裁决书自作出之日起发生法律效力：（一）追索劳动报酬、工伤医疗费、经济补偿或者赔偿金，不超过当地月最低工资标准十二个月金额的争议；（二）因执行国家的劳动标准在工作时间、休息休假、社会保险等方面发生的争议。对于上述劳动争议案件的裁决，劳动者不服的，可以直接向人民法院提起诉讼，但是用人单位一方不服的，需要先向法院申请撤销仲裁裁决，在人民法院作出撤销仲裁裁决的裁定后，用人单位可以就争议事项向人民法院提起诉讼。

## 20. 集体劳动争议如何进行调解、仲裁或者诉讼活动？

根据《劳动争议调解仲裁法》第七条的规定，发生劳动争议的劳动者一方在十人以上，并有共同请求的，可以推举代表参加调解、仲裁或者诉讼活动。

由于集体劳动争议案件往往涉及众多劳动者，可能十几人、上百人。显然，让这些当事人一起参加调解、仲裁或者诉讼是不现实的，势必造成案件处理的不方便和案件处理时间的冗长；而将所有当事人的案件分别进行处理，既麻烦又可能对同样问题得出相互矛盾的结论。为了解决类似的问题，《民事诉讼法》创立了代表人诉讼制度，将涉及多数人利益的诉讼分为人数众多且确定的共同诉讼和人数不确定的涉及多数人权益的共同诉讼。即《民事诉讼法》第五十三条规定，当事人一方人数众多的共同诉讼，可以由当事人推选代表人进行诉讼。代表人的诉讼行为对其所代表的当事人发生效力，但代表人变更、放弃诉讼请求或者承认对方当事人的诉讼请求，进行和解，必须经被代表的当事人同意。

关于代表人的推选，《劳动争议调解仲裁法》规定十名以上的劳动者可以推举代表参加调解、仲裁或者诉讼活动。当事人必须推举他们之中的人做代表，而不能选当事人之外的人。需要注意的是，十名以上的劳动者不愿意推举代表或者不能推举出代表的情况怎么处理，《劳动争议调解仲裁法》没有明确规定。理论上讲，在调解、仲裁阶段，劳动者无论人数多少，愿意参加调解、仲裁的都可以参加；在诉讼阶段，应当参照民事诉讼法律的相关规定。此外，关于劳动者推举出的代表人行为的效力，《劳动争议调解仲裁法》没有明确规定。作为一般的民事活动，推举代表人是当事人的意思表示，因此代表人一旦产生，其参加调解、仲裁、诉讼的行为对其所代表的当事人发生效力。但是在某些方面，代表人的行为对其所代表的当事人是无效的，可以参照《民事诉讼法》第五十三条、第五十四条的规定执行。

## 21. 什么是劳动争议调解？

劳动争议调解是指在劳动争议处理机构的主持下，依照法律、法规和政策规定，在查明事实、明辨是非、分清责任的基础上，通过说服引导，劝说争议双方当事人互谅互让，达成协议，从而解决争议的活动。劳动争议调解是调解方式在劳动争议案件处理过程中的具体运用。

在我国劳动争议处理制度中，劳动争议的调解有广义、狭义两种概念。广义的劳动争议调解是指贯彻着重调解原则，贯穿于劳动争议处理全过程的调解方式，包括劳动争议调解组织的调解、劳动争议仲裁委员会的调解和人民法院对劳动争议案件的调解。狭义的劳动争议调解仅指劳动争议调解组织的调解。一般我们所说的劳动争议调解仅指狭义的劳动争议调解。

## 22. 什么时候可以进行劳动争议调解？

劳动争议调解贯穿整个劳动争议纠纷解决的过程，自劳动争议发生起，就可以自主向对方提出调解，或者依据《企业劳动争议协商调解规定》向企业劳动争议调解委员会、依法设立的基层人民调解组织或在乡镇、街道设立的具有劳动争议调解职能的组织申请调解。在劳动争议仲裁阶段，劳动争议的当事人可以在仲裁员的主持下进行调解。在诉讼阶段，无论是一审还是二审，双方当事人都可以在法官的主持下进行调解。依据《劳动人事争议仲裁办案规则》，一方当事人通过协商、申请调解等方式向对方当事人主张权利的，仲裁时效中断，从中断时起，仲裁时效期间重新计算。

调解作为一种纠纷解决方式，相较于仲裁、诉讼而言更为节约人力成本与时间成本。若劳动者能尽量调整心态，在律师或其他专业人士的指导下，在调解过程中把握时机、运用一定的协商技巧，可以更有利地维护自身的合法权益。

## 23. 劳动争议调解具体分为哪几种类型？

（1）在企业劳动争议调解委员会、基层人民调解组织或在乡镇、街道设立的具有劳动争议调解职能的组织主持下调解

发生劳动争议，一方当事人可以通过与另一方当事人约见、面谈等方式协商解决，争议双方可以要求所在企业工会参与或者协助进行协商，也有权委托其他组织或者个人作为其代表进行协商。劳动争议双方当事人协商达成一致，应当签订书面和解协议。和解协议对双方当事人具有约束力，当事人应当履行。双方当事人可以自调解协议生效之日起15日内共同向仲裁委员会提出仲裁审查申请。仲裁委员会受理后，应当对调解协议进行审查，并根据《劳动人事争议仲裁办案规则》的规定，对程序和内容合法有效的调解协议，出具调解书。发生劳动争议，当事人不愿协商、协商不成或者达成和解协议后，一方当事人在约定的期限内不履行和解协议的，可以依法向调解委员会或者乡镇、街道劳动就业社会保障服务所（中心）等其他依法设立的调解组织申请调解，也可以依法向劳动人事争议仲裁委员会申请仲裁。

（2）劳动争议仲裁委员会进行的调解

调解贯穿在整个仲裁和诉讼的过程中，这意味着，即便因调解不成而申请仲裁，仲裁员仍然会给当事人进行调解。如果仲裁结果调解成功，仲裁调解书应当写明仲裁请求和当事人协议的结果。调解书由仲裁

员签名，加盖仲裁委员会印章，送达双方当事人。调解书经双方当事人签收后，发生法律效力。当事人对发生法律效力的调解书、裁决书，应当依照规定的期限履行。一方当事人逾期不履行的，另一方当事人可以依照《民事诉讼法》的有关规定向人民法院申请执行。受理申请的人民法院应当依法执行。

（3）人民法院进行的调解

调解也贯穿在整个诉讼的过程当中，如果在诉讼阶段经过法院调解成功，人民法院应当制作调解书。调解书应当写明诉讼请求、案件的事实和调解结果。调解书由审判人员、书记员署名，加盖人民法院印章，送达双方当事人。调解书经双方当事人签收后，即具有法律效力。人民法院制作的调解书的执行，适用《民事诉讼法》中第三编“执行程序”的规定，受理执行申请的人民法院应当依法执行。

## 24. 发生劳动争议后当事人可以向哪些调解组织申请调解？

根据《劳动争议调解仲裁法》第十条的规定：发生劳动争议，当事人可以到下列调解组织申请调解：（1）企业劳动争议调解委员会；（2）依法设立的基层人民调解组织；（3）在乡镇、街道设立的具有劳动争议调解职能的组织。发生劳动争议，当事人可以向法律规定的三类调解组织申请调解。企业有劳动争议调解委员会的，劳动者可以向本企业调解委员会申请调解，也可以向其他调解组织申请调解。

## 25. 劳动争议调解有哪些原则？

劳动争议的调解，除了要遵循劳动争议处理的一般原则，即合法、公正、及时、着重调解的原则外，还应该遵循劳动争议调解的特有原则。劳动争议调解原则是劳动争议调解组织在调解劳动争议案件的全过程中起指导作用的行为准则和指导思想，集中体现了我国劳动争议调解的本质和特征，对劳动争议调解工作提出了总体要求。根据《劳动法》《劳动争议调解仲裁法》的规定，劳动争议调解组织在调解劳动争议中，应当遵守以下原则：

（1）自愿原则

自愿原则是指劳动争议调解组织在受理争议、调解争议、达成协议、执行协议的整个过程中，必须尊重双方当事人的意愿，采用说服教育方式，不得使用强迫手段。调解劳动争议，必须遵守当事人双方自愿的原则。自愿是调解的前提条件。任何一方当事人，如果不愿意调解，调解就不能进行。自愿又是调解达成的协议得以有效履行的重要保证。如果不是出于当事人的自愿自觉，即便形式上达成协议，也无法保证其顺利履行。所以，调解组织进行调解，必须遵守当事人双方自愿的原则。坚持当事人自愿原则，具体体现在以下五个方面：

①接受调解自愿。劳动争议发生后，当事人一方可以申请调解，也可以不经调解而申请仲裁。但调解只能在劳动关系双方当事人都同意接受劳动争议调解组织调解的情况下才能进行。是否选择调解方式解决劳动争议，是劳动关系双方当事人的权利。如果一方当事人申请调解，调解组织应当征询另一方当事人的意见，另一方当事人如果不接受调解，调解组织便不得强行调解。

②调解方式自愿。采取什么方式调解争议，也应该由当事人自行选择。当事人根据自己的情况和需要，可以选择直接调解方式、间接调解方式或单方调解方式、双方调解方式，调解是否公开也由双方当事人自主选择。

③结束调解程序自愿。在调解过程中，任何一方当事人如不愿意继续调解，可以随时提出终止调解。如果在劳动争议调解组织调解过程中，有一方当事人不同意继续调解，调解组织的调解工作就应停止，不得强行继续调解。

④达成协议自愿。调解协议必须反映双方当事人的真实意思表示，

在双方当事人自愿的基础上达成。只要有一方当事人不接受调解意见，不愿达成调解协议，调解组织就不得强行作出决定。

⑤履行协议自愿。经劳动争议调解组织调解达成协议后，双方当事人应自觉履行。但如果一方当事人反悔，不履行调解协议，调解组织只能做劝导说服工作，不能强制当事人履行协议。在一方反悔的情况下，调解组织应当告知另一方当事人依法申请仲裁。用人单位不按调解协议支付拖欠劳动报酬、工伤医疗费、经济补偿或者赔偿金的，调解组织应当告知劳动者依法向人民法院申请支付令。

（2）教育说服原则

教育说服原则是指劳动争议调解组织在调解过程中，采取教育的方法、说服的方法、引导的方法来调解争议。采用教育说服方法解决劳动争议是由劳动争议调解组织的性质所决定的。因为劳动争议调解组织是群众性组织，没有行政权和司法权。这种性质决定了劳动争议调解组织只有采取教育的方法、说服的方法和引导的方法调解劳动争议，既不能用命令的方式强迫一方当事人接受另一方当事人的意愿，也不能强迫双方当事人接受调解组织的意愿。只有在这样的基础上，双方才能真正进行沟通，互谅互让，才有可能达成被双方认可的调解协议，并自觉遵守和履行，从而彻底解决争议。

（3）尊重当事人申请仲裁和诉讼权利的原则

尊重当事人申请仲裁和诉讼权利的原则是指当发生争议的当事人不愿意接受调解，或者调解不成时，劳动争议调解组织应及时终止调解，告知当事人向劳动争议仲裁委员会申请仲裁和向人民法院提起诉讼，不能阻止当事人申请仲裁和提起诉讼。

申请仲裁和诉讼是法律赋予公民维护自身合法权益的一项重要权利，任何组织和个人都不得剥夺和侵犯。调解实行的是当事人自愿原则，不是法定的必经程序，也不是仲裁、诉讼受理的必要条件，不能要求所有劳动争议都要先经过调解组织调解。

贯彻这一原则，劳动争议调解组织应注意做到以下三点：第一，当事人之间发生劳动争议，有在法律许可范围内选择解决方式的自由，可以向劳动争议调解组织申请调解，也可以不经过调解而直接申请仲裁，劳动争议调解组织不得干涉和阻拦；第二，调解组织受理的争议，在调解过程中未能达成协议的，一方或双方当事人申请仲裁，调解组织不得干涉和阻拦；第三，有的争议经过调解，虽然达成协议，但事后一方或者双方当事人反悔，不愿意履行协议并申请仲裁，调解组织同样不得以达成协议为由，干涉和阻止当事人申请仲裁。

根据《劳动争议调解仲裁法》《企业劳动争议协商调解规定》之相关规定，当事人不愿调解、调解不成或者达成调解协议后，一方当事人在约定的期限内不履行调解协议的，调解委员会应当做好记录，由双方当事人签名或者盖章，并书面告知当事人可以向仲裁委员会申请仲裁。

## 26. 劳动争议调解有哪些作用？

（1）有利于及时解决劳动争议

劳动争议调解组织设在基层，贴近职工。通过基层调解，有利于调解组织及时受理争议当事人特别是职工一方当事人的申请，有利于快速解决劳动争议。劳动争议调解组织成员都来自企业或身处基层，与劳动关系双方有着密切的关系，容易取得双方当事人的信任，加上他们对企业劳动条件、生产工作环境、劳动关系状况、职工个人情况等都比较熟悉，有利于对争议事实和争议原因作客观了解和分析，并在此基础上提出切实可行的解决办法，从而能更有针对性地进行调解，保证调解的质量，促使争议得到合法合理的解决，防止矛盾的扩散和激化。

（2）有利于化解争议，增进团结

劳动争议调解解决争议的方式是说服劝导、沟通协商。在这种公正、民主、和谐的气氛中，争议双方很容易自愿达成调解协议，并自觉遵守和执行。企业与职工在相互谅解中增进了了解，平息了矛盾，加强了团结。

（3）有利于将争议解决在基层，避免矛盾进一步扩大

调解是通过法定渠道解决劳动争议的重要程序。有效发挥基层调解的作用，把大量的劳动争议就地消除、化解在基层。这不仅维护了企业正常的生产秩序和工作秩序，而且避免了矛盾的进一步扩大，大大减少了劳动争议所带来的负面影响。

（4）有利于降低劳动争议处理成本

通过调解解决劳动争议，不仅节省了争议双方在人力、财力和精力方面的支出，同时也大大减轻了劳动争议仲裁委员会和人民法院的工作量和压力，节约了国家财政支出，有利于劳动争议仲裁委员会和人民法院把主要精力集中于解决复杂、疑难的案件。

## 27. 劳动争议调解的效力有哪些？

劳动争议调解协议书是在调解委员会的主持下，由双方当事人经协商，按照自愿原则达成的，双方应自觉履行。《劳动争议调解仲裁法》规定，调解协议书对双方当事人具有约束力，当事人应当履行。

但是，由于劳动争议调解是以双方自愿为原则的，既包括接受调解自愿、达成调解协议自愿，也包括履行协议自愿，加上劳动争议调解委员会只是负责劳动争议调解的群众性组织，不具有行政机关和司法机关的权力，因此，调解协议书没有强制执行的法律效力。当一方当事人不履行调解协议，调解委员会不得强制其履行，另一方当事人也不能以此调解协议向人民法院申请强制执行。虽然调解协议不具有强制执行的法律效力，但对双方仍具有约束力，当事人应自觉履行，任何一方不得随意变更或者撤销。根据《最高人民法院关于审理劳动争议案件适用法

律若干问题的解释（二）》第十七条的规定，当事人在劳动争议调解委员会主持下达成的具有劳动权利义务内容的调解协议，具有劳动合同的约束力。因此，调解协议在仲裁和诉讼过程中应当作为仲裁裁决和法院判决的依据。

调解委员会可以对调解协议的执行情况进行定期的检查和回访，发现当事人有不履行协议的情况应及时做当事人的思想工作，督促他们认真履行调解协议。如果当事人在协议约定期限内不履行调解协议，调解委员会应当告知另一方当事人可以就争议事项依法申请仲裁。

对于不涉及其他劳动争议的，因用人单位不履行调解协议确定的给付义务产生的纠纷，《劳动争议调解仲裁法》规定了申请支付令程序。因支付拖欠劳动报酬、工伤医疗费、经济补偿或者赔偿金事项达成调解协议，用人单位在协议约定期限内不履行的，劳动者可以持调解协议书依法向人民法院申请支付令。人民法院应当依法发出支付令。这一规定增强了调解协议的法律效力，有利于快速解决事实清楚、权利义务关系明确的劳动报酬、工伤医疗费、经济补偿或者赔偿金争议，便于劳动者尽快获得权利救济。

## 28. 什么情况下要设立企业劳动争议调解委员会？

根据《企业劳动争议协商调解规定》第十三条和第十四条的规定，大中型企业应当依法设立调解委员会，并配备专职或者兼职工作人员。有分公司、分店、分厂的企业，可以根据需要在分支机构设立调解委员会。总部调解委员会指导分支机构调解委员会开展劳动争议预防调解工作。调解委员会可以根据需要在车间、工段、班组设立调解小组。小微型企业可以设立调解委员会，也可以由劳动者和企业共同推举人员，开展调解工作。

## 29. 企业劳动争议调解委员会由哪些人员组成?

根据《企业劳动争议协商调解规定》第十五条的规定，调解委员会由劳动者代表和企业代表组成，人数由双方协商确定，双方人数应当对等。劳动者代表由工会委员会成员担任或者由全体劳动者推举产生，企业代表由企业负责人指定。调解委员会主任由工会委员会成员或者双方推举的人员担任。

## 30. 企业劳动争议调解委员会的职责是什么?

根据《企业劳动争议协商调解规定》第十六条的规定，调解委员会履行下列职责：

（1）宣传劳动保障法律、法规和政策；

（2）对本企业发生的劳动争议进行调解；

（3）监督和解协议、调解协议的履行；

（4）聘任、解聘和管理调解员；

（5）参与协调履行劳动合同、集体合同、执行企业劳动规章制度等方面出现的问题；

（6）参与研究涉及劳动者切身利益的重大方案；

（7）协助企业建立劳动争议预防预警机制。

## 31. 对企业劳动争议调解员有什么具体规定?

调解员应当公道正派、联系群众、热心调解工作，具有一定劳动保障法律政策知识和沟通协调能力。调解员由调解委员会聘任的本企业工作人员担任，调解委员会成员均为调解员。调解员的聘期至少为 1 年，可以续聘。调解员不能履行调解职责时，调解委员会应当及时调整。调解员依法履行调解职责，需要占用生产或者工作时间的，企业应当予以支持，并按照正常出勤对待。

## 32. 企业劳动争议调解员应履行哪些职责？

根据《企业劳动争议协商调解规定》第十七条的规定，调解员履行下列职责：

（1）关注本企业劳动关系状况，及时向调解委员会报告；

（2）接受调解委员会指派，调解劳动争议案件；

（3）监督和解协议、调解协议的履行；

（4）完成调解委员会交办的其他工作。

根据《企业劳动争议协商调解规定》第二十条的规定，调解员依法履行调解职责，需要占用生产或者工作时间的，企业应当予以支持，并按照正常出勤对待。

## 33. 什么是基层人民调解组织？

基层人民调解组织是我国解决民间纠纷的组织。根据1989年6月国务院制定的《人民调解委员会组织条例》的规定，人民调解委员会是村民委员会和居民委员会下设的调解民间纠纷的群众性组织，在基层人民政府和基层人民法院指导下进行工作。人民调解委员会由委员三至九人组成，设主任一人，必要时可以设副主任。人民调解委员会委员除由村民委员会成员或者居民委员会成员兼任的以外由群众选举产生，每三年改选一次，可以连选连任。人民调解委员会的任务为调解民间纠纷，并通过调解工作宣传法律、法规、规章和政策，教育公民遵纪守法，尊重社会公德。除了村民委员会、居民委员会设立的人民调解组织外，根据2002年9月司法部颁布的《人民调解工作若干规定》的规定，乡镇、街道可以设立人民调解委员会，企业事业单位根据需要也可以设立人民调解委员会，根据需要还可以设立区域性、行业性的人民调解委员会。目前，全国98%的乡镇、街道已设立了人民调解组织，在调解民间纠纷方面发挥了重要作用。

## 34. 人民调解在劳动争议调解中有什么作用？

《劳动争议调解仲裁法》赋予了人民调解组织调解劳动争议的职能，有利于发挥其点多面广的组织优势。但应当注意的是，劳动争议有其特殊性，它不同于一般的民事纠纷。具体到劳动争议调解工作中，要协调好企业劳动争议调解组织、基层人民调解组织和区域性劳动争议组织的相互关系。

企业劳动争议调解和区域性劳动争议调解是解决劳动争议的主要渠道，人民调解主要发挥辅助、补充的作用，一般受理在街道、社区中发生的非全日制用工争议。与调解民事纠纷的程序不一样的是，人民调解组织调解劳动争议也应遵循劳动争议处理程序。《劳动争议调解仲裁法》第十条规定，在发生劳动争议时，当事人可以到依法设立的基层人民调解组织申请调解。

## 35. 什么是乡镇、街道劳动争议调解组织？

目前，在乡镇、街道设立的具有劳动争议调解职能的组织主要有两种模式：一种是依托于乡镇劳动服务站的调解组织，一些地方设立了乡镇、街道劳动服务站，具有劳动争议调解职能；另一种是依托于地方工会的劳动调解组织。近年来，一些地方在小型非公有制企业和外商投资企业比较集中的乡镇、街道、开发区或社区，由地方工会、政府和企业代表组织等组成区域性、行业性劳动争议调解组织，调解本区域重大疑难劳动争议、集体劳动争议以及未建立劳动争议调解委员会的企业发生的劳动争议。

## 36. 乡镇、街道劳动争议调解组织有哪些职责?

（1）指导本地区内企业劳动争议调解委员会的工作

这是在乡镇、街道设立的具有劳动争议调解职能的组织的主要工作。指导工作包括对企业劳动争议调解委员会的劳动法律法规和政策的指导、工作方法的指导以及对具体劳动争议调解的指导，以提高企业劳动争议调解委员会的法律政策水平和业务工作能力，解决企业劳动争议调解委员会在实践中遇到的困难。

（2）指导劳动争议预防工作

在乡镇、街道设立的具有劳动争议调解职能的组织在指导企业劳动争议调解委员会工作的同时，还应将指导企业劳动争议调解委员会预防劳动争议的工作放到重要的位置，注意发现本区域内劳动争议发生的规律，研究预防政策，争取最大限度防止争议的发生和把争议解决在萌芽状态。

（3）接受上级工会和劳动争议调解委员会的指导

在乡镇、街道设立的具有劳动争议调解职能的组织应及时向本级区域内劳动争议调解委员会传达上级工会的指导意见，如实向上级工会反映本区域内企业劳动关系状况、劳动争议情况和劳动争议调解工作的情况。

（4）调解本区域内未建立企业劳动争议调解委员会的企业的劳动争议

近年来非公有制企业不断增多，在一些企业中尤其是外商投资企业、私营企业和乡镇企业中尚未建立劳动争议调解委员会，而这些企业中劳动争议呈上升的态势。因此，调解和预防这些企业的劳动争议的任务十分迫切。在乡镇、街道设立的具有劳动争议调解职能的组织，一方面应积极调解这些企业的劳动争议，另一方面应采取措施帮助企业尽快建立劳动争议调解委员会，以协调和稳定劳动关系。

## 37. 劳动争议调解的流程是什么?

(1) 申请调解。发生劳动人事争议，当事人可以口头或者书面形式向调解组织提出调解申请。

(2) 受理调解申请。调解组织接到调解申请后，应当及时对调解申请进行审查，在3个工作日内作出是否受理的决定。

(3) 开展调解。调解组织根据案情指定调解员或者调解小组进行调解，调解应当自收到调解申请之日起15日内结束。但是，双方当事人同意延期的可以延长。

(4) 调解协议的仲裁审查确认。达成调解协议的，双方当事人可以自调解协议生效之日起15日内共同向劳动人事争议仲裁委员会提出仲裁审查确认申请。

(5) 告知申请仲裁的权利。当事人不愿调解、调解不成或者达成调解协议后未经仲裁审查确认且不履行的，可以向劳动人事争议仲裁委员会申请仲裁。

## 38. 劳动争议调解的具体程序是什么?

劳动争议调解委员会接受调解申请，经审查决定受理的，应征询对方当事人的意见，对方当事人愿意调解的，应将调解的地点、要求等以口头或书面形式通知双方当事人；对方当事人不愿调解的，应做好记录，在3日内以书面形式通知申请人。进入调解阶段，根据《企业劳动争议调解委员会组织及工作规则》对调解委员会调解程序的具体规定，调解委员会按下列程序进行调解：

(1) 调查核实

及时指派调解委员对争议事项进行全面调查核实，调查应作笔录，并由调查人签名或盖章。调查工作一般包括：查清案件的基本事实，双方发生争议的原因、经过、焦点及有关的人和情况。掌握与争议问题有关的劳动法律法规的规定和劳动合同的约定，分清双方当事人应承担的责任，拟订调解方案和调解意见。

（2）实施调解

较复杂的案件，由调解委员会主任主持召开有争议双方当事人参加的调解会议（发生争议的职工一方在3人以上，并有共同申诉理由的，应当推举代表参加调解活动），有关单位和个人可以参加调解会议协助调解；简单的争议，可由调解委员会指定1~2名调解委员进行调解。

通常情况下，调解会议的议程是：①会议记录员向会议主持人报告到会人员情况；②会议主持人宣布会议开始，并宣布申请调解的争议事项、会议纪律、当事人应持的态度；③听取双方当事人对争议的陈述和意见，进一步核准事实；④调查人员公布核实的情况和调解意见，征求双方当事人的意见；⑤依据事实和法律及劳动合同的约定促使双方当事人协商达成协议。不管是否达成协议都要记录在案，当事人核对后签字。

（3）制作调解协议书或调解意见书

经调解达成协议的，制作调解协议书，双方当事人应自觉履行。协议书应写明争议双方当事人的姓名（单位、法定代表人）、职务、争议事项、调解结果及其他应说明的事项，由调解委员会主任（简单争议由调解委员）以及双方当事人签名或盖章，并加盖调解委员会印章，调解协议书一式三份（争议双方当事人、调解委员会各一份）。

调解不成的，应做好记录，并在调解意见书上说明情况。调解意见书要写明当事人的姓名（单位、法定代表）、年龄、性别、职务、争议的事实、调解不成的原因。调解意见书由调解委员会主任签名、盖章，并加盖调解委员会印章。调解意见书一式三份（争议双方当事人、调解委员会各一份），及时送达当事人，告知当事人在规定的期限内向当地劳动争议仲裁委员会申请仲裁。

## 39. 劳动争议调解期限要求是什么?

根据有关规定，自劳动争议调解组织收到调解申请之日起 15 日内未达成调解协议的，当事人可以依法申请仲裁。

规定调解委员会调解的期限，是为了保证劳动争议及时处理，以维护当事人的合法权益，稳定劳动关系；同时也是要求调解委员会提高工作效率，防止争议久调不决。因此，调解不成的，调解委员会应及时告知当事人向有管辖权的劳动争议仲裁委员会申请仲裁，避免因久调不决而使当事人超过申请仲裁的期限。

## 40. 劳动争议调解需要收取费用吗?

根据有关规定，劳动争议调解贯彻不收费的原则。劳动争议调解组织调解劳动争议时，不能收取当事人的任何费用。劳动争议调解组织的经费由企业负担。

## 41. 当事人如何进行劳动争议调解的申请?

根据《劳动争议调解仲裁法》第十二条的规定，当事人申请劳动争议调解可以书面申请，也可以口头申请。口头申请的，调解组织应当当场记录申请人基本情况、申请调解的争议事项、理由和时间。根据本条规定，当事人申请调解既可以采取书面形式，也可以采取口头形式。

## 42. 劳动争议调解申请书怎么写?

《劳动争议调解仲裁法》对调解申请书的内容没有作明确规定，实践中，调解申请书应当包括：(1) 申请人的姓名、住址和身份证号或者其他身份证件号码以及联系方式和被申请人名称、住所以及法定代表人或者主要负责人的姓名、职务等；(2) 发生争议的事实、申请人的主张和理由等。

【范例】

## 劳动争议调解申请书

| 申请人 | | | | 被申请人 | | | |
|---|---|---|---|---|---|---|---|
| 姓　　名或单位名称 | | | | 姓　　名或单位名称 | | | |
| 单位性质 | | | | 单位性质 | | | |
| 法定代表人或主要负责人姓名 | | 性别 | | 法定代表人或主要负责人姓名 | | 性别 | |
| | | 年龄 | | | | 年龄 | |
| 身份证号 | | 职务 | | 身份证号 | | 职务 | |
| 工作单位 | | | | 工作单位 | | | |
| 住所或户籍所在地 | | | | 住所或经营地址 | | | |
| 联系电话 | | 邮编 | | 联系电话 | | 邮编 | |
| 代理人姓名 | | 性别 | | 代理人姓名 | | 性别 | |
| 身份证号 | | 年龄 | | 身份证号 | | 年龄 | |
| 工作单位 | | 职务 | | 工作单位 | | 职务 | |
| 联系电话 | | 邮编 | | 联系电话 | | 邮编 | |
| 地址 | | | | 地址 | | | |
| 申请调解的事项 | (申请调解的事项是指申诉要达到的目的和要求，申请人应具体写明) | | | | | | |
| 事实和理由 | (申请人应当说明争议的基本事实和主要调解请求及理由，包括申请人与被申请人之间何时建立劳动关系、劳动合同履行情况，争议发生时间、争议内容、请求事项的法律依据，以及证据、证据来源、证人姓名和住址) | | | | | | |

此致

________劳动争议调解委员会

申请人：________（本人签名或盖章）

年　月　日

## 43. 口头申请劳动争议调解的要求有哪些?

申请劳动争议调解，也可以进行口头申请。口头申请的，调解组织应当当场记录申请人基本情况、申请调解的争议事项、理由和时间。申请人基本情况包括申请人的姓名、住址和身份证号或者其他身份证件号码以及联系方式。此外，还应当记录被申请人名称、住所以及法定代表人或者主要负责人的姓名、职务等。由于调解程序也有时限要求，根据《劳动争议调解仲裁法》第十四条第三款的规定，自劳动争议调解组织收到申请之日起十五日内未达成调解协议的，当事人可以依法申请仲裁。因此，口头申请需要记录申请时间，作为调解组织收到调解申请的时间依据。

## 44. 劳动争议调解达成一致后需要签署什么文件?

根据《劳动争议调解仲裁法》第十四条的规定，劳动争议经调解达成协议的，应当制作调解协议书。调解协议书由双方当事人签名或者盖章，经调解员签名并加盖调解组织印章后生效，对双方当事人具有约束力，当事人应当履行。自劳动争议调解组织收到调解申请之日起十五日内未达成调解协议的，当事人可以依法申请仲裁。

## 45. 劳动争议调解协议书包括哪些内容?

劳动争议调解协议书是劳动争议的双方当事人在企业劳动争议调解委员会的主持下，就解决争议的有关事项达成了一致意见，并经双方签名、盖章后形成的法律文书。《劳动争议调解仲裁法》只对调解协议书的形式作了规定，而没有对调解协议书的内容作明确规定，从实践来看，调解协议书主要应当载明争议双方达成的权利和义务的内容、履行协议的期限等。

制作劳动争议调解协议书应当注意的问题是：

（1）调解是在企业劳动争议调解委员会的主持下进行的，因此，该法律文书的主体是争议的双方当事人和企业劳动争议调解委员会，调解协议书上必须有三方的签名盖章确认后方为有效。

（2）生效的调解协议对双方当事人具有约束力，双方当事人达成调解协议后，应当自觉履行协议书中规定的内容，企业调解委员会也应当督促当事人双方履行协议。达成调解协议后，一方当事人在协议约定期限内不履行调解协议的，另一方当事人可以依法申请仲裁。

（3）因支付拖欠劳动报酬、工伤医疗费、经济补偿或者赔偿金事项达成调解协议，用人单位在协议约定期限内不履行的，劳动者可以持调解协议书依法向人民法院申请支付令。人民法院应当依法发出支付令。

（4）自劳动争议调解组织收到调解申请之日起 15 日内未达成调解协议的，当事人可以依法申请仲裁。

**【范例】**

## 劳动争议调解协议书

<table>
<tr><th colspan="4">申请人</th><th colspan="4">被申请人</th></tr>
<tr><td>姓名<br>或单位名称</td><td colspan="3"></td><td>姓名<br>或单位名称</td><td colspan="3"></td></tr>
<tr><td rowspan="2">法定代表人<br>或主要负责<br>人姓名</td><td></td><td>性别</td><td></td><td rowspan="2">法定代表人<br>或主要负责<br>人姓名</td><td></td><td>性别</td><td></td></tr>
<tr><td></td><td>年龄</td><td></td><td></td><td>年龄</td><td></td></tr>
<tr><td>身份证号</td><td></td><td>职务</td><td></td><td>身份证号</td><td></td><td>职务</td><td></td></tr>
<tr><td>工作单位</td><td colspan="3"></td><td>工作单位</td><td colspan="3"></td></tr>
<tr><td>住所或户籍<br>所在地</td><td colspan="3"></td><td>住所或经营<br>地址</td><td colspan="3"></td></tr>
</table>

续表

| 申请人 | | | | 被申请人 | | | |
|---|---|---|---|---|---|---|---|
| 联系电话 | | 邮编 | | 联系电话 | | 邮编 | |
| 代理人姓名 | | 性别 | | 代理人姓名 | | 性别 | |
| 身份证号 | | 年龄 | | 身份证号 | | 年龄 | |
| 工作单位 | | 职务 | | 工作单位 | | 职务 | |
| 联系电话 | | 邮编 | | 联系电话 | | 邮编 | |
| 争议事项 | （应当明确双方各自的主张及理由） | | | | | | |
| 调解内容 | 在本调解委员会的主持下，当事人双方平等自愿、协商一致，依法达成如下解决纠纷之协议：<br>1. ……<br>2. ……<br>……<br>依据《劳动法》《劳动合同法》《劳动争议调解仲裁法》之规定，当事人双方应当依法自觉履行本调解协议，如果一方当事人在协议约定期限内不履行本调解协议的，另一方当事人可依法申请仲裁。 | | | | | | |

申请人：（签名或盖章）　　　　被申请人：（签名或盖章）

调解员：（签名）

________劳动争议调解委员会（盖章）

年　月　日

## 46. 劳动争议调解协议书的效力是如何规定的？

劳动争议调解协议书由双方当事人签名或者盖章，经调解员签名并加盖调解组织印章后生效，对双方当事人具有约束力，当事人应当履行。调解协议不同于一般的民事合同。为了强调调解协议的效力，有的建议应当规定调解协议对当事人具有约束力，不能随意反悔。当事人反悔或者不履行调解协议的，应当有正当理由，从而强化双方当事人的履约意识，维护调解协议的严肃性。还有的建议法律明确规定调解协议具有法律效力，当事人一方不履行，另一方可以申请强制执行。实践中也有的地方规定在调解协议达成后，双方可以向劳动争议仲裁委员会申请将调解协议书置换成劳动仲裁调解书，劳动仲裁调解书一经送达，即发生法律效力，一方当事人不履行的，另一方当事人可以向法院申请强制执行。将调解协议书置换成仲裁调解书的做法，较好地解决了调解协议的法律效力问题，是一种有益的探索。

## 47. 未达成调解协议怎么办?

自劳动争议调解组织收到调解申请之日起十五日内未达成调解协议的，当事人可以依法申请仲裁。也就是说，调解的期限是十五天，在十五天内未达成调解协议的视为调解不成，当事人任何一方都可以向劳动争议仲裁委员会申请仲裁。

## 48. 达成调解协议后不履行怎么办?

根据《劳动争议调解仲裁法》第十五条的规定，达成调解协议后，一方当事人在协议约定期限内不履行调解协议的，另一方当事人可以依法申请仲裁。考虑到调解协议的履行是一个比较复杂的问题，不同的劳动争议、不同的争议双方，对履行期限的要求可以不一样，不宜由法律简单规定一个时间界限，可以由用人单位和劳动者在调解协议中约定履行的期限。因此，《劳动争议调解仲裁法》没有明确规定调解协议应当在什么时间内履行，双方当事人可以在调解协议中确定履行协议的期限，以此判断对方是否履行调解协议，从而确定申请仲裁的时间。

达成调解协议后，一方当事人在协议约定期限内不履行调解协议的，另一方当事人既可以以原劳动争议申请仲裁，也可以以调解协议申请仲裁。参照《最高人民法院关于审理涉及人民调解协议的民事案件的若干规定》的规定，当事人一方以原劳动争议申请仲裁的，对方当事人以调解协议抗辩的，应当提供调解协议书；当事人一方申请仲裁委员会裁决对方当事人履行调解协议，对方当事人反驳的，有责任对反驳所依据的事实提供证据予以证明。当事人一方请求仲裁变更或者撤销调解协议，或者请求确认调解协议无效的，有责任对自己的请求所依据的事实提供证据予以证明。

## 49. 什么叫劳动争议调解意见书？

劳动争议调解意见书是指企业劳动争议调解委员会在经过调解工作后，争议双方没有达成一致意见时，由调解委员会制作的，表明调解委员会对该项争议案件的意见、看法的文书。该文书的出现是在企业调解委员会的调解行为之后，如果争议双方调解不成，应由调解委员会制作笔录，同时制发调解意见书。调解意见书中应当写明双方当事人的姓名（单位与法定代表人）、职务、争议事项，同时在文书中写明“经本会主持调解，双方未能达成协议”的字样。

劳动争议调解意见书中应当详尽写明调解委员会对该案的看法和具体意见、主张，同时提出解决该案的一些合理化建议，目的是使该案能够早日结束争端，以利于双方的生产和生活。

【范例】

**劳动争议调解意见书**

<table>
<tr><th colspan="4">申请人</th><th colspan="4">被申请人</th></tr>
<tr><td>姓　　名<br>或单位名称</td><td colspan="3"></td><td>姓　　名<br>或单位名称</td><td colspan="3"></td></tr>
<tr><td rowspan="2">法定代表人<br>或主要负责<br>人姓名</td><td rowspan="2"></td><td>性别</td><td></td><td rowspan="2">法定代表人<br>或主要负责<br>人姓名</td><td rowspan="2"></td><td>性别</td><td></td></tr>
<tr><td>年龄</td><td></td><td>年龄</td><td></td></tr>
<tr><td>身份证号</td><td></td><td>职务</td><td></td><td>身份证号</td><td></td><td>职务</td><td></td></tr>
<tr><td>工作单位</td><td colspan="3"></td><td>工作单位</td><td colspan="3"></td></tr>
<tr><td>住所或户籍<br>所在地</td><td colspan="3"></td><td>住所或经营<br>地址</td><td colspan="3"></td></tr>
</table>

续表

| 申请人 | | | | 被申请人 | | | |
|---|---|---|---|---|---|---|---|
| 联系电话 | | 邮编 | | 联系电话 | | 邮编 | |
| 代理人姓名 | | 性别 | | 代理人姓名 | | 性别 | |
| 身份证号 | | 年龄 | | 身份证号 | | 年龄 | |
| 工作单位 | | 职务 | | 工作单位 | | 职务 | |
| 联系电话 | | 邮编 | | 联系电话 | | 邮编 | |
| 争议事项 | （应当明确双方各自的主张及理由） | | | | | | |
| 调解不成的主要原因 | | | | | | | |
| 调解委员会的意见 | （调解不成的，应做好记录，并在此调解意见书上说明情况） | | | | | | |

调解委员会主任：（签名或盖章）

________劳动争议调解委员会（盖章）

年　月　日

## 50. 劳动争议调解意见书的作用是什么？

劳动争议调解意见书不具有法律效力，无须当事人履行任何义务。它是结束调解程序的一种文书，也是计算仲裁时效中止的凭证。仲裁委员会根据调解意见书的记载，计算仲裁时效中止的时间，保证当事人依法享有申请仲裁的权利。同时，它为仲裁委员会处理该劳动争议提供参考性意见，是调解组织处理劳动争议的备案文书。

# 二 劳动争议调解员角色定位与素质要求

## 51. 什么是劳动争议调解员？

劳动争议调解员，是指隶属劳动争议仲裁委员会名下或服从劳动行政部门管理，不论属于公务员编制还是签署劳务合同，在仲裁庭或相关部门全职负责或主要工作内容为劳动争议案件案前（争议案件立案之前）、案中（争议案件立案后在仲裁裁决书生效前）调解的工作人员。为了公正及时解决劳动争议，保护当事人合法权益，促进劳动关系和谐稳定，特设立劳动争议调解组织。发生劳动争议，当事人不愿协商、协商不成或者达成和解协议后不履行的，可以向劳动争议调解组织申请调解。劳动争议调解员就是劳动争议调解组织的成员，应当由公道正派、联系群众、热心调解工作，并具有一定劳动保障法律政策知识和沟通协调能力的人担任。

## 52. 为什么要培养劳动争议调解员？

劳动争议调解制度作为我国预防和解决劳动争议的“第一道防线”，是预防矛盾激化，避免矛盾升级的“安全阀”“稳压器”，对维护和发展和谐稳定的劳动关系具有重要意义。企业是劳资纠纷处理的责任主体，通过企业自主调解的渠道解决劳资纠纷，使劳资矛盾控制在基层，化解在萌芽状态，既有利于企业稳定职工队伍，促进经济的平稳发展；又有利于职工的合法利益在最短的时间内得以维护，促进劳动关系的和谐和社会的稳定。因此，培养一批专业的劳动争议调解员，对于实现劳资双方的平衡、帮助企业建立和完善劳动人事争议处理机制、提高争议处理技巧和效能，有着重要意义。

## 53. 担任劳动争议调解员的条件有哪些?

《劳动争议调解仲裁法》第十一条规定：劳动争议调解组织的调解员应当由公道正派、联系群众、热心调解工作，并具有一定法律知识、政策水平和文化水平的成年公民担任。担任劳动争议调解组织的调解员，应当具有以下三个条件：

（1）为人公道正派、联系群众、热心调解工作

调解纠纷，无论是民事纠纷还是劳动纠纷，能否调解成功，在一定程度上需要靠调解员的影响力和说服力，如果调解员公道正派、社会信誉好，具有一定的道德力量和社会影响力，也就是说有威信，这样从中调解，双方容易信服。尤其是当法律、法规或者政策不明确的时候，更需要调解员本人的信誉和影响力。联系群众，就是要求调解员善于与人交往，跟群众打成一片，具有较好的沟通能力和亲和力。调解工作是一项耗费时间和精力的工作，在很多情况下调解员是兼职的，是义务性的，没有报酬，因此，需要调解员热爱调解工作，愿意为调解工作贡献力量。

（2）具有一定的法律知识、政策水平和文化水平

调解要靠调解员居间“说合”，但调解不是无原则的“和稀泥”，调解劳动争议，要依据劳动法律、法规、规章和政策进行调解，法律、法规、规章和政策没有明确规定的，依据社会公德进行调解。同时，调解员也要通过调解工作，宣传劳动法律、法规、规章和政策，教育公民遵纪守法，尊重社会公德。因此，需要调解员具有一定的法律知识、政策水平和文化水平。《劳动争议调解仲裁法》对担任调解员的条件规定得比较有弹性，调解员是否符合法律规定的条件由调解组织来判断。但有一点需要强调，就是要使调解工作有成效，就需要人力资源和社会保障行政部门、工会组织加强对调解员的劳动法律和政策知识进行培训，

提高调解员的法律知识、政策水平和文化水平。

（3）应当是成年公民

公民担任调解员，首先自己应当是成年人，具有独立的民事行为能力。根据《民法通则》第十一条的规定，十八周岁以上的公民是成年人，具有完全民事行为能力。因此，担任调解员必须年满十八周岁，这是担任调解员的最低年龄要求。一般情况下，调解员都是年龄较长、社会阅历丰富的公民。此外，担任调解员还必须是中华人民共和国公民。

## 54. 劳动争议调解员的职责有哪些?

（1）负责宣传劳动保障法律、法规和有关政策，为用人单位和劳动者提供劳动保障咨询，做好劳动争议预防工作。引导用人单位增强法律意识，严格执行劳动保障法律、法规，帮助劳动者主动运用法律、法规维护自身的合法权益。

（2）按照《劳动争议调解仲裁法》及有关规定，负责对本企业或辖区内发生的事实清楚、线索明晰、争议标的额较小的简易案件进行调解。

（3）接收、审查当事人提交的劳动争议调解申请，对符合受理案件的劳动争议，及时组织当事人进行调解；进行与争议案件有关的调查取证、查阅相关文件、档案，了解与案件有关的事实。

（4）积极促使劳动争议当事人达成调解协议，对调解不成的争议案件，指导当事人到有管辖权的劳动争议仲裁委员会申请仲裁；对可能发生的上访案件，要及时报告上级劳动保障主管部门，维护社会稳定。

（5）负责做好劳动争议调解案件统计及案卷整理、归档等工作。

（6）完成上级劳动争议仲裁委员会交办的其他工作任务。

## 55. 企业劳动争议调解委员会是如何组成的？

企业劳动争议调解委员会的成员都是企业劳动争议调解员。企业劳动争议调解委员会由劳动者代表和企业代表组成，人数由双方协商确定，双方人数应当对等。劳动者代表由工会委员会成员担任或者由全体劳动者推举产生，企业代表由企业负责人指定。调解委员会主任由工会委员会成员或者双方推举的人员担任。

## 56. 企业劳动争议调解员的条件和职责是什么？

根据《企业劳动争议协商调解规定》第十八条的规定，企业劳动争议调解员应当公道正派、联系群众、热心调解工作，具有一定劳动保障法律政策知识和沟通协调能力。

根据《企业劳动争议协商调解规定》第十七条的规定，调解员履行下列职责：(1）关注本企业劳动关系状况，及时向调解委员会报告；(2）接受调解委员会指派，调解劳动争议案件；（3）监督和解协议、调解协议的履行；(4）完成调解委员会交办的其他工作。

## 57. 劳动争议调解员需要具备哪些素质？

劳动争议调解员的素质由个性品质和专业资格两大部分构成，个性品质部分由独立性、价值观、思想道德、沟通力四个素质组成；专业资格部分由教育水平、专业知识、工作经验组成。

(1）个性品质

独立性。由于劳动争议的处理本质上是权益争议，分析事实、权衡利弊通常较为复杂，调解过程中，通常会有多方力量影响调解员对案情的判断，如行政压力、企业受贿等。独立性是指对案件的调解立场是公正无私、正直且不受外界影响的，有完整、独立的判断能力。

价值观。价值观是指要认可现行调解机制，对调解的重要性及效用高度认同并持续保有极强信念，持续保持积极向上的、公平的理念。

思想道德。在调解过程中，如果说专业知识能力是“硬件设施”，那么思想道德要求就像是“软件配置”。这里的思想道德指在一定时间和空间范围内，独立于可见因素之外，以不确定方式左右客观事物变化方式甚至规律的无形物质，具体包括诚实、和善、坚韧和耐心。

沟通力。语言运用的优劣、调解方式选择的适当与否，是劳资双方信赖调解的基石。如若不能使用双方当事人都能接受的语言，调解员通常较难获得劳资双方的信赖，便很难促成双方达成调解。沟通力即把握语言的能力，包括用当事人双方能接受的语言与之沟通的能力。

（2）专业素质

教育水平。调解过程需要调解员综合运用多门类、多学科专业知识分析、解决争议，故而需要调解员拥有缜密的思维和科学的头脑，其教育水平至少应是接受过正规教育的成年公民。

专业知识。正如之前所说，专业知识能力的具备是保证争议达成调解的“硬件设施”，它体现在对调解员具体的业务要求上，它是指与劳动争议处理相关的法律知识及相关学科的系统知识储备，如劳动关系、劳动法、劳动心理学、集体谈判等学科。

工作经验。工作经验在这里是指劳动争议调解员通过参与社会组织经济活动而获得的与劳动争议处理相关的其他门类学科知识及社会常识等，如经验分析能力。

## 58. 劳动争议调解员要遵守哪些职业道德守则？

（1）遵章守法，严谨求实

劳动争议调解员在调解工作中，应严格遵守“遵章守法，严谨求实”的原则。所有调解活动必须依法开展，即调解范围、程序步骤、工作方法必须符合有关法律、法规、规章和政策的规定。在调解过程中必须以事实为依据、以法律为准绳。

（2）以人为本，客观公正

劳动争议调解员在劳动争议调解时，必须坚持“以人为本、客观公正”的原则。即受理劳资纠纷基于双方当事人自愿，如果当事人不愿意接受调解，或者不愿意接受某个组织和个人的调解，或者有一方当事人不愿意接受调解，均不能强迫。在调解过程中应坚持客观公正的原则，对当事人必须进行耐心细致的劝解、开导、说服，不允许采取歧视、强迫、偏袒和压制的办法。经充分征求双方当事人意见后达成的协议，其是非界限、责任承担、权利义务内容，必须由当事人自愿接受，不得强加于人。

（3）积极主动，热情服务

劳动争议调解工作涉及面广、利益复杂、协调困难，这就更需要劳动争议调解员积极主动、热情服务。劳动争议调解员要积极主动地了解劳动关系状况，认真查找问题，及时化解矛盾纠纷，为劳资双方当事人提供热情周到的服务。

（4）和谐至上，合作共赢

和谐劳动关系是和谐社会的基础，利益共享是和谐劳动关系的法宝，建立利益共享的和谐劳动关系是构建和谐社会的重要保障。在劳动争议调解工作中，首先，要使劳资双方树立“和谐至上、合作共赢”的观念。深刻理解企业员工相互依存的道理，企业要以人为本，利益共享；员工自觉参与企业制度文化建设。其次，要建立科学合理的激励机制。员工是价值的创造者，同时也应该是价值的分享者，建立利益分享的激励机制是和谐劳资关系的必由之路。最后，还应强化企业的社会责任。对员工负责，关爱员工是企业承担社会责任的第一要素，是企业能够长久发展的内在动力。应将企业和员工的长远发展联系起来，实现员工与企业的共同成长。

## 59. 劳动争议调解员要坚持哪些职业操守？

劳动关系调解员的职业操守，是指劳动关系调解员在执业劳动争议调解工作时所应具有和表现的良好品德和行为。

（1）树立和强化现代劳动关系协调意识

现代劳动关系协调意识是指按照市场经济的要求，以高度的责任心和完善的服务，及时、公正、快捷地协调劳动关系纠纷，将劳资双方的损失最小化，最大限度地恢复和谐劳动关系。它要求劳动争议调解员要牢牢把握“中立、平等、公正、高效、和谐、文明”的原则，始终保持高尚的人格和气节，避免出现草率办案、超审限办案等情况。

（2）以公正办事，实现公平正义

公正是指解决劳动争议应遵循和追求的价值目标，也是当事人寻求解决争议时最主要的心理期待。劳动争议调解员必须要强调公平，不牟私利，决不以牺牲法律的公正、自身的名誉、劳动争议调解组织的信誉和当事人的利益来换取人际关系和物质利益。

（3）坚持中立，不要做当事人的“代理人”

劳动争议调解员在调解过程中，无论是当事人双方共同选定，还是一方当事人选定，都必须清醒地认识并始终牢牢把握住一个基本的立场：中立与独立，决不做当事人的“代理人”。

（4）讲诚信，守纪律

对劳动争议调解员来说，法律和当事人赋予的权利，从本质上说是因当事人的信任而产生的，劳动争议调解员只能以诚信报答当事人的信任。依法公正调解，才能对得起当事人、对得起法律、对得起自己的良心。劳动争议调解员要以法律法规为行动指南，牢固树立“诚信为本、操守为重”的观念，应做到以下四点：一是珍惜和维护职业声誉。二是严格遵守工作纪律。三是随时履行风险告知义务。四是自我宣传要适当。

（5）关注当事人

对于许多当事人来说，劳动争议调解机构、劳动争议调解员乃至劳动争议调解的一切都是陌生的。要使劳动争议调解为当事人所了解、接受和欢迎，让每一个当事人成为劳动争议调解制度的正面宣传员，劳动争议调解员必须关注当事人。

（6）言语仪表要恰当

劳动争议调解员言语仪表要与身份相符合，尤其要慎言，努力做到以下四点：一是充分体现劳动争议调解的价值观念，平等地对待当事人双方。二是要善于引导当事人在有限的时间内陈清事实和理由，始终把握良好的陈述气氛，避免吵架式的辩论。三是要体现劳动争议调解员个人的话语魅力。四是劳动争议调解文书应当体现劳动争议调解的特点。

## 60. 劳动争议调解员应具备哪些能力？

（1）表达和说服能力

准确的语言表达能力是说服力的基本功，但语言表达能力不是花言巧语，更不是蒙人、骗人的诡辩术。劳动争议调解员要充分理解劳动争议调解双方当事人的情况，站在公平、公正、独立的立场上，通过讲事实、摆道理、说法律，有理有据地引导劳动争议调解双方当事人朝着解决问题、合作共赢的方向发展。

（2）沟通能力

沟通能力包含表达能力、争辩能力、倾听能力和设计能力，劳动争议调解员作为双方当事人解决问题的工作人员，要恰当把握问题的尺度。对于复杂的劳动争议问题，要理性地进行沟通。对于调解过程中双方当事人暂时的不理解，劳动争议调解员要有耐心，要主动去了解双方当事人的心理状态，并调节自己的沟通方式，以便更好地完成沟通过程。

（3）调查和分析判断能力

面对复杂的劳动争议问题，劳动争议调解员要学会观察，掌握调查问题和分析问题的能力，透过现象看本质，通过事实反映出来的劳动争议问题去分析其背后的利益关系和劳资博弈过程，并站在公平、公正、独立的立场上，客观分析问题，客观判断问题，为处理劳动争议问题做好调查准备。

（4）协调能力

劳动争议调解员的工作重点在于对劳动争议问题的调解，推进问题的解决，实现劳动争议双方当事人的相互理解、促进共赢发展，实现稳定和谐的劳动关系。因此，劳动争议调解员要掌握好协调的能力，有效引导双方当事人相互理解、相互信任，促进问题的化解。

（5）化解冲突和应急处理能力

由于劳动争议问题大多涉及双方当事人的利益冲突，所以有的劳动争议问题会伴随着双方当事人的冲突甚至发展为群体性事件，因此，劳动争议调解员要掌握化解冲突和应急处理的能力，应急处理突发的劳动关系问题。

## 61. 劳动争议调解员的行为规范有哪些?

（1）依法调解。坚持自愿、合法、公正、及时的原则，以事实为依据，以法律为准绳，履行居中调解职责。

（2）爱岗敬业。热爱调解工作，注重业务学习，以维护劳动争议双方当事人权益为己任，恪尽职守，甘于奉献。

（3）热情服务。工作主动、耐心、细致、周到，仪表整洁、语言文明、举止得体、态度诚恳。

（4）保守秘密。不得泄露调解工作中获取的商业秘密、个人隐私等。

（5）廉洁自律。不得收受、索取财物或者牟取不正当利益，不得为当事人介绍劳动争议仲裁、诉讼代理人。

## 62. 劳动争议调解员怎样进行劳动争议调解？

根据《劳动争议调解仲裁法》第十三条的规定，调解劳动争议，应当充分听取双方当事人对事实和理由的陈述，耐心疏导，帮助其达成协议。

（1）要充分听取双方对事实和理由的陈述

调解不等于无原则的“和稀泥”，调解劳动争议也要在弄清事实、分清是非的基础上进行。虽然调解协议是双方自愿的，双方也可以处分自己的权利，可以让步，但调解工作还是要以事实为依据。只有事实清楚、矛盾焦点明确，调解工作才能做到“有的放矢”，纠纷才能顺利解决。因此，调解员应当充分听取双方当事人对事实和理由的陈述，也就是说调解员既要听取劳动者一方对事实和理由的陈述，也要听取用人单位一方对事实和理由的陈述，不能只听一方，偏听偏信。由于调解是双方自愿的，调解的成功与否，在一定程度上取决于争议双方解决争议的诚意。因此，《劳动争议调解仲裁法》没有对调解中的证据问题作出明确规定，当事人在陈述事实和理由时，也可以提供相应的证据，以帮助调解员弄清事实，但没有证据也不妨碍调解工作的进行，调解员也可以主动调查了解、弄清事实。

（2）要耐心疏导

调解工作实际上是一种说服教育工作，需要根据法律、法规和政策，摆事实、讲道理，耐心疏导，做到以理服人，而不能以势压人。这就要求调解员有耐心、虚心和诚心，从而引导争议双方以和解的方式解决纠纷，调解员也可以提出调解意见，但不能强迫当事人接受自己的主张。调解协议的内容必须反映双方的真实意思，是双方自愿的结果，调解内容涉及双方当事人权利义务的，调解员应当尊重当事人按照自己的意愿进行处理。如果强迫当事人达成调解协议，不是当事人心甘情愿，即使达成协议，也可能得不到履行。实践中，当事人不履行调解协议，多数原因是违反自愿原则，没有做到让当事人心悦诚服。

## 63. 劳动争议调解员怎样有效促进劳资双方的沟通？

沟通的能力对于人们的生活至关重要，对于劳资沟通而言更是如此，有效的沟通技巧有助于清楚地表达自己的思想、情感和信息，了解对方的想法和态度，从而尽快达成共同的协议。劳资双方的沟通能够增进对对方的了解，对于协商劳动关系问题，化解劳动争议都有益处。劳动争议调解员应积极引导劳资双方加强沟通。

（1）积极倾听

古谚云："智者善听，愚者善说。"实际上，倾听也是沟通中一种极为重要的技巧。倾听对方，同时也可以让对方倾听自己，加强沟通双方的相互信任，达到双向沟通的目的，最终解决问题。倾听不是被动地接受对方陈述的观点，而是主动地进行思考，理解对方的真实意图。在倾听的过程中，要聆听对方的全部信息，不要轻易地下结论，即使不同意对方的某个观点，也不要立即打断对方。在聆听的过程中，可以做些笔录，同时运用一些肢体语言表示你对对方观点的兴趣。倾听的最终目的是了解对方的真实意图。当对方陈述完观点后，你可以按照自己的理解复述对方的观点，在不解之处向对方提出疑问，以此消除双方的理解误差。在劳资沟通协调的过程中，学会有效倾听非常重要，很多时候双方都因急于表达自身的观点，而误解了对方的意图，从而导致矛盾的激化。

（2）有效表达

沟通的核心在于向对方清楚、准确地传达自己的思想、观点和信息。为了提高沟通中表达的准确性，充分地掌握表达技巧十分必要。一是要注意自己的语音、语调和语气。有时，相同的话用不同的语气表达，会有完全不同的效果。二是要对事不对人，不要轻易地对对方作主观性的负面评价。对人不对事，容易让对方产生抵触情绪，而对事不对人的表达方法由于陈述了客观事实，在沟通中更容易让对方接受。三是要充分发挥语言的魅力。比如，把“你”和“你们”变成“我”和“我们”，这样可以贴近沟通双方的关系，缓解气氛。

（3）准确反馈

一次沟通并不能完全消除双方的信息不对称，反馈的意义在于使沟通变成一种循环反复的过程，双方都根据对方的反应，不断修正自己的观点，从而达成共同的协议。在劳资沟通的过程中，反馈通常包括正面反馈和负面反馈两种类型。正面的反馈是指当发现对方有良好表现的时候应及时认可。具体的步骤包括：说明员工在表现上的细节，这些细节反映了员工哪方面的品质，并告诉员工这些表现带来的结果和影响。这样就能让员工知道自己的表现得到了认可，并在以后的工作中强化这种行为。负面的反馈是指对对方的某些行为或观点表示不赞同，提出批评和建议。与正面反馈相比，负面反馈更难以令人接受。因此在进行负面反馈的时候要耐心，具体地描述对方的相关行为，客观、准确地指出这种行为带来的不良后果，并提出改进建议。

（4）化解异议

无论劳资双方采取何种沟通技巧，由于所处立场的不同，难免会产生意见分歧，如何看待意见分歧并最终达成共识，对劳资双方而言，都是一个不小的难题。为了化解劳资双方的异议，达到劳资共赢，可以从以下五个方面着手：一是找出导致分歧的原因与化解异议的突破点。二是互相提供建设性的意见。三是说明这样做的原因，并努力使对方理解。四是换位思考，考虑对方的利益，达到共赢。五是求同存异，允许在不影响共同利益的前提下，存在不同的意见。

## 64. 劳动争议调解员怎样有效管理劳资冲突？

（1）重建信任

重新建立劳资双方的信任是化解冲突的基本前提。工作场所的任何冲突都有其发展过程，很多冲突都是由于双方的误解所致，要想化解冲突，就一定要逐步减少不信任，重新建立信任。通过劳资双方的坦诚沟通，建立共同遵守的游戏规则。

（2）促进交流

将劳资双方拉到同一张谈判桌上，是第一要点。一般说来，冲突必须由直接与冲突有关的双方亲自去解决。然而，在发生冲突的初期，劳资双方都不愿意与对方沟通，此时便需要劳动争议调解员将劳资双方拉到同一张谈判桌上。

（3）监督对话

在冲突的初期，劳资冲突双方很难真正地实现沟通，没有外力的帮助，他们在原有的片面观察问题的基础上极有可能在很短的时间内再度彼此误解，重新爆发冲突。所以在解决冲突的第一个阶段，劳动争议调解员有必要密切监督劳资双方的双向行为。

（4）袒露感情

若劳资双方不能坦白地说出主观的一些消极的感受（如失望、愤怒），则不太可能解决冲突。劳动争议调解员需要帮助劳资双方互相袒露感情，使冲突回复到本来的根源上，即具体的需求和利益上去。

（5）正视过去

仅仅袒露感情还不够，劳动争议调解员需要帮助劳资双方找到引起自己消极感受的具体情景或事情，以及具体原因。只有做到这一点，才能找到冲突产生的根源，以解决冲突。

（6）营造双赢

劳动争议调解员应该帮助劳资双方共同制定一个长远的解决办法，打造双赢局面。让劳资双方习惯于合作，严格遵守制定好的游戏规则，这才是化解冲突的关键步骤。

## 65. 劳动争议调解员在调解过程中有哪些禁忌？

劳动争议调解员在调解过程中应该尽量避免以下情况的发生：

（1）切忌先入为主

这是一个很多调解员都认为最简单的问题，但也是最容易犯的错误，在没有了解争议事实情况前，就会轻易下结论，容易误判。在了解时不能偏听偏见，道理简单但做起来很难。比如，在约好当事人双方来调解的时候，如果单位未到，作为调解员在先和申请人交谈的时候，则要只听，不发表任何意见，因为通过申请人的陈述，单位基本上是十恶不赦的，但最后了解下来的情况往往不是那样的。如果你的思路完全跟着申请人的想法走的话，就会出现误判。在调解的时候，不要把话说得太绝，要给自己留有余地。

（2）切忌强压一方

做调解的一个基本原则就是公平公正，不能完全站在任何一方。调解是双方当事人各让一步，调解是自愿的，不可勉强调解。调解工作不是一次性的买卖，员工可能是，单位就不一定。

（3）切忌愚弄他人

调解员千万不要低估当事人的智商，调解员在做调解的时候要有威信，但不能自以为是、高高在上。当遇到代理人是律师时，要记住他们对政策法规是很了解的，不会比我们调解员差。当遇到申请人是农民工时，要记住他们的文化水平不高，但情商和智商是很强的。调解不成没关系，但千万不能要小聪明，要踏踏实实。

（4）切忌卖弄口技

例如，某位调解员在做调解的时候在某一个政策法规上碰壁了，他就通过喋喋不休的语言去掩饰，或者在转换话题的时候过于生硬、不自然，自以为聪明，想忽悠当事人，但其实当事人早已听出了他的不对之处。当他说了一大堆话后，当事人还是主张自己原先的诉求。调解员是不是在瞎忽悠，当事人是看得出来的，这样会破坏申请人对调解员的第一印象。调解员给当事人第一印象的好坏，会直接影响到调解的效果。当事人的信任是调解工作的基础。

（5）切忌强求调解

调解员不要刻意强求调解率，要学会取舍。例如，在做调解的时候，有些申请人会拿着有关法条或者数据和你沟通，这种情况可分为两种：一种是申请人懂得法律法规，但是他只是选择性地去看，只看对自己有利的，不懂法院的司法途径和调解员的相关口径，对于这些人调解员就要耐心细致地跟他解释，花再多的时间也是值得的，不要轻易地放弃调解。另一种是申请人的个性属于那种偏执型的，调解员作任何解释或者调解都是徒劳无功的，甚至在调解员与单位进行调解的时候，申请人会在外面偷听。面对这样的申请人，调解员可以直接放弃调解。

## 66. 劳动争议调解员在调解过程中应注意哪些细节？

劳动争议调解员在调解过程中应注意以下细节：

（1）注意调解立场

调解员应保持绝对的中立，千万不可把自己套进去。因为人一般都有同情弱者的本能，人有时候会凭感觉。当一方当事人很尊重你，而另一方却是胡搅蛮缠，如果调解员再有情绪的话就很容易出问题。在当事人一方明确告诉你，认为你是在为对方说话时，就应马上停止调解或者放弃调解。

（2）注意履行方式

调解成功的案子，对于达成的金额数量不大的话，最好当场履行，杜绝单位缺乏诚信而不履行协议。只有一手签协议，一手付钱才是真正的成功，没有后遗症。协议分期付款，要坚持就高原则。意思就是我们在调解达成协议分期付款之后，单位支付的第一笔金额尽量大于或等于总金额的50%，而且第一笔金额要在达成协议的时候当场支付，这也是为了杜绝单位缺乏诚信或者经营不善，导致后几笔钱无法支付。这样既减少了申请人的损失，也减轻了调解员的压力。

（3）注意协议的声明

调解协议的内容要简洁明了，在调解中如果有特殊情况，在调解协议中也应写明。例如，有些当事人在离职的时候已经给单位造成了损失，单位也有反诉的权利，当调解员把案子调解成功并且要求单位放弃要求申请人赔付经济损失的时候，则应在协议书上表达，反之单位对申请人提出的合理要求也可以在协议书上写明，这样不仅让双方消除顾虑，同时也会使当事人觉得我们办事是非常公正公平的。

（4）注意服务的延伸

作为调解员，既要服务热情周到，还要注意服务的延伸。比如，劳动者无意中提出一些不是劳动争议的问题，调解员如果有能力给予解决的，就尽量去帮助解决，这个无意间的帮助可能会关系到调解的成败。

（5）注意结案的回访

案子调解成功，权利和义务都已结清后，调解员最好把单位再留下来交谈一会儿。调解员可为单位指出在这个案子中单位存在哪些操作失误，哪些规章制度需要补充修改。当然，有些在调解中已说过的话无须再说，只要对单位在实际操作中给出一点小小的建议和具体方法。调解工作也是一种服务，要树立勤奋、刻苦的观念。调解员要学会埋下伏笔，对于帮助或者指导过的单位，再有争议，调解起来就容易很多。

# 三 劳动争议调解员工作方法与调解技巧

## 67. 劳动争议调解员调解的原则是什么?

（1）首选调解和全程调解原则

将调解作为处理劳资纠纷的首选方式，力争将劳资纠纷化解于基层和萌芽状态，对进入仲裁或诉讼程序的劳动争议案件，在仲裁或诉讼期间配合劳动仲裁机构或人民法院，开展全程调解工作。

（2）公正合理原则

应按照《劳动争议调解仲裁法》规定的程序和国家有关法律、法规调解劳资纠纷，保障调解行为的规范、合法、合理和公正。

（3）快速简便原则

在确保调解质量的前提下，以最短的时间、最少的成本尽快解决纠纷，实现质量与效率的统一。

## 68. 劳动争议调解员常用的调查方法有哪些?

（1）调查法

在社会学的研究中，人们常常使用直接向对象问询的调查方法，或是单纯为了收集资料，或是找出事实之间的关系，这种方法就叫调查法。它的操作过程是：首先，随机抽取调查样本。其次，对调查样本进行问卷调查和访问。最后，对调查材料进行分析，得出结论。调查法主要包括问卷法和访问法两种。

问卷法是社会调查中最常用的资料收集方法，也是劳动争议调解员经常用到的调查方法。问卷分为自填问卷和访问问卷两种类型，自填问卷由被调查者自己填答，可以通过各级工会或劳动争议调解员亲自发放的方式送达到被调查者手中，而访问问卷由劳动争议调解员根据被调查者的口头回答来填写。

访问法是研究者去访问被调查者，通过向被调查者提问而获取调查资料的方法。它是较普遍的社会调查方法之一，整个访问过程是访问者与被访问者互相影响、互相作用的过程。访问的目的是了解社会真实的情况。劳动争议调解员可以通过这两种方法来收集相关劳动关系资料。

（2）观察法

观察法是研究者根据研究课题需要，利用眼睛、耳朵等感觉器官和其他辅助观察设备，有目的地对观察对象进行考察，以取得研究所需要的第一手资料的一种方法。劳动争议调解员可以通过有目的的观察，查看调查对象的劳动关系特征，为调解劳动争议积累资料。

（3）文献法

文献法是利用各种文献记录所隐藏的大量资料来进行社会学研究的方法。劳动争议调解员可以通过查找文献，学习相关法律法规，了解劳动争议背后的成因，借鉴其他地区化解劳资矛盾的先进经验。

## 69. 劳动争议调解的具体方法有哪些？

劳动争议调解的具体方法，就是在调解过程中，根据不同纠纷的性质、特点、难易程度、发展状况而采取的不同的调解方法。不同的劳资纠纷，存在影响纠纷的不同因素。因此，在进行劳动争议调解的过程中，除了按照劳动争议调解的一般方法进行调解外，还必须针对不同的纠纷根据其具体情况采取不同的调解方法，而不能一成不变。根据劳动争议调解的实践，劳动争议调解的具体方法主要有以下十种：（1）面对面调解法；（2）背靠背调解法；（3）赞扬激励法；（4）换位思考法；（5）苗头预测法；（6）抓住主要矛盾进行调解法；（7）抓住关键人物进行调解法；（8）冷处理法；（9）依靠多种社会力量协助调解法；（10）先易后难、逐个击破法。

## 70. 什么是面对面调解法？

面对面调解法就是把纠纷当事人叫到一起，当面摆事实、讲道理，达成调解的方法。通过面对面地倾听当事人陈述，可以从情、理、法多方面对双方进行讲解和规劝，并最终经过数番耐心调解，促使双方达成协议。其优点是在最短时间内了解双方当事人的争议焦点，缺点是双方容易争吵，情绪容易失控，造成场面失控。

## 71. 什么是背靠背调解法？

背靠背调解法就是在调解时，不让当事人进行直接地沟通，而是由劳动争议调解员分别对当事人进行说服、教育，使双方不断让步，分歧逐渐缩小，从而达成调解的方法。其优点是场面不失控，但耗时太长。最好的方法是先面对面，后背对背。善用沟通方式：一是“快刀斩乱麻”，以免夜长梦多，节外生枝。二是冷处理，稳定当事人的情绪后，再进行调解，相比之下，后者成功的可能性更大。

## 72. 什么是赞扬激励法？

赞扬激励法就是通过对劳资纠纷当事人的优点和长处的表扬激励，从而调动当事人的积极性，使当事人接受调解的一种方法。赞扬激励法可以起到以下效果：（1）平稳当事人的情绪；（2）缩短劳动争议调解员和当事人之间的距离；（3）通过赞扬激励法，还可以堵住当事人反复的后路。

## 73. 什么是换位思考法？

换位思考法就是在解决纠纷时，要从不同的立场、角度、高度、层次进行深入细致的分析和研究的一种调解方法。通过该方法做到考虑周全，使问题解决彻底，不留后遗症。换位思考法一般针对刚愎自用、固执己见、爱争强好胜的纠纷当事人使用。

一是劳动争议调解员的换位思考。劳动争议调解员在调解劳动纠纷时，站在当事人双方的立场和角度进行调解是非常重要的，因为只有从双方的立场和角度来看事情，才能真正理解他们的感受及想法，才能知道怎样去进行调解，不至于在调解时引起当事人的对抗。只有站在劳资双方的立场和角度与当事人进行真诚交流，让当事人感觉到调解员是从当事人的利益出发，这样他们才会信任调解员，从而消除对劳动争议调解员的抗拒心理，调解才能取得成功。

二是劳资双方当事人之间的换位思考。劳动争议调解员引导、启发当事人相互之间进行换位思考。劳动争议调解员在调解劳动争议纠纷时，除了自己站在当事人双方的立场和角度进行调解外，还要引导、启发当事人之间进行换位思考，只有这样才能使调解顺利进行。作为劳动争议纠纷的当事人，一般都想在纠纷中获得最大利益。因此，在纠纷调解过程中都只为自己着想，互不相让，这样就容易造成矛盾激化，不利于纠纷解决。但是，如果劳动调解员引导、启发当事人在考虑自己得失的同时，也站在对方的立场上替对方利益着想、体会对方的感受、以真诚换取真诚、以信任换取信任，就会为当事人营造相互融通的心理氛围，便于纠纷的调解。这正如俗话所说的“要想公道，打个颠倒”。

## 74. 什么是苗头预测法？

苗头预测法就是要求劳动争议调解员要随时掌握纠纷发展、变化的客观规律，特别是纠纷双方当事人的思想和行为不断变化的特点，找出纠纷发展、变化的原因，及时确定预防、解决纠纷的对策，把纠纷化解在萌芽状态。运用苗头预测法是解决劳动争议“防调结合，以防为主”工作方针的具体要求。要做到“防调结合，以防为主”，必须及时掌握纠纷发展、变化的客观规律，发现纠纷发展和深化的苗头，洞察纠纷当事人思想和行为不断变化的蛛丝马迹，及时采取有针对性的措施，进行积极的疏导，把矛盾解决在萌芽状态，防止其扩大和激化。

运用苗头预测法是目前解决劳动争议纠纷的一种非常重要、有效的方法。由于我国用人单位利益和要求日趋多元化，使我国目前劳资纠纷表现为易激化的特点。纠纷不断增多，新的、复杂的纠纷不断出现，有些纠纷极易出现反复，难以调解。成功地运用苗头预测法能够主动地掌握这些纠纷的发展态势，面对可能发生的复杂情况可以及时采取措施并解决，从而预防复杂、激化、严重态势的发生。

苗头预测法的运用需要劳动争议调解员必须有“纠纷具有复杂性、预防工作具有艰巨性和长期性、遏制纠纷继续发展和扩大的重要性”的认识，并在思想上高度重视，有意识地观察和分析苗头性问题。要做到这一点，劳动争议调解员必须具备敏锐的信息意识，要善于发现信息、搜集信息，捕捉其中带有倾向性、苗头性的信息。在预测苗头时，还要注意对纠纷的变化有影响的因素，并区分不同的纠纷进行具体分析。

苗头预测法的运用并不只是简单地把纠纷变化的苗头预测出来，更关键的是，劳动争议调解员对预测出来的纠纷发展的苗头要给予高度重视，并及时积极行动起来，进行妥善地处理，把苗头抑制并消除在萌芽状态，防患于未然。如果预测到了纠纷变化的各种苗头后，不去积极预防，反而是“一拖二躲三搪塞”，只会使纠纷越来越复杂、越来越难处理，并使劳动争议调解员的信誉受到影响，最终失去劳资双方当事人的信任。

## 75. 什么是抓住主要矛盾进行调解法？

抓住主要矛盾进行调解法是指劳动争议调解员在进行调解时，依照劳资纠纷的具体情况，抓住纠纷发展过程中起决定作用的矛盾进行调解的方法。抓住主要矛盾进行调解，一般表现为抓住申请调解当事人最关心的核心问题。抓住主要矛盾进行调解法在使用中应该注意以下三个问题：

（1）必须坚持自己所确立的调解工作的重心，排除各种干扰；

（2）在措施上，要注意采取有效措施集中力量解决好主要矛盾，包括寻求有关积极力量的支持；

（3）劳动争议调解员还要注意根据纠纷的发展变化，及时察觉主要矛盾和次要矛盾的转化，调整自己对主要矛盾的认识，修正调解方案，时刻有效地掌握调解工作的主动权。

## 76. 什么是抓住关键人物进行调解法？

抓住关键人物进行调解法就是在群体劳动争议案件中抓住纠纷劳资纠纷当事人中起关键作用的人物，首先对其进行说服、劝解，让其接受某一调解结果，从而带动其他当事人接受调解结果的方法。在某些群体性的纠纷中，某些当事人并不对纠纷的性质、事态产生多大影响，他们往往是追随着另一些当事人，听从或者参考这些当事人的意见。因此，在调解时只要集中力量，突破这些“关键”当事人的防线，那么整个纠纷也就容易解决了。

## 77. 什么是冷处理法？

冷处理法就是对当事人要求解决的纠纷不要急于着手调解，而是想办法使当事人先冷静下来，待其心平气和后再进行调解的方法。劳动争议调解员并不是立即展开调解，而应先采取有效的方法和策略，制止事态扩大蔓延。然后，把纠纷放一放，给当事人一个缓冲的时间，缓解一下紧张的气氛。这样，当事人的心态就会逐渐平稳下来，不再那么要面子、固执己见。此时，劳动争议调解员再依照法律、法规，对当事人进行耐心细致的说服教育，促使调解协议的达成。这一类的案件主要为拖欠群体职工工资和工伤职工死亡等劳动纠纷案件。

## 78. 什么是依靠多种社会力量协助调解法？

依靠多种社会力量协助调解法是指在调解过程中，除了依靠调解员自身的力进行调解外，还须取得当事人的亲友和当地有威望的人以及其他社会力量给予的支持和帮助。

## 79. 什么是先易后难、逐个击破法？

先易后难、逐个击破法就是先对纠纷中比较容易接受调解的当事人进行调解，让其接受某种结果，然后再对较难接受这种调解结果的当事人进行说服、劝导，最终使调解成功。

## 80. 劳动争议调解员需要掌握哪些调解技巧？

把调解方法和调解技巧有机地结合起来，可以取得当事人的信任，提高调解成功率，顺利完成调解工作。劳动争议调解员在调解不同的劳动争议时，除了要运用不同的调解方法，还要根据争议的具体情况采用不同的调解技巧，包括语言技巧、方法技巧等，掌握当事人的心理特征，对症下药，对争议当事人以诚相待，耐心细致地做工作。在现实调解工作中，比较常见的五种调解技巧是：明理、融情、身教、适度、冷却。

（1）明理

争议当事人的思想认识，不是一说就能通的，需要将理论上的灌输、思想上的引导和行为上的严格要求有机结合起来，用协商的口气、批评方法、发挥疏导的功能，通过摆事实、讲法律、讲政策、讲道理，使争议当事人把道理弄明白。使其知道什么是对的、什么是错的；应该提倡什么、反对什么，从而达到以理服人的目的。

（2）融情

劝说的成败，往往取决于劳动争议调解员和争议当事人之间的感情是否融洽，心理是否相容。因此，劳动争议调解员应努力赢得争议当事人的信任，要以关心、理解、尊重、体贴争议当事人作为说服疏导的感情基础，把感情融合到说服教育中去，做到说理与关心相结合，调解与服务相结合，以心换心，以诚待人。

（3）身教

劳动争议调解员说服教育争议当事人，必须从自身做起，以身作则，以自己的人格力量感召争议当事人，树立遵纪守法、廉洁奉公、勤政为民的形象，增强调解工作的凝聚力，有效地消除当事人的逆反心态。

（4）适度

进行说服教育必须是实事求是，不能言过其实，更不能凭空捏造。对争议当事人的批评要注意时机和场合，不能轻描淡写，也要注意适可而止。能单独批评的尽量单独批评，不扩大批评范围；能启发其做自我批评的尽量使其自觉地进行自我批评，对其不要过多地指责。不要为一些鸡毛蒜皮的小事纠缠不休，防止引起当事人的心理隔阂。

（5）冷却

争议当事人的思想转化有一个过程，不能指望一次说服、一次谈心、一次批评，就使当事人转变思想觉悟。当碰到一些疑难杂症的争议，而且该争议一时不会造成较大的负面影响时，不能急于求成，要对他们进行“冷处理”，并通过持之以恒地做工作，耐心等待，抓住调处与疏导的最佳时机，最终达到解决争议的目的。

## 81. 劳动争议调解员谈话技巧的重要性？

在劳动争议调解中，调解员经常要与当事人进行个别谈话。个别谈话即与当事人面对面调解，它是调解员调解劳动争议常用的一种方法，也是劳动争议调解员必须具备的基本功。为什么实践中同样的劳动争议，不同的调解员处理会有不同的结果呢？不仅是由于调解员政策水平不同，而且还存在谈话技巧差异的问题。作为劳动争议的调解员，要善于针对争议双方在调解过程中不同的心态，进行艺术性的谈话，以达到调解的目的。因此，掌握调解谈话技巧，对调解员来说非常重要。

## 82. 如何做好谈话的准备工作？

调解开始前，调解员要认真准备，这是促使谈话成功的基本条件之一。谈话前，首先要了解案情真相，熟悉相应劳动法律法规；其次要做好深入细致地调查工作，谈话时掌握对象的气质、性格等个性和心态特征，进行全面分析，明确争议双方争执的焦点及实质，弄清产生争议的全过程；最后要预测谈话对象对自己的谈话可能产生的反应，对争议的主要问题要有应变方案，根据谈话进程作及时的调整。

## 83. 如何选择最佳的谈话时机？

与当事人个别谈话不仅要运用适当的语言和方式，而且要选择恰当的时机。谈早了，对方听不进去，容易形成僵持的局面；谈晚了，容易坐失良机。选准个别谈话的时机，通常有以下三种方法：

（1）按照劳动争议双方的思想波动确定谈话时机。

（2）按照劳动争议双方的个性心态特征确定谈话的时机。

（3）按照劳动争议双方的情绪变化确定谈话的时机。

## 84. 谈话策略有哪些？

在劳动争议调解过程中，调解员要注意谈话的策略，拉近与谈话人的距离，先易后难：

（1）开始阶段：可以先说一些申请方或被申请方关心的、感兴趣的话题，使谈话的双方逐渐具有共同的语言，产生情感交流，沟通思想，打破彼此间的对立心态。

（2）切题阶段：调解员紧紧围绕谈话的主题进行叙述、真诚地摆出问题的利弊，晓之以理、动之以情，逐渐同当事人达成情感共鸣，完成谈话的目的。

（3）结束阶段：要观察当事人的情绪、神色、及时分析谈话后的效果和可能引起的内心矛盾与冲突，耐心地听取双方的陈述和表态，有的放矢地提出希望和要求。

## 85. 如何根据中心话题采取不同的谈话方式？

调解员在调查劳动争议案例中找争议双方个别谈话时，应明确一个中心话题，然后根据这个中心话题采用以下不同的谈话方式：

（1）询问式：可以直接询问，即直截了当地提出疑问，也可以含蓄询问，委婉地提出疑问。

（2）点评式：对劳动争议双方进行一分为二的点评，肯定优点，指出问题，提出调解意见，这种方式能够适应争议双方的期待心态。

（3）讨论式：调解员以商量的口气，和当事人讨论劳动争议的责任和后果，讲明利弊关系。

（4）论证式：谈话人员通过摆事实、讲道理，从法律和实际的结合上，论证被谈话人存在的过错和责任。

（5）征询式：即在个别谈话中，为了促进争议双方达成协议，调解员采取征求意见的方式了解双方的意见和建议。

## 86. 谈话过程中如何调整个人情绪？

劳动争议调解过程中，调解员与争议双方进行谈话时，谈话情绪要随机应变、及时调整。调解员的情绪如何，直接影响到同争议双方个别谈话的效果。因此，调解员要善于以冷静的头脑、稳定的情绪为自身创造一个良好的心境，通过语言、动作和面部表情感染对方，引起情感共鸣。同时，要根据谈话的进度和发展，及时调整自己的心态，使之适应和促进个别谈话的完成。谈话语言也要因人而异。比如，对于一些年纪较大的职工或者代表企业参加调解的领导，可运用人生哲理、经营理念等，进行寓理于事的沟通，对青年员工则可运用一些通俗易懂的语言，进行借事释理的交谈。

## 87. 劳动争议调解员如何进行调解的风险控制？

劳动争议调解员可应从以下五个方面进行调解的风险控制：

（1）调解中的配合

调解员之间少帮忙，最好不要帮忙，因为帮忙的调解员对案情不了解，调解的思路不同，反而会起到反效作用，也就是越帮越忙。如果一个案子一开始就由两个调解员进行调解的话，那么先分一下“红脸”和“白脸”，同时再分一下“主”和“辅”。作为“辅”的调解员不能重复“主”的调解思路和语言，而是在关键时刻发表说话，一锤定音。“主”的就像足球比赛中带球或者传中的队员，“辅”的才是一脚射门、得分的队员，“辅”的要会做“主”的总结性发言。

（2）特殊人群的处理

一是怀孕的女职工要求恢复劳动关系，此类调解成功出协议书后的后遗症很多，一旦处理不当，容易带来很多问题，在出调解协议书时应尽量小心。二是申请人为四五十岁的当事人，大多比较固执，调解的时候不会轻易让步，调解时也应注意。

（3）工伤案子的处理

对于发生事故，却未认定为工伤的案子，调解不可出协议书，应让当事人双方私下达成协议，申请人作撤诉处理。对于已认定工伤未得出结论的，放弃调解。对于已得出工伤等级的，协议书上一定要明确应知晓的权利和义务，不然也很容易带来很多问题。

（4）社保案子的处理

在调解中尽量主张单位补缴，如果当事人双方坚持要折现的话，这个协议让双方当事人自行协定，调解员不宜插手。但为保证公平公正，调解员可以建议单位在与劳动者签订的协议书上写明：因不可抗拒的因素，单位为员工补缴了社保，员工则同意返还单位支付的社保折现款。但对于社会保险补缴时间长的，绝对不要让当事人双方按折现方法操作，因为那些折现时间长的，若干年以后，员工退休了，15 年社保缺了几个月，这时候就会出现更大的争议。

（5）群案的处理

对于为还未立案的集体争议，首先要定一个规矩，让他们推荐出一个到两个代表，代表大家发言，其他员工都坐在旁边，未经允许，不得擅自发言。如果不定此规矩的话，很有可能会出现舌战群儒、车轮大战，不但把自己累垮，而且无任何效果。集体案子调解有一个原则，就是分而治之、个个击倒。在调解的时候，我们必须给当事人贯彻这样的想法，就是让当事人不要去想别人的想法，只需要告诉其自己的想法。调解不是搞拆迁，谁顶到最后谁合算，而是谁先调解谁合算。在调解的时候，先调解掉双方差距不大的一些人，一定要找到一个突破口。与其一个一个说得口干舌燥，不如在带头的当事人身上下功夫，这样才能事半功倍。同时还有一个原则，就是先行调解的员工调解的金额不能太高，因为先行调解的员工往往起到一个标杆的作用，如果太高了，下面的就会很难调。再有，对于调解案子的时间尽量用足，因为集体案子的员工一开始都是怒气冲冲，情绪比较激动，需要冷静冷静。

## 88. 为什么掌握纠纷概况是做好调解工作的前提?

在案件调解之初，应先向双方当事人询问纠纷的概况，了解双方当事人的诉求及理由。对纠纷大体事实与情节的了解是做好调解工作的前提与基础。俗话说“没有调查就没有发言权”，对一个纠纷事实的调查，可以是明查，如果有当事人干扰，还可以暗访。掌握基本事实的技能往往是施展其他调解技能的前提，当然这也不是绝对的，因为往往对有些事实难以查清的纠纷直接进行调解，也能让双方达成调解协议。

## 89. 如何营造宽松的调解环境?

在调解工作中，应先消除那种紧张的气氛，营造宽松和谐的调解环境，促使当事人与调解人员的情感融合。怎样才能营造出宽松的调解环境呢？比如，在做调解工作时，要尽量少讲那些让人难听懂的法言法语。我们面对基层群众，要掌握好会讲“群众语言”的能力。群众只有在听到知心话、贴心话时，才能产生心灵共鸣，有了心灵共鸣，心结易解，心病易除，调解工作也必将事半功倍。如果调解人员满口法言法语，听起来似乎很有学问，但当事人不一定能听得懂，不利于纠纷的解决。调解的过程不是调解员口才的卖弄和法律水平施展的过程，而应视为化解矛盾纠纷、保稳定、促和谐的过程，脱离化解矛盾纠纷这一目的的任何言行都是多余和无益的。

## 90. 如何掌控劳动争议调解的氛围？

掌握控制调解氛围就如同法官驾驭庭审一样重要。一些没有调解经验的调解人员大多在控制调解氛围的技能上有所欠缺。掌握控制调解氛围一定要视纠纷矛盾的尖锐程度和当事人的脾性来定，一旦发现有预想不到的问题出现时，就应该立即采取背靠背这种分别调解的方式做调解工作，不能让“干柴”靠近“烈火”，这样的调解效果往往比面对面好得多。在案件调解过程中，我们经常会遇到以下这种情况，双方当事人即将达成一致意见，但往往就差那么一点儿火候。这个时候，调解人员就要适当地加以引导。引导当事人时，我们要做到心中有数，这个“数”应该包括相关法律、法规、规章和政策，或包含社会主义道德，还应包括“度”。调解员心中有底，引导双方达成一个协议才是目标，有了目标，调解的整个过程才能做到有的放矢。如果没有一个目标，调解工作就是白费劲。

# 四 工会与劳动争议调解的关系问题

## 91. 工会与劳动争议调解员的关系?

培训劳动争议调解员、提高他们主持和参加劳动争议调解工作的水平是工会的一项重要任务。《中华全国总工会关于进一步加强劳动争议调解工作若干意见》指出，各地工会要采取有效措施，督促企业调整充实调解员队伍，切实提高调解人员的业务素质和工作能力。2015 年，天津市首批 104 名考试合格的工会干部领到了人社部颁发的职业资格证书和市人社局颁发的劳动争议调解员证，为加强天津市劳动人事争议调解工作，有效预防、快捷调解、平稳化解争议，促进劳动人事关系和谐稳定奠定了坚实的人才保障。

基层工会工作者作为劳动争议调解员，身在企业，对争议发生的经过比较清楚，能够对争议双方进行正确引导，有利于及时化解纠纷，阻止双方矛盾激化，使企业和劳动者在融洽的气氛中解决问题。虽然调解不是劳动争议处理的必经程序，但却是劳动争议处理制度中的第一道防线，对解决劳动争议起着很大的作用，尤其是对于希望还能在原单位工作的职工，通过工会主导的劳动争议调解程序解决劳动争议当属首选步骤。调解员通过工会的调解工作，可以充分发挥工会联系职工群众的优势，及时将矛盾化解在企业内部，促使企业内部劳动关系的相对和谐。同时，工会的劳动争议调解也减少了不必要的社会矛盾和冲突，有效缓解劳动争议仲裁委员会和人民法院的压力，为经济和社会的发展创造有利条件。

## 92. 工会的劳动争议调解员的工作有哪些特点?

工会的劳动争议调解员的工作具有以下特点:

(1) 具有特定的调解对象。劳动争议双方一方是用人单位,另一方是本单位的职工。

(2) 具有特定的调解内容。劳动争议是劳动法律关系双方当事人因劳动权利、义务关系而引起的纠纷。

(3) 具有特定的法律依据。劳动争议是以劳动法律法规和有关劳动政策规定为依据的。

## 93. 工会代表担任劳动争议调解员有哪些职责?

(1) 依法调解本单位的劳动争议;

(2) 保证当事人实现自愿调解、申请回避和申请仲裁的权利;

(3) 自争议发生之日起 15 日内结束调解,到期未结束的视为调解不成,告知当事人可以申请仲裁;

(4) 督促劳动争议双方当事人履行调解协议;

(5) 及时做好调解文书及案卷的整理归档工作;

(6) 做好劳动争议预防工作。

## 94. 工会在劳动争议调解工作中处于什么地位?

根据《工会法》《劳动法》《劳动争议调解仲裁法》《企业劳动争议协商调解规定》等法律、法规和规章,以及全国总工会《工会参与劳动争议处理试行办法》等规定,工会在劳动争议调解中的地位是:劳动争议调解工作的指导者、劳动争议调解委员会的组织者、劳动争议的协调解决者。在调解劳动争议过程中,工会应始终坚持客观、公正原则，不偏不倚，合法、合情、合理妥善调解各类劳动争议。

（1）劳动争议调解工作的指导者。工会依法对劳动争议调解工作全面指导。包括：上级工会对下级工会劳动争议调解工作的指导；地方工会（产业工会）对企业工会劳动争议调解工作的指导；全国总工会对全国工会劳动争议调解工作的指导；等等。指导方式包括：调查研究、专题研讨、下发指导意见、组织经验交流和表彰等。指导内容全面，既包括劳动争议调解组织建设和制度建设，也包括劳动争议调解在适用法律和工作方法方面的指导。

（2）劳动争议调解委员会的组织者和劳动争议的协调解决者。工会代表依法主持并参加劳动争议调解委员会工作，组织对劳动争议的调解。包括：企业工会代表、地方和产业工会的代表担任劳动争议调解委员会主任、副主任或委员，主持并参加劳动争议调解委员会的工作，依法调解本单位、本区域、本行业内的劳动争议。调解委员会中的工会代表依法享有调查权、调解权、要求处理权、协调处理权、宣传教育权等。

## 95. 工会在劳动争议处理中有什么作用?

为保障工会劳动争议处理的参与能力，《工会法》《劳动法》《劳动合同法》《劳动争议调解仲裁法》等法律法规均作出了规范。结合几部法律的相关规定，工会的参与职责主要体现在以下五个方面：一是参与劳动争议协商过程，二是参加企业的劳动争议调解工作，三是作为地方劳动争议仲裁组织成员参加仲裁，四是对提起劳动争议仲裁或者向法院起诉的职工给予支持和帮助，五是工会有权针对企业违反集体合同的行为申请仲裁或提起诉讼。可以说，现行制度肯定了工会参与劳动争议处理的职能，其参与可以渗透到协商、调解、仲裁、诉讼等各个环节。

为切实实现参与职能，全国总工会先后发布了《工会参与劳动争议处理试行办法》《关于进一步加强工会劳动争议处理工作的意见》

《关于进一步加强劳动争议调解工作的若干意见》《工会法律援助办法》等文件。在法律法规及全总文件的规范与指导下，全国各级工会开展了多元化、多层次的劳动争议处理参与活动，取得了以下三方面的工作成绩：一是正逐步形成“全方位、多层次、广覆盖”的调解网络；二是努力加强与人力资源和社会保障部门、用人单位代表组织的协调，积极参与劳动争议仲裁工作；三是在劳动争议诉讼中，工会不仅对职工当事人负有提供法律援助的义务，同时具有参与并协助人民法院办理劳动争议案件的职责。

根据最高人民法院司法解释和劳动争议诉讼案件的审判需要，一些地方工会接受人民法院委托，开展劳动争议案件诉前调解工作；一些基层人民法院设立劳动争议审判庭、职工维权合议庭和劳动争议巡回法庭；依照法定程序任命符合条件的工会干部担任陪审员，参与劳动争议案件的审理，使熟悉劳动法律法规、善于协调劳动关系的工会干部的作用得到充分发挥，大量案件经工会调解员和职工陪审员诉前调解得到妥善解决。

## 96. 工会在劳动争议处理中如何发挥作用？

工会通过以下方式在劳动争议的处理中发挥作用：

（1）参与劳动争议协商

劳动争议协商是指劳动争议双方当事人就协调劳动关系、解决劳动争议进行商谈的行为。发生劳动争议，工会可以接受职工及用人单位请求参与协商，促进争议解决。工会发现劳动争议，应主动参与协商，及时化解矛盾。双方当事人经协商达成协议的，工会应当督促其自觉履行。

（2）主持企业劳动争议调解

企业的劳动争议调解委员会按规定由工会主持调解工作。工会代表担任企业劳动争议调解委员会主任，主持企业劳动争议调解委员会工作，依法调解本单位劳动争议。

（3）参与劳动争议仲裁

《工会法》第二十八条规定，地方劳动争议仲裁组织应当有同级工会代表参加。劳动争议仲裁委员会中工会代表依法履行职责，积极参与本地劳动争议仲裁工作的开展；工会工作者依法取得仲裁员资格，由劳动争议仲裁委员会聘为兼职仲裁员的，在执行仲裁公务时与专职仲裁员享有同等权利。

（4）在劳动争议仲裁和诉讼中给予职工支持和帮助

《工会法》第二十二条规定，企业、事业单位违反劳动法律、法规规定，侵犯职工劳动权益时，工会有权代表职工与企业、事业单位交涉，要求企业、事业单位采取措施予以改正；企业、事业单位拒不改正的，工会可以请求当地人民政府依法作出处理。职工认为企业侵犯其劳动权益而申请劳动争议仲裁或者向人民法院提起诉讼的，工会应当给予支持和帮助。工会的法律服务机构，应在劳动争议处理中承担法律咨询、代写法律文书直至担任代理人，为职工解决在劳动争议处理中的困难。工会法律服务机构可以接受职工当事人的委托，代理职工参与劳动争议诉讼。

## 97. 工会在劳动争议预防中有什么作用？

（1）有利于保护劳动者合法权益

目前，我国劳动争议绝大多数因用人单位违反劳动法律法规、侵犯职工权益而引发，基层工会加强劳动争议预防，可教育和监督用人单位依法用工，从而使劳动者权益免受侵害。

（2）有利于企业发展

劳动争议不仅涉及职工切身利益，而且与企业利益密切相关。一旦发生争议，势必影响企业的正常秩序。基层工会采取超前防范措施，可有效避免矛盾发生，促进企业生产发展。

（3）有利于稳定劳动关系和社会秩序

劳动关系双方因存在利益差异，极易产生矛盾。一旦矛盾激化，势必影响社会稳定。基层工会采取积极预防措施，可最大限度减少摩擦，促进双方关系和谐，保持社会稳定。

（4）有利于减轻当事人诉讼负担

劳动争议发生后，往往需要花费时间、精力去解决，有的还需经过较长的司法过程，极易造成当事人特别是劳动者精神压力和经济负担。基层工会通过积极预防，可有效避免争议发生，降低处理成本，减轻劳动者负担。

## 98. 工会如何预防劳动争议?

如何预防和减少劳动争议，保持劳动关系的和谐、稳定，是目前社会各界所关注的焦点，基层工会要立足本身职能，积极协调政府有关职能部门、企业和劳动者，共同积极地采取相应的对策加以预防。

（1）参与劳动制度制定，开展劳动法治宣传教育

劳动制度是劳动争议预防的依据，基层工会参与劳动制度的制定，可以从源头有效预防劳动争议的发生。如参与制定工资支付、劳动合同、工伤保险等制度，从制度上遏制可能发生的劳动争议。

①针对劳动关系的突出问题，提出工会的意见和主张，督促政府出台相关政策和规范性文件，防止某类劳动争议大面积发生。如参与相关政策制定，妥善解决用人单位整体拖欠职工劳动报酬和企业改制中职工安置等问题。

②开展劳动法治宣传教育，是预防劳动争议的重要手段之一。工会可通过劳动法律法规教育，提高用人单位和劳动者的劳动法律意识和劳动法制观念，促其自觉遵纪守法，避免劳动争议发生。如：开展法律知识竞赛、法律咨询日、法制讲座等活动，送法下企业、下基层，设立专门窗口进行定点法律咨询，建立工会职工法律夜校或培训服务中心等。

（2）参与劳动法律法规执法检查，履行社会监督职能

基层工会参与劳动执法检查，对于维护职工合法权益，预防劳动争议发生，具有十分积极的作用。工会应针对劳动执法中的突出问题，配合人大定期开展劳动执法检查、参与政府劳动保障等部门的联合执法检查，多方联动，履行工会劳动法律监督职能，督促用人单位及时纠正劳动用工管理中的问题，使劳动法律法规得以贯彻落实，从而遏制劳动争议发生。

（3）建立平等协商和集体合同制度

企业工会可以就涉及职工切身利益等事项，与用人单位定期不定期商谈，以便达成共识，使矛盾和问题及时得到解决，预防劳动争议发生。在平等协商的基础上，通过签订集体合同，把职工和企业可能发生的矛盾，转化为工会与企业须协商解决的问题，防止可能发生的劳动争议。实践证明，集体合同制度是协调劳动关系，整体预防劳动争议的有效方式。一些企业集体合同制度运行良好，劳动争议大幅下降，有的数年没发生过劳动争议，企业生产发展迅速。

（4）建立健全用人单位民主管理制度

建立健全用人单位职工代表大会（职工大会）和厂务公开等制度，加强民主管理，是预防劳动争议的又一有效形式。工会可通过参与企业规章制度等制定，参与企业涉及职工切身利益问题的重大决策。在公司制企业，通过职工董事、职工监事，直接参与企业重大决策和监督，从源头上有效预防劳动争议的发生。同时，还可通过建立职工代表意见会、对话会、面谈等制度，加强劳动关系双方的沟通和协调，防止劳动争议发生。

（5）督促企业构建有效防范劳动争议的内部机制

基层工会要督促企业应当本着“事前预防为主、事中控制为要、事后补救为辅”的原则，建立一套有效的劳动争议内部防范机制，一旦发生劳动纠纷，企业既可以从容应对，也可以最大限度地维护自身利益。建立职工参与或影响决策的管理机制，在企业内部创造有利的群体

环境及和谐共事的交往气氛，要从物质和精神上为职工创造良好的工作、生活、学习环境，畅通员工诉求及沟通渠道，真正了解员工的心声，促进相互交流。要督促企业建立健全企业劳动争议调解委员会，通过推行企业内部的调解制度，尽最大可能将劳动争议的苗头扼杀在企业内部。企业劳动争议调解委员会的调解工作，往往可以使劳动争议不出企业就及时妥善地得到化解，把劳动争议消灭在萌芽状态。

（6）帮助指导劳动者签订好劳动合同

劳动合同是劳动者与用人单位建立劳动关系，明确双方劳动权利和义务的协议。由于目前我国劳动力市场供大于求，用人单位往往迫使劳动者接受苛刻的合同条款，或者在合同中取消劳动者应当享有的权利，造成劳动合同显失公平，为劳动合同履行留下争议隐患。工会应参与用人单位劳动合同文本的制定，针对职工对劳动法律法规缺乏了解、自我保护能力较弱的情况，认真帮助、指导职工与用人单位签订、续订好劳动合同，避免由此产生劳动争议。

（7）建立健全基层工会劳动争议预警机制

劳动争议预警机制是通过预测、预报、预警等综合性手段，预防重大突发性劳动争议发生的有效机制。工会应整合资源，注重发挥各级劳动争议调解组织、劳动法律监督组织的预防功能，建立企业工会劳动争议信息员制度，推动建立劳动关系三方信息协调制度，以及三方共同负责，下至企业、上到地方的自下而上的劳动争议预警机制，通过预测、预报和预防等措施，有效排查劳动争议隐患，及时化解纠纷苗头。对可能引发群体性突发事件的重大问题，及时报上级工会和有关部门，积极采取应对措施，最大限度减少社会震荡。

## 99. 工会在劳动争议调解中有哪些职责？

（1）督促、帮助企业依法建立劳动争议调解委员会。企业劳动争议调解委员会是企业设立的调解本企业内部劳动争议的调解组织。调解委员会由职工代表和企业代表组成。职工代表由工会成员担任或者由全体职工推举产生，企业代表由企业负责人指定。调解委员会主任由工会成员或者双方推举的人员担任。调解委员会组成人员的具体人数由双方协商确定，双方人数应当对等。女职工人数较多的企业，调解委员会成员中应当有女职工代表。

企业工会应当向企业和职工宣传劳动法律法规，提高其对劳动争议调解重要性的认识，主动就设立劳动争议调解委员会与企业协商，达成共识，并帮助解决设立过程中的具体问题。上级工会要与企业工会密切配合，督促企业依法建立劳动争议调解委员会，积极开展调解和预防工作。

（2）主持并参加劳动争议调解委员会工作。主要包括：对调解委员无法决定是否受理的调解申请作出决定；对与受理的劳动争议有利害关系的调解委员作出回避决定；指派调解委员独任调解劳动争议；主持召开调解委员会议，研究确定调解方案；召集由调解委员、劳动争议当事人双方参加的调解会议，依法主持调解；主持制定调解工作制度，进行规范化调解；组织调解人员培训，提高其能力和水平；组织调解委员会开展劳动法律法规宣传教育、劳动争议预防等工作。

（3）推动建立区域性、行业性劳动争议调解组织。根据当前劳动争议调解工作实际，在工会组织大力推动下，一些地区和行业按照行政区划和产业系统分别设立了区域性、行业性劳动争议调解组织。这些劳动争议调解组织一般设在小型企业比较集中、劳动争议多发的市、县、乡镇、街道、社区和行业，主要由同级地方或产业工会、劳动保障行政部门、用人单位代表组织按照“三方原则”组成，有的还吸收司法行政等部门参加。负责调解本区域和本行业内未建立劳动争议调解委员会的企业发生的劳动争议、跨企业的劳动争议，以及企业调解委员会难以调解的劳动争议，并指导基层劳动争议调解工作。区域性、行业性劳动争议调解组织的设立，扩大了调解工作覆盖面，增强了调解的权威性和公信度，调解成效显著。

## 100. 工会在企业劳动争议调解中有哪些权利？

根据有关法律法规规定，工会在企业劳动争议调解中有以下权利：

（1）调查权：工会有权对用人单位侵犯职工合法权益的问题进行调查，有关单位应当予以协助。

（2）要求处理权：对用人单位违反劳动法律法规、侵犯职工合法权益的，工会有权要求其改正、重新处理。

（3）争议调解权：工会有权主持调解，提出调解意见，对达成的协议有权进行检查、督促、执行。

（4）宣传教育权：工会在调解劳动争议过程中，应对当事人进行法治教育，使单位依法管理、职工依法办事，依法维护当事双方的合法权益。

（5）支持申诉权：职工认为企业侵犯其劳动权益而申请劳动争议仲裁或者向人民法院提起诉讼的，工会有权给予支持和帮助，直至代理诉讼。

## 101. 工会参与劳动争议调解的原则有哪些？

（1）依据事实和法律，及时公正处理。

（2）当事人在法律上一律平等。

（3）预防为主，基层为主，调解为主。

（4）尊重当事人申请仲裁和诉讼的权利。

（5）坚持劳动争议处理的三方原则。

（6）严格遵守调解和仲裁纪律。

## 102. 工会如何强化劳动争议调解组织建设？

（1）强化企业劳动争议调解委员会的组织建设

企业劳动争议调解委员会是企业依法建立的协调解决劳动争议的组

织，在宣传劳动保障法律法规，及时预防和化解劳动争议，促进企业劳动关系和谐稳定等方面发挥着重要作用。强化企业劳动争议调解委员会的组织建设，是做好调解工作的基础性环节，也是加强企业工会工作、发挥企业工会作用的需要。各地工会要按照法律法规的规定，认真做好企业劳动争议调解组织的建立和健全工作。

（2）督促各类企业依法同步建立健全劳动争议调解组织

针对目前企业劳动争议调解委员会数量减少和非公有制企业建立劳动争议调解组织难等问题，各级工会要采取措施在提高工会组建率的同时，督促各类企业依法同步建立健全劳动争议调解组织。大型企业集团公司可以根据公司组织结构形式，建立多级劳动争议调解组织。国有和国有控股企业、集体企业以及实行企业化管理的事业单位，要巩固和完善现有的劳动争议调解组织。规模经营的非公有制企业要依法及时建立劳动争议调解组织。工会要督促企业依法落实调解组织的办公经费和人员等，确保调解工作正常开展。

（3）完善区域性、行业性劳动争议调解组织建设

在小型非公有制企业和外商投资企业比较集中的开发区、乡镇（街道）、村（社区）建立区域性或行业性劳动争议调解组织，是劳动争议调解工作的创新组织形式。各地工会、产业（行业）工会要在总结经验的基础上，不断完善区域性、行业性劳动争议调解组织建设，充分发挥其区域、行业优势，加强对基层劳动争议调解工作的指导，形成全方位、多层次、广覆盖的劳动争议调解网络。

（4）督促企业调整、充实、培训调解员队伍

各地工会要采取有效措施，督促企业调整充实调解员队伍，改变目前部分劳动争议调解组织有名无实、无人办事的状况。规模较大、人数较多的企业，应当配备专职调解人员。要对新从事调解工作的人员进行专门业务培训，对在岗调解人员进行定期轮训，在三年内普遍轮训一遍，切实提高调解人员的业务素质和工作能力。

## 103. 工会如何健全劳动争议调解工作制度？

健全劳动争议调解工作制度，是提升劳动争议调解工作整体水平的必然要求。《最高人民法院关于审理劳动争议案件适用法律若干问题的解释（二）》，明确了劳动争议调解协议书具有劳动合同的法律约束力，对劳动争议调解工作的规范化提出了更高要求。各地工会要根据该司法解释对调解协议书效力的认定，建立、健全各项工作制度，完善调解工作考核标准、调解人员培训准入制度和表彰制度等，规范劳动争议调解文书制作，进一步提高劳动争议调解工作的质量和水平。

各级工会要积极适应新形势新任务的要求，创新劳动争议调解工作机制。要推广建立企业工会法律顾问制度和工会首席调解员制度，采取由上级工会代行下级工会部分维权职责的做法，充分发挥工会公职律师、工会法律工作者和法律援助志愿者的作用，为劳动争议调解工作提供指导和服务。

## 104. 工会如何加强对劳动争议调解工作的领导？

各级工会要切实加强对劳动争议调解工作的指导，制定规划，认真落实。要与政府，劳动保障部门和企业代表组织等加强协调，把做好劳动争议调解工作作为协调劳动关系三方会议的重要议题。推动劳动争议处理法规和政策的制定，为劳动争议调解工作提供法律法规和政策支持。建立健全与劳动争议仲裁机构和人民法院的工作联系制度，推广基层调解、仲裁调解和司法调解相衔接、人民法院委托工会诉前调解劳动争议案件等成功经验。

各级工会要将劳动争议调解工作列入重要考核内容，建立激励机制，推进劳动争议调解工作深入开展。地方工会、产业工会要配备专人负责劳动争议调解工作，保证办公经费。要结合创建劳动关系和谐企业活动的开展，通过劳动争议调解组织组建月、组建年等活动，推进劳动争议调解组织建设，扎实有效地开展劳动争议调解工作。

# 五 不可不知的劳动合同问题

## （一）建立劳动关系时

### 105. 建立劳动关系时，用人单位应告知劳动者哪些内容？

《劳动合同法》第八条规定，用人单位招用劳动者时，应当如实告知劳动者工作内容、工作条件、工作地点、职业危害、安全生产状况、劳动报酬，以及劳动者要求了解的其他情况。“其他情况”是指与劳动者履行劳动合同密切相关的情况，如加班加点、职工福利、职业发展、文化生活等。如果用人单位隐瞒真实情况或欺骗劳动者，属于违反了诚实信用原则，就会误导劳动者作出错误判断，有可能导致劳动合同无效，一旦给劳动者造成损失，用人单位应给予赔偿。

### 106. 建立劳动关系必须订立书面劳动合同吗？

《劳动合同法》第十条规定，建立劳动关系，应当订立书面劳动合同。已建立劳动关系，未同时订立书面劳动合同的，应当自用工之日起一个月内订立书面劳动合同。

以书面形式订立劳动合同是指劳动者在与用人单位建立劳动关系时，直接用书面文字形式表达和记载当事人经过协商而达成一致的协议。劳动合同应当以书面形式订立。用书面形式订立劳动合同严肃慎重、准确可靠、有据可查，一旦发生争议时，便于查清事实、分清是非，也有利于主管部门和劳动行政部门进行监督检查。对于已经建立劳动关系，但没有同时订立书面劳动合同的情况，要求用人单位与劳动者应当自用工之日起一个月内订立书面劳动合同。用人单位自用工之日起满一年不与劳动者订立书面劳动合同的，视为用人单位与劳动者已订立无固定期限劳动合同。用人单位自用工之日起超过一个月但不满一年未与劳动者订立书面劳动合同的，应当向劳动者支付二倍的月工资。

**【案例】**

小李托亲戚找朋友好不容易进了一家公司，当时没有签订合同，进去后干的活很杂，工作岗位不固定，每个月领的工资也不一样。一年后，他多次与公司协商签订劳动合同，想把工作岗位、内容、工资等各方面固定下来，可公司总是以“我们需要的就是一个能干杂活的人”，“公司效益不固定工资也不能固定”，“如果不想干就另谋高就”等各种理由予以推托。结果，他干了一年多，合同也没签成。后来公司换了老板，一上任就把他辞退了。

**【解析】**

《劳动法》规定，建立劳动关系应当订立劳动合同，但未规定法律责任方面的保障条款。为此，《劳动合同法》第八十二条规定，用人单位自用工之日起超过一个月不满一年未与劳动者订立书面劳动合同的，应当向劳动者每月支付二倍的工资。用人单位自用工之日起满一年不与劳动者订立书面劳动合同的，视为用人单位与劳动者已订立无固定期限劳动合同。因此，依据《劳动合同法》的规定，小李的要求是合法合理的，而公司辞退他是违法的，因为公司实际上与他已经订立了无固定期限劳动合同。

## 107. 如何理解签订劳动合同时劳动者的告知义务？

《劳动合同法》第八条规定，用人单位有权了解劳动者与劳动合同直接相关的基本情况，劳动者应当如实说明。劳动者的告知义务是附条件的，只有在用人单位要求了解劳动者与劳动合同直接相关的基本情况时，劳动者才有如实说明的义务。劳动者与劳动合同直接相关的基本情况包括健康状况、知识技能、学历、职业资格、工作经历以及部分与工作有关的劳动者个人情况，如家庭住址、主要家庭成员构成等。用人单位不能为了解情况而侵害劳动者的隐私，这样的做法还可能构成对劳动者的就业歧视。

## 108. 用人单位的用工禁止规定包括哪些内容？

《劳动合同法》第九条规定，用人单位招用劳动者，不得扣押劳动者的居民身份证和其他证件，不得要求劳动者提供担保或者以其他名义向劳动者收取财物。用人单位违法向劳动者收取财物的情况主要有两种：一种是建立劳动关系时收取风险抵押金等费用，对不交者不与其建立劳动关系，对交者在建立劳动关系后又与其解除劳动关系且不退还风险抵押金等费用；另一种是建立劳动关系后全员收取风险抵押金等费用，对不交者予以开除、辞退或者下岗。无论是在建立劳动关系之前，还是在建立劳动关系之后，只要用人单位招用劳动者，就不得要求劳动者提供担保或以其他名义向劳动者收取财物。

## 109. 劳动关系的起算时间如何计算？

《劳动合同法》第七条规定，用人单位自用工之日起即与劳动者建立劳动关系。在现实中，一种情况是用人单位已与劳动者签订劳动合同，但还没有开始用工。比如，用人单位在招用劳动者进入工作岗位之前，先与劳动者订立了劳动合同。对于这种情况，其劳动关系从开始用工之日起建立，其劳动合同期限、劳动报酬、试用期、经济补偿金等，均从用工之日起计算。另一种情况是用人单位已经开始用工，但迟迟没有与劳动者签订书面劳动合同。对于已经建立劳动关系，但没有同时订立书面劳动合同的情况，要求用人单位与劳动者应当自用工之日起一个月内订立书面劳动合同。用人单位自用工之日起满一年不与劳动者订立书面劳动合同的，视为用人单位与劳动者已订立无固定期限劳动合同。用人单位自用工之日起超过一个月但不满一年未与劳动者订立书面劳动合同的，应当向劳动者支付二倍的月工资。因此，不论签订了还是没签订劳动合同，劳动关系都是从用工之日开始计算。

**【案例】**

小张在邻居大叔的带领下，来到某建筑工地做工没有签订劳动合同，与工头口头约定每日工钱80元。上班的第六天，小张在下班途中发生交通事故。小张亲属要求承包单位为小张申报工伤，享受工伤待遇。承包单位负责人一口否认小张是其单位职工；小张也拿不出能够证明其劳动关系的有力证据，双方僵持不下。小张亲属多次到工地与承包单位交涉并发生争执，所在地派出所出警调解未能达成和解。事故发生后3个月，小张以用人单位拖欠工资为由，向仲裁院申请仲裁；提交的初步证据是工作服和安全帽。

仲裁院受理后就意识到，申请人小张的主要目的是要确认劳动关系，而不仅仅是6天的工资。审理过程中发现，该承包单位不是合法的用工主体，申请人小张诉称工作仅6天，没有发放过工资，显然也就没有工资发放证明。因证据不足，案件进展非常困难。仲裁员在与申请人交谈中了解到所在地派出所曾经出警处理过此事，于是走访了所在地派出所，查阅了当时的接处警记录，接处警记录中有多名工地职工证明小张在工地干过几天活的证言。派出所民警介绍说，工地入口不远处的道路上有摄像装置，他们此前曾经调阅过录像内容，事故发生前几日，小张确实每天都是和其他工友一起在上下班时进出工地。获取这样的情况后，仲裁院指导申请人小张重新修改了仲裁申请，把该建筑工程的发包方建筑公司与承包单位同时作为被申请人，通知了两家被申请人单位参加调解。仲裁员针对用人单位的心结，重点宣传了相关的法律法规。小张虽然仅工作6天，但《劳动合同法》规定，用人单位自用工之日起即与劳动者建立劳动关系；建筑施工单位将工程发包给不具备用工主体资格的组织或自然人，其招用的劳动者发生工伤，具备用工主体资格的发包方要承担连带责任；发生意外伤害后，用人单位应该多多体谅劳动者在治疗和生活上的实际困难，及时支付小张的工资，帮助小张办理申报工伤认定的手续。用人单位虽然觉得很亏，最终还是遵守国家法律法规，支付了小张的工资，并配合小张的亲属申报了工伤认定。

**【解析】**

《劳动合同法》第七条规定：用人单位自用工之日起即与劳动者建立劳动关系。不论签订了还是没签订劳动合同，劳动关系都是从用工之日开始计算。因此，小张与建筑承包单位存在事实劳动关系，应当支付其工资，并为其申报工伤。建筑施工单位将工程发包给不具备用工主体资格的组织或自然人，其招用的劳动者发生工伤，具备用工主体资格的发包方要承担连带责任。

## 110. 劳动合同的期限有几种类型?

劳动合同期限是指合同的有效时间，它一般始于合同的生效之日，终于合同的终止之时。劳动合同期限由用人单位和劳动者协商确定。劳动合同期限分为三种类型：一是固定期限劳动合同，即劳动合同不仅明确了起始时间，也明确了终止时间。二是无固定期限劳动合同，即劳动合同明确了起始日期，而无终止时间，只有当法定条件出现时，合同才能终止或解除。三是以完成一定工作任务为期限的劳动合同，即订立的劳动合同有起始时间，终止日期以约定的工作任务完成日期为准。

## 111. 什么是固定期限劳动合同?

固定期限劳动合同是指用人单位与劳动者约定合同终止时间的劳动

合同。具体是指劳动合同双方当事人在劳动合同中明确规定了合同效力的起始和终止的时间。劳动合同期限届满，劳动关系即告终止。如果双方协商一致，还可以续订劳动合同，延长期限。固定期限的劳动合同可以是较短时间的，如半年、一年、二年，也可以是较长时间的，如五年、十年，甚至更长时间。不管时间长短，劳动合同的起始和终止日期都是固定的。具体期限由当事人双方根据工作需要和实际情况确定。用人单位与劳动者协商一致，可以订立固定期限劳动合同。对于那些常年性工作，要求保持连续性、稳定性的工作，技术性强的工作，适宜签订较为长期的固定期限劳动合同。对于一般性、季节性、临时性、用工灵活、职业危害较大的工作岗位，适宜签订较为短期的固定期限劳动合同。

## 112. 什么是无固定期限劳动合同？

无固定期限劳动合同是指用人单位与劳动者约定无确定终止时间的劳动合同。用人单位与劳动者协商一致，就可以订立无固定期限劳动合同。无固定期限劳动合同不是终身合同，把无固定期限劳动合同看作终身合同是一种误解。所谓无固定期限的劳动合同，是指无确定终止时间的劳动合同，但当法定条件出现时，用人单位与劳动者都可以解除劳动合同。比如，劳动者存在严重违反用人单位的规章制度的，严重失职、营私舞弊、给用人单位造成重大损害的，被依法追究刑事责任的等情况，用人单位就可以解除劳动合同。同样地，当用人单位存在未及时足额支付劳动报酬的，未依法为劳动者缴纳社会保险费的，规章制度违反法律法规的规定，损害劳动者权益等情况的，劳动者也可以与用人单位解除劳动合同。

**【案例】**

农民工老刘在一家服装公司连续工作满十年，但劳动合同为一年一签。2015 年是老刘在服装公司工作的第十一年。到双方续订劳动合同时，老刘提出应签订无固定期限劳动合同，但被公司拒绝了。公司经理认为，《劳动合同法》规定的签订无固定期限劳动合同的条件之一是“劳动者在该用人单位连续工作满十年的”，这“十年”应当从《劳动合同法》实施之后开始计算，所以老刘无权要求公司与其签订劳动合同。双方因此发生争执。

老刘被拒绝后，找到公司劳动争议调解委员会，希望通过调解来解决双方争议，维护自身的合法权益。公司劳动争议调解委员会受理老刘和公司发生的劳动争议后，经调查核实，老刘确实已在公司工作满十年，公司也承认这一事实。因此，调解员认为问题的关键在于劳动争议双方对于“十年”的理解。

那么，《劳动合同法》实施之前劳动者的工作年限算不算？调解员翻阅了《劳动合同法实施条例》，根据该法第九条规定（《劳动合同法》第十四条第二款规定的连续工作满10年的起始时间，应当自用人单位用工之日起计算，包括劳动合同法实行之前的工作年限），认定实施该法之前的工作年限应当计算在工作年限之内。

最终，在调查了解争议事实和查阅相关法律法规后，调解员召集双方进行调解，使公司经理认识到了自己理解上的偏差。最后双方达成协议，公司同意与老刘签订无固定期限合同。

**【解析】**

调查核实、深入剖析是调解工作的重中之重。办理本案的调解员通过调查核实，了解双方意见，找到了问题的关键，实现了重点攻破的策略。劳动合同纠纷在劳动争议中占了很大的比例，调解员应加强对相关法律法规的学习。

## 113. 无固定期限劳动合同可以解除或变更吗？

无固定期限劳动合同可以解除或变更。无固定期限劳动合同是用人单位与劳动者约定无确定终止时间的劳动合同。所谓无确定终止时间，是指劳动合同没有一个确切的终止时间，劳动合同的期限长短不能确定，但并不是没有终止时间。只要没有出现法律规定的条件或者双方约定的条件，双方当事人就要继续履行劳动合同规定的义务。一旦出现了法律规定的情形，无固定期限劳动合同也同样能够解除。

无固定期限的劳动合同也是劳动合同的一种类型，在履行过程中，任何一方由于某种原因希望或已提出解除劳动合同，另一方只要表示同意，双方达成一致意见，就可以依据《劳动合同法》第三十六条的规定解除劳动合同。当法律规定的可以解除劳动合同的条件出现，或当事人在合同中约定的可以解除劳动合同的条件出现，无固定期限的劳动合同就可以依法定条件或约定条件解除。如劳动者有《劳动合同法》第三十九条规定的情形之一出现时，用人单位就可以解除劳动合同。用人单位有《劳动合同法》第三十八条规定的情形之一时，劳动者就可以解除劳动合同。由此可见，无固定期限劳动合同并不是没有终止时间的"铁饭碗"，只要符合法律规定的条件，劳动者与用人单位都可以依法解除劳动合同。

无固定期限劳动合同也可以变更。无固定期限劳动合同和其他类型的合同一样，也适用《劳动法》《劳动合同法》的协商变更原则。按照《劳动法》的规定，用人单位与劳动者协商一致，可以变更劳动合同约定的内容。除了劳动合同期限以外，双方当事人还可以就工作内容、劳动报酬、劳动条件和违反劳动合同的赔偿责任等方面协商，进行变更。在变更合同条款时，应当按照自愿、平等原则进行协商，不能采取胁迫、欺诈、隐瞒事实等非法手段，同时还必须注意变更后的内容不违法，否则，这种变更是无效的。

## 114. 什么情况下必须订立无固定期限劳动合同？

根据《劳动合同法》第十四条的规定，在以下五种情况下，用人单位应当与劳动者签订无固定期限劳动合同：

（1）用人单位与劳动者协商一致的。

（2）劳动者在该用人单位连续工作满 10 年，劳动者提出订立无固定期限劳动合同的。

（3）用人单位初次实行劳动合同制度或者国有企业改制重新订立劳动合同时，劳动者在该用人单位连续工作满 10 年且距法定退休年龄不足 10 年，劳动者提出订立无固定期限劳动合同的。

（4）连续订立两次固定期限劳动合同，劳动者提出订立无固定期限劳动合同的。

（5）用人单位自用工之日起满 1 年不与劳动者订立书面劳动合同的，视为用人单位与劳动者已订立无固定期限劳动合同。用人单位应当立即与劳动者补订书面劳动合同。

## 115. 什么是以完成一定工作任务为期限的劳动合同？

以完成一定工作任务为期限的劳动合同是指用人单位与劳动者约定以某项工作的完成为合同期限的劳动合同。用人单位与劳动者协商一致，可以订立以完成一定工作任务为期限的劳动合同。某一项工作或工程开始之日，即为合同开始之时，此项工作或工作完毕，合同即告终止。

## 116. 什么条件下可以签订以完成一定工作任务为期限的劳动合同？

用人单位与劳动者要签订以完成一定工作任务为期限的劳动合同，这个劳动合同必须具备以下条件之一：一是以完成单项工作任务为期限的劳动合同；二是以项目承包方式完成承包任务的劳动合同；三是因季节原因临时用工的劳动合同；四是其他双方约定的以完成一定工作任务为期限的劳动合同。

## 117. 应如何理解《劳动合同法》规定的连续工作年限？

《劳动合同法》规定，劳动者在该用人单位连续工作满10年的，劳动者提出订立无固定期限劳动合同时，用人单位应当签订。这里的“连续工作”怎样理解呢？根据《劳动合同法实施条例》第九条的规定，应当自用人单位用工之日起计算，包括《劳动合同法》施行前的工作年限。此外，《劳动合同法实施条例》第十条规定，劳动者非因本人原因从原用人单位被安排到新用人单位工作的，劳动者在原用人单位的工作年限合并计算为新用人单位的工作年限。

## 118. 劳动合同必备条款的内容有哪些？

劳动合同应当具备以下条款，即劳动合同必备条款的内容包括：

（1）用人单位的名称、住所和法定代表人或者主要负责人；

（2）劳动者的姓名、住址和居民身份证或者其他有效身份证件号码；

（3）劳动合同期限；

（4）工作内容和工作地点；

（5）工作时间和休息休假；

（6）劳动报酬；

（7）社会保险；

（8）劳动保护、劳动条件和职业危害防护；

（9）法律、法规规定应当纳入劳动合同的其他事项。

劳动合同的必备条款是指法律规定的劳动合同必须具备的内容。在法律规定了必备条款的情况下，如果劳动合同缺少此类条款，劳动合同就不能成立。

## 119. 劳动合同约定条款的内容有哪些?

劳动合同除必备条款外，用人单位与劳动者可以协商约定试用期、培训、保守商业秘密、补充保险和福利待遇等其他事项，这些条款也称为劳动合同的约定条款。

劳动合同的某些内容是非常重要的，关系到劳动者的切身利益，但这些条款不是在每个劳动合同中都应当具备的，所以法律不能把其作为必备条款，只能在法律中特别地予以提示。根据《劳动合同法》第十七条第二款的规定，劳动合同除前款规定的必备条款外，用人单位与劳动者可以协商约定试用期、培训、保守商业秘密、补充保险和福利待遇等其他事项。这里所规定的“试用期、培训、保守商业秘密、补充保险和福利待遇”都属于约定条款。

## 120. 劳动合同必备条款约定不明确怎么办?

劳动合同对劳动报酬和劳动条件等标准约定不明确，引发争议的，用人单位与劳动者可以重新协商。协商不成的，适用集体合同规定；没有集体合同或者集体合同未规定劳动报酬的，用人单位应当对劳动者实行同工同酬；没有集体合同或者集体合同未规定劳动条件等标准的，适用国家有关规定。

首先，关于劳动报酬的约定不明。有些用人单位，为了招到自己需要的劳动者，在劳动合同中将工资定得很高，等劳动者进入工作岗位后才发现，劳动合同中约定的工资不是标准工资，而是总的收入，包含了加班费、奖金等。劳动合同中约定的应该是标准工资，是指正常工作时间内的正常劳动应得的报酬，是个定数，而不包括加班工资、绩效工资和奖金等内容。为了保护自己的权益，劳动者在订立劳动合同时，约定的劳动报酬一定要明确、详细。明确约定劳动报酬要求双方应当在劳动合同中明确劳动报酬的种类、金额、支付方式、支付时间以及拖欠劳动报酬的法律后果等相关内容。其次，关于劳动条件的约定不明。劳动合同的中的劳动条件条款要求用人单位必须按照国家安全、卫生法规的标准为劳动者提供必要劳动保护和工作条件，从而使劳动者能够顺利完成劳动合同约定的工作任务。劳动条件是劳动者顺利履行劳动合同的重要条件，也是用人单位的重要义务，必须约定得具体、实在，否则难以保障劳动者的合法权益。

除了劳动报酬和劳动条件，劳动合同也应当明确约定劳动合同期限、工作内容、工作地点、社会保险等事项，这些事项都与劳动合同的履行紧密相连，不能仅仅做简略、模糊的约定，否则将会引发争议。在劳动报酬与劳动条件等标准约定不明确从而引发争议的情况下，用人单位与劳动者可以就这些不明确的事项重新进行协商，通过变更劳动合同，重新加以明确。用人单位与劳动者重新约定不明确事项的，应当采用书面形式。

## 121. 劳动合同的试用期是如何规定的?

试用期是劳动合同的协商条款，但试用期的期限、次数不能随意约定，必须在法律规定的边界内约定。《劳动合同法》第十九条对此作出了规定，要把握以下四点：

（1）试用期的期限。劳动合同期限 3 个月以上不满 1 年的，试用期不得超过 1 个月；劳动合同期限 1 年以上不满 3 年的，试用期不得超过 2 个月；3 年以上固定期限和无固定期限的劳动合同，试用期不得超过 6 个月。

（2）试用期的次数。同一用人单位与同一劳动者只能约定一次试用期。

（3）试用期的禁止。以完成一定工作任务为期限的劳动合同或者劳动合同期限不满 3 个月的，不得约定试用期。

（4）试用期的计算。试用期包含在劳动合同期限内。劳动合同仅约定试用期的，试用期不成立，该试用期的期限为劳动合同期限。

【案例】

小朱应聘到某公司当车工，公司要求先试用，小朱表示同意。之后，双方签订了劳动合同，合同期限为一年，试用期为三个月。后来小朱一查《劳动合同法》，发现自己签订的劳动合同试用期太长，就向公司提出来，但公司不同意更改。于是，小朱向公司所在县总工会设立的调解中心提出申请。

调解中心受理此案后，调解员查看了小朱的劳动合同，并查阅了《劳动合同法》相关条文，认定小朱的试用期规定较长，然后主持、召集双方进行调解。

调解员向双方阐释了法律有关规定："劳动合同期限一年以上不满三年的，试用期不得超过两个月。"小朱的合同期限为一年但试用期为三个月，显然不符合《劳动合同法》的规定。最后，调解员明确认定，小朱向公司提出修改试用期的要求是正当的、合法的，公司应该予以改正。于是，公司将劳动合同试用期改为一个月。

【解析】

当前用工情况多样化，该不该约定试用期、试用期应怎样约定，调解员应注意相关法律法规的学习。

## 122. 试用期的生效要件包括哪些？

试用期只有同时符合以下四个条件才生效：

（1）劳动双方签订书面劳动合同；

（2）劳动合同合法有效；

（3）劳动合同中约定试用期；

（4）使用试用期限和次数符合《劳动合同法》的规定。

【案例】

某公司招聘工程师王某，在录用通知书上注明试用期为6个月，试用期工资为3200元，试用期后工资为4000元。王某入职后，某公司没有与其签订劳动合同。5个半月后，某公司以试用期不合格为由解除了与王某的劳动关系。

王某提起劳动仲裁，要求某公司支付未签订劳动合同的双倍工资差额18000元，支付违法解除劳动关系的赔偿金4000元，补足工资差额4400元。劳动争议仲裁委员会经审理，支持了王某的全部申诉请求。

【解析】

根据《劳动合同法》的相关规定，用人单位自用工之日起即与劳动者建立劳动关系。建立劳动关系，应当订立书面劳动合同。已建立劳动关系，未同时订立书面劳动合同的，应当自用工之日起1个月内订立书面劳动合同。用人单位与劳动者在用工前订立劳动合同的，劳动关系自用工之日起建立。因此，在本案中，某公司在与王某建立劳动关系后，不与王某签订劳动合同，违反了《劳动合同法》的上述规定。

同时，《劳动合同法》第十九条规定，试用期包含在劳动合同期限内，劳动合同仅约定试用期的，试用期不成立，该期限为劳动合同期限。某公司给王某的录用通知上只约定了6个月的试用期，但未与王某签订劳动合同，因此，单独约定的试用期不成立，王某已工作的5个半月的劳动报酬应当按照试用期满后的工资支付。所以，某公司应支付王某工资差额，具体金额为：（4000元－3200元）×5.5个月＝4400元。

依据《劳动合同法》的规定，用人单位应在劳动者入职后一个月内签订劳动合同，用人单位自用工之日起超过1个月不满1年未与劳动者订立书面劳动合同的，应当向劳动者每月支付2倍的工资。本案中，王某入职后某公司一直未与其签订劳动合同，根据上述规定，从王某入职的第2个月开始，某公司应当支付王某双倍工资，到其离职共4.5个月。因此，某公司应支付王某的双倍工资差额为：4000元/月×4.5个月＝18000元。

另外，某公司以试用期不合格为由，解除与王某的劳动关系，没有相应的证据，系违法解除劳动关系。根据《劳动合同法》的相关规定，用人单位违反劳动合同法规定解除或者终止劳动合同的，应当依照经济补偿金标准的2倍向劳动者支付赔偿金。在本案中，王某入职不足6个月，其经济补偿金为其半个月工资，因此，某公司应支付的赔偿金数额为：4000元/月×0.5个月×2倍=4000元。

## 123. 试用期的工资如何支付?

劳动者在试用期的工资不得低于本单位同岗位最低档工资或者劳动合同约定工资的80%，并不得低于用人单位所在地的最低工资标准。对试用期的工资支付问题可以从以下三个方面进行理解：首先，如果劳动者和用人单位劳动合同双方当事人在劳动合同里约定了试用期工资，而约定的试用期工资又高于本条规定的标准的，按约定执行。其次，劳动者在试用期的工资，实际上有两个最低标准：一是不得低于本单位同岗位最低档工资；二是不得低于劳动合同约定工资的80%。这就存在按哪一个标准执行的问题，正确的理解应当是条文里两者相比取其高。最后，劳动者在试用期的工资不得低于用人单位所在地的最低工资标准。《劳动法》第四十八条规定，国家实行最低工资保障制度。用人单位支付劳动者的工资不得低于当地最低工资标准。

**【案例】**

江苏苏州某台资企业，为了控制人力成本，特别是企业流动人员成本的开支，在规章制度中规定试用期支付给员工相当于同岗位正式职工工资的50%，其理由是新员工试用期主要是岗前的培训和教育，本身并不为企业创造价值。同时，其规章制度还规定，新员工在试用期内的社会保险暂不缴纳，如果员工能够通过试用期考核，将补缴试用期间的社会保险；如果新员工不能通过试用期考核，则企业在解除劳动合同的同时，并不负责补缴试用期间社会保险，其理由是新员工不能按期转正，说明该员工不符合企业生产经营要求，不能为企业创造价值，所以企业并不需要为其补缴社会保险。此种制度实行了5年之久，并未有人提出异议。2010年2月1日，制造部小李因未通过3个月的试用期考核，被该企业解除劳动合同。

同年2月12日，小李即向当地劳动争议仲裁委员会提出申诉，要求某台资企业补齐其试用期至少相当于同岗位正式员工80%的工资，同时要求该企业为其补缴试用期3个月的社会保险。劳动争议仲裁委员会经审理，支持了小李的申诉请求。

**【解析】**

本案中，某台资企业的做法首先违反了我国劳动法律关于试用期工资标准的强制性规定。试用期工资应严格遵照《劳动合同法》的规定执行。某台资企业在规章制度中规定试用期支付给员工相当于同岗位正式职工工资50%的做法是违法的，小李要求某台资企业补齐其试用期至少相当于同岗位正式员工工资80%的要求正当合法，故得到了劳动争议仲裁委员会的支持。

其次，在本案中，某台资企业规章制度规定员工在试用期内的社会保险暂不缴纳也是违法的，侵害了劳动者的合法权益。社会保险作为国家和企业对劳动者履行的社会责任，具有强制性、保障性、福利性和普遍性等特点，企业在员工与其存在劳动关系期间即应履行相应的缴纳义务，并承担相应的法律责任。本案中，小李可以在某台资企业出具解除劳动合同通知书之前，抢先向该企业提出解除劳动合同并要求该企业支付其3个月工龄的相应的经济补偿金，主动维护自己的合法权益。

## 124. 试用期能够解除劳动合同吗?

《劳动合同法》规定，用人单位在试用期内不能随意解除劳动合同，只有在法定情形下才可以解除，法定情形分为以下两类：

第一类，劳动者有过失或过错的，包括：（1）在试用期间被证明不符合录用条件的；（2）严重违反用人单位的规章制度的；（3）严重失职，营私舞弊，给用人单位造成重大损害的；（4）劳动者同时与其他用人单位建立劳动关系，对完成本单位的工作任务造成严重影响，或者经用人单位提出，拒不改正的；（5）以欺诈、胁迫的手段或者乘人之危，使对方在违背真实意思的情况下订立或者变更劳动合同，致使劳动合同无效的；（6）被依法追究刑事责任的。

第二类，劳动者不能履行劳动合同的，包括：（1）劳动者患病或者非因工负伤，在规定的医疗期满后不能从事原工作，也不能从事由用人单位另行安排的工作的；（2）劳动者不能胜任工作，经过培训或者调整工作岗位，仍不能胜任工作的。在第二类情形下，用人单位解除劳动合同时，应提前30日以书面形式通知劳动者本人或者额外支付劳动者1个月工资。

**【案例】**

张某入职广州一家电子公司，担任销售部经理助理。经双方协商一致，签订了2年期固定期限劳动合同，并约定了2个月的试用期。张某入职一段时间后，公司领导认为其专业知识和业务水平与公司的要求相去甚远，于是在张某入职1个月后，以张某在试用期被证明不符合录用条件为由，解除了与张某的劳动合同，并不予支付任何经济补偿。

张某认为，自己工作积极，专业知识和业务水平也正在快速提高，公司领导在未对其进行任何考核、也没有任何考核标准的情况下，认为自己不符合录用条件，解除劳动合同是违法的。于是，张某向当地劳动争议仲裁委员会提出申诉，要求公司向其支付经济赔偿金。

劳动争议仲裁委员会经审理认为，对于劳动者在试用期内是否符合录用条件，用人单位必须承担举证责任，某电子公司与张某解除劳动合同属于违法行为，对张某的申诉请求予以支持，裁决该公司向张某支付相当于经济补偿金两倍标准的赔偿金。

【解析】

我国《劳动法》第二十五条和《劳动合同法》第三十九条均明确规定了劳动者“在试用期间被证明不符合录用条件的”，用人单位可以解除劳动合同。《最高人民法院关于审理劳动争议案件适用法律若干问题的解释》（法释〔2001〕第14号）第十三条规定，因用人单位作出的开除、除名、辞退、解除劳动合同、减少劳动报酬、计算劳动者工作年限等决定而发生的劳动争议，用人单位负举证责任。按照上述规定，劳动者在试用期内是否符合录用条件，用人单位必须承担举证责任。

本案争议的焦点，就在于用人单位是否有充足的证据证明劳动者在试用期内不符合录用条件。某电子公司在招聘时没有明示具体录用条件，对空缺岗位也没有明确的岗位说明，并且也未提出相应的考核标准对张某进行考核。某电子公司以张某专业知识与业务水平与公司的要求存在很大差距，不符合录用条件为由解除劳动关系，但没有提供相应的证据加以证明。因此，其解除劳动合同的行为是违法的，某电子公司应当按照《劳动合同法》第八十七条的规定向张某支付相当于经济补偿金两倍标准的赔偿金。

## 125. 劳动合同中可以规定服务期吗？

用人单位为劳动者提供专项培训费用，对其进行专业技术培训的，可以与该劳动者订立协议，约定服务期。但是，关于可以与劳动者订立协议并约定服务期的培训是有严格的条件的，这些条件包括：一是用人单位提供了专项培训费用。按照国家规定，用人单位必须按照本单位工资总额的一定比例提取培训费用，用于对劳动者的职业培训，这部分培训费用的使用不能作为与劳动者约定服务期的条件。二是用人单位对劳动者进行的是专业技术培训，包括专业知识和职业技能。用人单位对劳动者进行必要的职业培训不可以约定服务期，也就是说不包括职业培训。

《劳动法》规定，用人单位应当建立职业培训制度，按照国家规定提取和使用职业培训经费，根据本单位实际，有计划地对劳动者进行职业培训。从事技术工种的劳动者，上岗前必须经过培训。劳动者有接受职业技能培训的权利。至于培训的形式，可以是脱产的、半脱产的，也可以是不脱产的。总之，不管是否脱产，只要用人单位在国家规定提取的职工培训费用以外，专门花费较高数额的钱送劳动者去进行定向专业培训的，就可以与该劳动者订立协议，约定服务期。

**【案例】**

小赵在一家公司打工。工作半年后，公司对小赵进行职业培训。培训前，双方签订培训协议，要求培训结束后小赵必须为公司服务五年。工作三年后，小赵觉得公司给的工资太低，欲跳槽到另一家公司，于是向公司提出辞职。公司拒绝，说双方有培训协议，公司对小赵进行了职业培训，小赵必须为公司服务五年才能离开。小赵提出，公司的做法是不对的，职业培训不可以约定服务期。双方因此发生争议。

小赵向公司劳动争议调解委员会提出申请。调解员在调查了解争议事实、查阅了有关法规后，认定在本案中公司不能用服务期约定来限制小赵解除劳动合同的权利，小赵有权提出解除劳动合同。

这是因为，根据《劳动法》的规定，用人单位应当建立职业培训制度，按照国家规定提取和使用职业培训经费，根据本单位实际，有计划地对劳动者进行职业培训。因此，对职工进行职业培训是用人单位应尽的义务。

同时，《劳动合同法》规定，用人单位为劳动者提供专项培训费用，对其进行专业技术培训的，才可以约定服务期。结合小赵的情况可知，公司为小赵提供的是职业培训，而不是专业技术培训，公司不能因提供职业培训而要求与劳动者约定服务期。因而公司与小赵签订的培训协议有关服务期的条款是无效的。

因此，调解员向公司领导阐述了有关法律规定。最终在调解员的主持下，双方达成了调解协议。

【解析】

劳动合同虽应坚持全面履行的原则，但其前提是合同合法、约定合理。在本案中，小赵与公司在培训方面的约定并不合法，因此小赵无须履行。调解员在调解案件的过程中常会遇到在法规和情理上模棱两可的问题，这就要求调解员学会甄别，以相应的法规，依法进行调解。本案的情况比较普遍。用人单位为了防止员工跳槽常约定服务期并伴随高额违约金或苛刻的条件。按照《劳动合同法》第二十二条的规定，只有用人单位为劳动者提供专项培训费用，进行专项技术培训，才可以约定服务期。如果违反服务期约定的，劳动者则应当支付违约金。而本案中的业务培训显然不属于专项技术培训。因此，在发生争议时，需要调解员区分什么是单位应免费义务进行的培训，什么是专业技术培训，从而判定合同是否合法，劳动者是否应当负责。

## 126. 劳动者违反服务期的规定需要支付违约金吗？

劳动者违反服务期约定的，应当按照约定向用人单位支付违约金。约定违反服务期违约金的数额不得超过用人单位提供的培训费用。违约时，劳动者所支付的违约金不得超过服务期尚未履行部分所应分摊的培训费用。用人单位与劳动者约定的服务期较长的，用人单位应当按照工资调整机制提高劳动者在服务期间的劳动报酬。用人单位与劳动者要依法约定违约金，主要原因在于，违约金是劳动合同双方当事人约定的结果，劳动者违反服务期约定的，应当按照约定向用人单位支付违约金。这体现了合同中的权利义务对等原则，所谓“对等”，是指享有权利，同时就应承担义务，而且，彼此的权利、义务是相应的。这要求当事人所取得财产、劳务或工作成果与其履行的义务大体相当。

## 127. 用人单位在什么情况下可以进行竞业限制的规定？

用人单位可以与某些知悉其商业秘密的人员在劳动合同中约定保守用人单位的商业秘密和与知识产权相关的保密事项，即进行竞业限制的规定。竞业限制是指企业与某些知悉其商业秘密人员约定，终止或解除其劳动合同后一定期限内，不得到与本企业有竞争关系的其他单位工作，也不得自己从事同类工作的限制，此措施是解决劳动者劳动权、择业自由与公平竞争市场规则冲突的有效途径。

## 128. 竞业限制的对象是谁？

竞业限制的人员限于用人单位的高级管理人员、高级技术人员和其他负有保密义务的人员。实际上是限于知悉用人单位商业秘密和核心技术的人员，不可能面对每个劳动者，企业每人给一份经济补偿金也无力承受。竞业限制的范围、地域、期限由用人单位与劳动者约定，竞业限制的约定不得违反法律、法规的规定。

## 129. 竞业限制的期限多长？

在解除或者终止劳动合同后，用人单位的高级管理人员、高级技术人员和其他负有保密义务的人员到与本单位生产或者经营同类产品、从事同类业务的有竞争关系的其他用人单位，或者自己开业生产或者经营同类产品、从事同类业务的竞业限制期限，不得超过两年。

## 130. 用人单位和劳动者违反竞业限制约定的后果是什么？

对负有保密义务的劳动者，用人单位可以在劳动合同或者保密协议中与劳动者约定竞业限制条款，并约定在解除或者终止劳动合同后，在竞业限制期限内按月给予劳动者经济补偿。劳动者违反竞业限制约定的，应当按照约定向用人单位支付违约金。

## 131. 什么样的劳动合同被认定是无效或部分无效劳动合同？

在以下情况下签订的劳动合同，劳动合同无效或者部分无效：(1) 以欺诈、胁迫的手段或者乘人之危，使对方在违背真实意思的情况下订立劳动合同的；(2) 用人单位免除自己的法定责任、排除劳动者权利的；(3) 违反法律、行政法规强制性规定的。无效的劳动合同是指由当事人签订成立而国家不予承认其法律效力的劳动合同。一般合同一旦依法成立，就具有法律约束力。但是，无效合同即使签订，也不具有法律约束力，不发生履行效力。

**【案例】**

赵某是某公司的销售代理。2008 年，该公司与其签订劳动合同。合同规定：赵某可以从产品销售利润中提取 60% 的提成，本人的病、伤、残、亡等企业均不负责。在一次外出公干中，由于交通事故，赵某负伤致残。赵某和该公司发生了争议并起诉到劳动行政部门，要求解决其伤残保险待遇问题。请对该案例进行分析。

**【解析】**

《劳动合同法》第三条规定，订立劳动合同要遵循合法原则，是指劳动合同的订立不得违反法律、法规的规定。法律、法规既包括现行的法律、行政法规，也包括以后颁布实施的法律、行政法规；既包括劳动法律、法规，也包括民事、刑事、行政和经济方面的法律、法规。合法原则包括：劳动合同的主体必须合法，劳动合同的内容必须合法，劳动合同订立的程序和形式合法。

《劳动合同法》第二十六条规定，用人单位免除自己的法定责任，排除劳动者权利的，属于劳动合同的无效或者部分无效。赵某与公司订立的劳动合同中规定的公司不负担赵某任何伤残待遇费的条款属于用人单位免除自己的法定责任，内容明显违法。因此，这一条款是无效的。

## 132. 劳动合同是否无效由哪个机构认定？

劳动合同的无效或者部分无效，由劳动行政部门、劳动争议仲裁机构或者人民法院确认。也就是说，劳动合同是否有效，由劳动争议仲裁机构或者人民法院确认，其他任何部门或者个人都无权认定无效劳动合同。

## 133. 对部分无效的劳动合同如何进行处理？

劳动合同部分无效，不影响其他部分效力的，其他部分仍然有效。部分无效合同是指有些合同条款虽然违反法律规定，但并不影响其他条款效力的合同。有些劳动合同就内容来看，不是全部无效，而是部分无效，即劳动合同中的某一部分条款不发生法律效力。在部分无效的劳动合同中，无效条款如不影响其余部分的效力，其余部分仍然有效，对双方当事人有约束力。合同无效部分的处理：违反法律、法规规定的条款应修改，排除劳动者权利的条款应予以删除。订立无效劳动合同还需承担法律责任。

## 134. 劳动合同无效时的劳动报酬如何确定？

劳动合同被确认无效，劳动者已付出劳动的，用人单位应当向劳动者支付劳动报酬。劳动报酬的数额，参照本单位相同或者相近岗位劳动者的劳动报酬确定。用人单位无同类岗位的，按照本单位职工平均工资确定。如果双方约定的报酬高于用人单位同岗位劳动者工资水平的，除当事人恶意串通侵害社会公共利益的情况外，劳动者已经给付劳动的，劳动报酬按照实际履行的内容确认。对因用人单位的过错导致劳动合同无效的，不仅要求用人单位支付劳动报酬、社会保险、经济补偿以及其他劳动者应享受的待遇，同时还要对其给予相应的制裁。在合同被确认无效后，如果因为劳动者的过错导致劳动合同的无效而给用人单位造成损失的，劳动者应当赔偿用人单位的财产损失，体现了保护劳动合同无效无过错方合法权益的原则。

## （二）履行和变更劳动合同时

### 135. 劳动关系双方在劳动合同履行中应遵循哪些原则？

劳动关系双方在劳动合同履行中应遵循以下三个原则：

（1）全面履行

劳动合同的全面履行要求劳动合同的当事人双方必须按照合同约定的时间、期限、地点，用约定的方式，按质、按量全部履行自己承担的义务，既不能只履行部分义务而将其他义务置之不理，也不得擅自变更合同，更不得任意不履行合同或者解除合同。对于用人单位而言，必须按照合同的约定向劳动者提供适当的工作场所和劳动安全卫生条件、相关工作岗位，并按照约定的金额和支付方式按时向劳动者支付劳动报酬。对于劳动者而言，必须遵守用人单位的规章制度和劳动纪律，认真履行自己的劳动职责，并且亲自完成劳动合同约定的工作任务。

（2）亲自履行

劳动合同必须亲自履行。因为劳动关系是具有人身关系性质的社会关系，劳动合同是特定主体间的合同。劳动者选择用人单位，是基于自身经济、个人发展等各方面利益关系的需要；而用人单位之所以选择该劳动者也是由于该劳动者具备用人单位所需要的基本素质和要求。劳动关系确立后，劳动者不允许将应由自己完成的工作交由第三方代办，用人单位也不能将应由自己对劳动者承担的义务转嫁给其他第三方承担，未经劳动者同意不能随意变更劳动者的工作性质、岗位，更不能擅自将劳动者调到其他用人单位工作。

（3）协作履行

劳动合同的履行还需要劳动合同双方当事人之间相互理解和配合，相互协作履行。这一方面要求劳动者应自觉遵守用人单位的规章制度和劳动纪律，以主人翁的姿态关心用人单位的利益和发展，理解用人单位的困难，为本单位发展献策出力；另一方面也要求用人单位爱护劳动者，体谅劳动者的实际困难和需要。

## 136. 劳动合同履行中用人单位有哪些法定义务？

在劳动合同履行中用人单位有以下法定义务：

一是依法支付劳动报酬的义务。用人单位应当按照劳动合同约定和国家规定，向劳动者及时足额支付劳动报酬。用人单位拖欠或者未足额支付劳动报酬的，劳动者可以依法向当地人民法院申请支付令，人民法院应当依法发出支付令。

二是保障劳动者休息权、休假权的义务。用人单位应当严格执行劳动定额标准，不得强迫或者变相强迫劳动者加班。用人单位安排加班的，应当按照国家有关规定向劳动者支付加班费。

三是保护劳动者生命安全和身体健康的义务。劳动者拒绝用人单位管理人员违章指挥、强令冒险作业的，不视为违反劳动合同。劳动者对危害生命安全和身体健康的劳动条件，有权对用人单位提出批评、检举和控告。

四是关于用人单位变动后合同的履行义务。用人单位变更名称、法定代表人、主要负责人或者投资人等事项，不影响劳动合同的效力，劳动合同应当继续履行。用人单位发生合并或者分立等情况，原劳动合同继续有效，劳动合同由承继其权利和义务的用人单位继续履行。

## 137. 劳动合同履行中劳动者有哪些法定义务？

在劳动合同履行中劳动者有以下法定义务：

一是遵纪守法的义务。劳动者遵纪守法的义务体现在《劳动合同法》第三十九条第二项、第六项中。

二是勤勉竞业的义务。劳动者勤勉竞业的义务体现在《劳动合同法》第三十九条第三项、第四项中。

三是遵守合同约定特定事项的义务。劳动者遵守合同约定特定事项的义务体现在《劳动合同法》第二十三条、第二十四条中。

## 138. 用人单位可以单方面制定规章制度吗？

用人单位不能单方面制定直接涉及劳动者切身利益的规章制度。用人单位应当依法建立和完善劳动规章制度，保障劳动者享有劳动权利、履行劳动义务。用人单位在制定、修改或者决定直接涉及劳动者切身利益的劳动报酬、工作时间、休息休假、劳动安全卫生、保险福利、职工培训、劳动纪律以及劳动定额管理等规章制度或者重大事项时，应当经职工代表大会或者全体职工讨论，提出方案和意见，与工会或者职工代表平等协商确定。在规章制度实施过程中，工会或者职工认为用人单位的规章制度不适当的，有权向用人单位提出，通过协商作出修改完善。直接涉及劳动者切身利益的规章制度应当公示，或者告知劳动者。

**【案例】**

小明于2013年3月入职深圳某电子公司，双方签订了一份为期3年的劳动合同，合同中特别约定：如违反公司规章制度，情节严重，公司有权提前解除劳动合同，且无须支付经济补偿金。2015年6月10日，小明接到公司的一份解雇通知，解雇理由是小明上班时间经常上网聊天，根据公司规章制度，三次以上在上班时间上网聊天的视为严重违纪，公司可解除劳动合同。小明辩解，他一直不知道公司有该规定，公司从未将规章制度的内容向其公示，公司称规章制度已向其公示，但无法举证规章制度公示的事实。请问公司可否就小明严重违纪的说法解除劳动合同？

**【解析】**

规章制度制定后，在劳动争议处理过程中并不会当然地作为处理依据，还必须经过公示程序。《最高人民法院关于审理劳动争议案件适用法律若干问题的解释》第十九条规定，用人单位根据《劳动法》第四条之规定，通过民主程序制定的规章制度，不违反国家法律、行政法规及政策规定，并已向劳动者公示的，可以作为人民法院审理劳动争议案件的依据。《劳动合同法》第四条第四款规定，用人单位应当将直接涉及劳动者切身利益的规章制度和重大事项决定公示，或者告知劳动者。

规章制度公示方法很多，根据实践经验，实践中一般可采取如下公示方法：(1) 公司网站公布：在公司网站或内部局域网发布进行公示；(2) 电子邮件通知：向员工发送电子邮件，通知员工阅读规章制度并回复确认；(3) 公告栏张贴：在公司内部设置的公告栏、白板上张贴供员工阅读；(4) 员工手册发放：将公司规章制度编印成册，每个员工均发放一本；(5) 规章制度培训：公司人力资源管理部门组织公司全体员工进行公司规章制度的培训，集中学习；(6) 规章制度考试：公司以规章制度内容作为考试大纲，挑选重要条款设计试题，组织员工进行开卷或闭卷考试，加深员工对公司规章制度的理解；(7) 规章制度传阅：如公司员工不多时，可将规章制度交由员工传阅。

在本案中，根据《最高人民法院关于审理劳动争议案件适用法律若干问题的解释》第十九条的规定，规章制度未公示的，不能作为人民法院审理劳动争议案件的依据，本案中公司不能举证证明规章制度已公示的，其依据规章制度的有关规定解除劳动合同将不能得到支持。

## 139. 什么情况下可以变更劳动合同?

劳动合同的变更指劳动合同双方当事人就已经生效的劳动合同条款达成修改或补充协议的法律行为。根据《劳动法》的有关规定，以下情况下可以变更劳动合同：

（1）双方协商一致；

（2）劳动合同中部分条款与新颁布法律、法规相抵触；

（3）由于严重亏损或自然灾害使用人单位确实无法全面履行合同；

（4）劳动者因故部分丧失劳动能力或身体状况发生变化；

（5）因企业转产、重大技术革新或经营方式调整等因素造成合同需要变更。

变更劳动合同，应当采用书面形式。变更后的劳动合同文本由用人单位和劳动者各执一份。

**【案例】**

职工王某与某公司签订了为期五年的劳动合同，合同自2012年8月起至2017年7月止。合同双方约定王某负责仓库保管员工作，月工资5000元，经半年试用期，公司满意，合同正式履行。2015年1月，公司以食堂缺少管理人员为由，在未与王某协商的情况下，调王某到食堂工作。王某不同意，认为签订合同时双方约定是担任仓库保管员工作，一年多来工作一贯认真负责，多次受到奖励，要求公司履行合同双方的约定，拒绝调往食堂上班。而公司则认为，变动职工工作岗位是企业行使用工自主权的正当行为，并作出相应决定：以王某不服从分配为由，停发工资，并限期一个月调离公司。该公司的做法正确吗?

**【解析】**

《劳动法》第十七条规定，订立和变更劳动合同，应遵循平等自愿、协商一致的原则，不得违反法律、行政法规的规定。劳动合同依法订立即具有法律约束力，当事人必须履行劳动合同规定的义务。

按照上述规定，合法的变更劳动合同必须同时具备三个条件：①劳动合同双方当事人在平等自愿的基础上提出或接受变更合同的条件；②必须遵守协商一致的原则，在变更合同过程中，双方当事人必须对变更的内容进行协商，在取得一致意见的情况下进行变更；③不得违反法律、行政法规的规定。也就是说变更合同的程序和内容都要符合法律和有关规定，不得违法。因此，在劳动合同履行过程中，一方当事人单方面变更劳动合同是不合法的。

企业因生产工作需要，有时确需变动职工工作岗位时，要先同职工协商，取得一致意见后再变动。如果职工不同意变动，要做好思想工作，不能以行使企业用工自主权为由，强行在合同履行期间变动职工的工作岗位，甚至在职工一方不同意的情况下，作出停发工资、限期调离等决定，这样做显然是侵犯职工合法权益的行为，也是一种违约行为，其结果也必然会影响到企业自身的利益，因此用人单位在变更劳动合同时一定要采取慎之又慎的态度。

## 140. 用人单位发生变化后劳动合同如何履行？

根据《劳动合同法》第三十三条的规定，用人单位变更名称、法定代表人、主要负责人或者投资人等事项，不影响劳动合同的履行。

有些企业、公司或者事业单位等用人单位因更改了名称或者更换了法定代表人、主要负责人而拒绝履行劳动合同，还有的用人单位借口投资主体发生了变化而拒绝履行劳动合同。这都是法律所不允许的。用人单位的名称只是代表一个用人单位的称谓符号，用人单位的名称发生变更，也只是这一称谓符号发生了变化，而用人单位这一实体组织及其内部机构、人员并没有发生任何变动，这当然不会也不应该影响到劳动合同的履行。

【案例】

赵某在成人教育学院学习期间与公司签订了为期五年的劳动合同。因赵某所学专业是人事管理，所以在合同中约定，公司在赵某学习毕业后安排专业对口的工作。2014年赵某从成人教育学院毕业后回到公司，此时由于公司更换了法人代表，将赵某安排到公司下属一家企业当推销员。赵某要求公司按合同约定安排工作，而公司以合同是前任领导签订的为由，不同意赵某的要求，双方发生争议，赵某向劳动争议仲裁委员会提出申诉，要求公司履行劳动合同。请对该案例作出分析。

【解析】

根据《劳动合同法》的规定，依法订立的劳动合同具有约束力，用人单位与劳动者应当履行劳动合同约定的义务。用人单位变更名称、法定代表人、主要负责人或者投资人等事项，不影响劳动合同的履行。企业的法人代表是代表企业行使职权的主要负责人，其在劳动关系中的职务行为属于企业行为，而非代表其个人。只要企业法人资格不变，法定代表人无论如何变动，都不应影响企业享受权利和履行义务。在本案中，该公司前任领导作为企业的法人代表与劳动者签订的劳动合同，只要符合法律规定，即为有效的劳动合同，企业就应当履行合同规定的义务，该公司认为与赵某所签劳动合同是前任领导签字的，新任领导就可以不履行合同是没有法律依据的。也就是说，虽然企业法人代表改变了，但企业法人主体未发生变化，企业法人的权利义务也就未发生变化。因此，原劳动合同仍然有效，企业应当按照劳动合同的约定履行其对劳动者所承诺的义务，不履行即构成违约行为。当然，企业法人代表发生改变后，新任法人代表作为企业经营负责人，可能对企业的生产经营作重大调整，对人员使用作合理安排。在这种情况下，应当按照《劳动合同法》关于订立和变更劳动合同遵守平等自愿、协商一致的原则，与劳动者协商变更劳动合同的具体条款。如果双方协商变更劳动合同不能达成一致意见，企业因生产经营状况变化无法履行原合同时，可以解除劳动合同。如果企业生产经营者未发生变化，企业则应当履行原劳动合同义务。

## 141. 用人单位发生合并或者分立后劳动者怎么办？

根据《劳动合同法》第三十四条的规定，用人单位发生合并或者分立等情况，原劳动合同继续有效，劳动合同由承继其权利和义务的用人单位继续履行。

用人单位的合并一般指两种情况，一种是指用人单位与其他法人或者组织联合成立一个新的法人或者其他组织承担被合并的用人单位的权利和义务。另一种是指一个用人单位被撤销后，将其权利和义务一并转给另一个法人或者其他组织。在这两种情况下，原用人单位在合并后均不再存在。为了保护原用人单位劳动者的合法权益，合并后的法人或者其他组织作为一个新的用人单位承继了原用人单位所有的权利和义务，包括原用人单位对其劳动者的权利和义务。因此根据《劳动合同法》的规定，用人单位订立劳动合同后合并的，原劳动合同继续有效，由合并后的新的用人单位继续履行该劳动合同。

用人单位发生分立是指在订立劳动合同后，用人单位由一个法人或者其他组织分裂为两个或者两个以上的法人或者其他组织，即由一个用人单位分裂为两个或者两个以上用人单位。用人单位的分立分为两种情况：一种情况是原用人单位只是分出一部分财产设立了新的用人单位，原用人单位不因分出财产而终止。另一种情况是原用人单位分解为两个以上的用人单位，原用人单位随之解体终止。为了充分保护劳动者的权利，《劳动合同法》首先规定了用人单位发生分立的，原劳动合同继续有效，防止用人单位以分立后原用人单位不存在或者劳动者权利义务已经转移到新的用人单位为由损害劳动者的合法权益。其次，根据《劳动合同法》的规定，用人单位分立后，劳动合同由承继其权利义务的用人单位继续履行。只要新成立的用人单位继承了原用人单位的权利，就应当同时承担其用人单位的义务，继续履行原劳动合同和对劳动者负责。

## （三）解除和终止劳动合同时

### 142. 什么是劳动合同的解除？

劳动合同的解除是指劳动合同在订立以后，尚未履行完毕或者未全部履行以前，由于合同双方或者单方的法律行为导致双方当事人提前终止劳动关系的法律行为。劳动合同的解除可分为协商解除、法定解除和约定解除三种情况。

### 143. 什么是劳动合同的终止？

劳动合同的终止是指劳动合同的法律效力依法被消灭，即劳动关系由于一定法律事实的出现而终结，劳动者与用人单位之间原有的权利义务不再存在。但是，劳动合同终止，原有的权利义务不再存在，并不是说劳动合同终止之前发生的权利义务关系终止，而是说合同终止之后，双方不再执行原劳动合同中约定的事项，如用人单位在合同终止前拖欠劳动者工资的，劳动合同终止后劳动者仍可依法请求法律救济。

### 144. 如何区分劳动合同解除和劳动合同终止？

劳动合同解除和劳动合同终止的相同点是：劳动合同解除和劳动合同终止都是用人单位与劳动者劳动关系的结束。劳动合同解除和劳动合同终止的区别在于：劳动合同的解除是指劳动合同订立后，尚未全部履行以前，由于某种原因导致劳动合同一方或双方当事人提前解除劳动关系的法律行为；劳动合同的终止是指劳动合同双方当事人按照合同所规定的权利和义务已经完全履行，劳动合同关系自然失效，且任何一方当事人均未提出继续保持劳动关系的法律行为。

## 145. 解除劳动合同可以分几种情况?

解除劳动合同主要分以下四种情况：协商解除劳动合同、劳动者解除劳动合同、用人单位解除劳动合同和经济性裁员。其中，劳动者解除劳动合同又分为劳动者通过提前通知来解除劳动合同、劳动者不需要提前通知就解除劳动合同。用人单位解除劳动合同主要可以分为两种情况，一种是因劳动者的过失解除劳动合同，即过失性辞退；另一种是在劳动者无过失的情况下解除劳动合同，即无过失性辞退。

## 146. 什么情况下可以协商解除劳动合同?

为了保障用人单位的用人自主权和劳动者劳动权的实现，《劳动合同法》规定，在特定条件和程序下，用人单位与劳动者协商一致且不违背国家利益和社会公共利益的情况下，可以解除劳动合同，但必须符合以下四个条件：

（1）被解除的劳动合同是依法成立的有效的劳动合同；

（2）解除劳动合同的行为必须是在被解除的劳动合同依法订立生效之后、尚未全部履行之前进行；

（3）用人单位与劳动者均有权提出解除劳动合同的请求；

（4）在双方自愿、平等协商的基础上达成一致意见，可以不受劳动合同中约定的终止条件的限制。

协商解除劳动合同过程中，用人单位需要注意的是，按照《劳动合同法》第四十六条第二项和《违反和解除劳动合同的经济补偿办法》

的规定，如果用人单位提出解除劳动合同的，应依法向劳动者支付经济补偿金。

## 147. 劳动者可以解除劳动合同的情形有哪些？

根据《劳动合同法》的规定，劳动者可以解除劳动合同的情形有：

（1）劳动者与用人单位协商一致的；

（2）劳动者提前30日以书面形式通知用人单位的；

（3）劳动者在试用期内提前3日通知用人单位的；

（4）用人单位未按照劳动合同约定提供劳动保护或者劳动条件的；

（5）用人单位未及时足额支付劳动报酬的；

（6）用人单位未依法为劳动者缴纳社会保险费的；

（7）用人单位的规章制度违反法律、法规的规定，损害劳动者权益的；

（8）用人单位以欺诈、胁迫的手段或者乘人之危，使劳动者在违背真实意思的情况下订立或者变更劳动合同的；

（9）用人单位在劳动合同中免除自己的法定责任、排除劳动者权利的；

（10）用人单位违反法律、行政法规强制性规定的；

（11）用人单位以暴力、威胁或者非法限制人身自由的手段强迫劳动者劳动的；

（12）用人单位违章指挥、强令冒险作业危及劳动者人身安全的；

（13）法律、行政法规规定劳动者可以解除劳动合同的其他情形。

**【案例】**

许某于2008年3月与某商场签订了为期8年的劳动合同。2012年9月20日，商场实行内部经营承包，许某又与商场签订了5年的承包经营合同，合同约定许某承包化妆品柜台，商场提供35平方米的柜台面积，许某每月向商场交5.7万元。半年后，商场借口内部整理，将许某柜台挤占只剩20多平方米，致使许某的营业额下降30%，许某多次找商场协商，商场迟迟不予解决。无奈之下，许某向商场提出解除劳动合同。但商场提出必须按承包经营合同上交全部营业收入，否则要承担违约赔偿责任。许某不服，向劳动争议仲裁委员会提出申诉。仲裁委员会受理此案后，经过调查得知许某所述情况属实。依法裁决该商场自收到裁决书之日起为许某办理解除劳动合同手续，许某按实际使用柜台面积上交营业收入。

**【解析】**

本案中，许某与该商场签订的承包经营合同属于劳动合同的补充内容。因为许某与商场在2008年3月就签订了劳动合同，建立了劳动关系，而内部经营承包合同是2012年9月20日签订的，劳动合同在先，承包经营合同在后。这样，劳动合同中约定的许某的劳动岗位、劳动条件、工资报酬等内容，自承包经营合同签订后，都与原劳动合同有了变化，即上述内容在承包经营合同中做了重新约定。

本案中，是该商场违反合同约定，而不是许某。在商场，柜台就是职工的劳动岗位和基本劳动条件，它是职工完成劳动任务的保证。按承包经营合同的约定，商场应提供许某不少于35平方米的柜台面积，而该商场在合同履行半年后即将许某的柜台面积挤占至20多平方米。说明该商场未按合同约定提供劳动条件，商场是违约者，应承担违约责任。

许某在被商场挤占柜台的前提下，经多次要求恢复无效后，提出解除劳动合同是符合法律规定的。根据《劳动合同法》第三十八条第一款的规定，用人单位未按照劳动合同约定提供劳动保护或者劳动条件的，劳动者可以解除劳动合同。许某承包化妆品柜台，商场不按承包合同约定提供劳动条件，使许某营业额下降30%，不能完成承包任务。按本法的规定，许某完全可以解除劳动合同，并且不承担违约责任。

## 148. 劳动者解除劳动合同应注意哪些程序？

劳动者解除劳动合同要根据不同的情况，遵循不同的程序，应注意以下四种情况：

（1）协商一致解除。用人单位没有过错，劳动者与用人单位协商一致解除劳动合同的，要形成书面协议，按照书面协议办理。

（2）无过错通知解除。用人单位没有过错，劳动者提前30日以书面形式通知用人单位，可以解除劳动合同。注意，需要书面通知。在试用期内的，劳动者提前3日通知用人单位，即可解除劳动合同。这里没有强调书面通知。

（3）过错告知解除。用人单位存在过错的，劳动者可以告知用人单位解除劳动合同。

（4）过错立即解除。如果用人单位以暴力、威胁或者非法限制人身自由的手段强迫劳动者劳动的，或者用人单位违章指挥、强令冒险作业危及劳动者人身安全的，劳动者可以立即解除劳动合同，不需要事先告知用人单位。

## 149. 劳动者辞职要经用人单位批准吗？

辞职，就是劳动者单方面解除劳动合同。现实中，劳动者时常遭遇用人单位不批准的情况。那么，劳动者辞职要经用人单位批准吗？依照《劳动合同法》的规定，劳动者辞职无须征得用人单位的同意，用人单位不得以任何理由限制劳动者辞职。但是，在不同的情况下，劳动者要遵守劳动法律的规定，履行应尽的义务，否则要承担法律责任。

（1）劳动者应当提前30日以书面形式通知用人单位。劳动者在试用期内解除劳动合同应当提前3日通知用人单位。这样便于用人单位及时安排人员接替其工作，保障正常生产经营活动的连续性，避免给企业造成不必要的损失。如果劳动者违反法律法规规定的程序、条件解除劳动合同，给用人单位造成损失的，应当承担赔偿责任。

（2）约定服务期的，劳动者可以辞职，也要提前30日以书面形式通知用人单位，在试用期内提前3日通知用人单位，但要按照协议的约定，承担违约金。

（3）用人单位以暴力、威胁或者非法限制人身自由的手段强迫劳动者劳动的，或者用人单位违章指挥、强令冒险作业危及劳动者人身安全的，劳动者可以立即解除劳动合同，不需要事先告知用人单位。

劳动者依法辞职的，用人单位应尽到协助义务。《劳动合同法》第五十条规定，用人单位应当在解除或者终止劳动合同时出具解除或者终止劳动合同的证明，并在十五日内为劳动者办理档案和社会保险关系转移手续。如果用人单位不尽协助义务，要承担法律责任。《劳动合同法》第八十九条规定，用人单位违反本法规定未向劳动者出具解除或者终止劳动合同的书面证明，由劳动行政部门责令改正；给劳动者造成损害的，应当承担赔偿责任。

**【案例】**

2012年2月，黄某与某用人单位签订了无固定期限劳动合同。2014年11月，黄某向单位申请报考研究生，并说明自己利用业余时间进行复习和参加考试，不影响正常的工作。用人单位同意了黄某的申请，并在黄某的《2015年报考攻读硕士学位研究生登记表》上签署了同意报考的意见。2015年6月，某大学录取黄某为该校硕士研究生。2015年6月14日，黄某以书面形式向用人单位要求解除与其签订的无固定期限劳动合同，并要求将其档案及各项关系转至黄某考上的大学。对此要求，用人单位表示不同意。用人单位认为与黄某签订的是无固定期限劳动合同，不能随意解除。2015年7月15日，黄某通知用人单位从7月16日起不再到单位上班。用人单位认为黄某违反劳动合同，双方由此产生争议。

【解析】

我国《劳动法》第三十一条规定，劳动者提前30天以书面形式通知用人单位，可以解除劳动合同。《劳动合同法》第三十七条也规定，劳动者提前30日以书面形式通知用人单位，可以解除劳动合同。上述法律规定，实际是赋予了劳动者享有辞职的权利。原劳动部《关于〈中华人民共和国劳动法〉若干条文的说明》对于《劳动法》第三十一条的说明是，本条规定了劳动者的辞职权，除此条规定的程序外，对劳动者行使辞职权不附加任何条件。但违反劳动合同约定者要依法承担责任。

从本案来看，劳动者黄某提前30日以书面的形式通知用人单位解除劳动合同，符合法律规定的程序和条件，黄某也没有违反劳动合同的约定。因此，本案中黄某解除劳动合同的行为并没有违反法律的规定，用人单位应当按规定办理解除劳动合同手续，并将黄某的个人档案等转移到黄某考取的学校。

## 150. 用人单位可以解除劳动合同的情形有哪些？

根据《劳动合同法》的规定，用人单位可以解除劳动合同的情形有：

（1）用人单位与劳动者协商一致的；

（2）劳动者在试用期间被证明不符合录用条件的；

（3）劳动者严重违反用人单位的规章制度的；

（4）劳动者严重失职，营私舞弊，给用人单位造成重大损害的；

（5）劳动者同时与其他用人单位建立劳动关系，对完成本单位的工作任务造成严重影响，或者经用人单位提出，拒不改正的；

（6）劳动者以欺诈、胁迫的手段或者乘人之危，使用人单位在违背真实意思的情况下订立或者变更劳动合同的；

（7）劳动者被依法追究刑事责任的；

（8）劳动者患病或者非因工负伤，在规定的医疗期满后不能从事原工作，也不能从事由用人单位另行安排的工作的；

（9）劳动者不能胜任工作，经过培训或者调整工作岗位，仍不能胜任工作的；

（10）劳动合同订立时所依据的客观情况发生重大变化，致使劳动合同无法履行，经用人单位与劳动者协商，未能就变更劳动合同内容达成协议的；

（11）用人单位依照企业破产法规定进行重整的；

（12）用人单位生产经营发生严重困难的；

（13）企业转产、重大技术革新或者经营方式调整，经变更劳动合同后，仍需裁减人员的；

（14）其他因劳动合同订立时所依据的客观经济情况发生重大变化，致使劳动合同无法履行的。

**【案例】**

某印刷厂2010年3月招收陈某为劳动合同制工人，合同期限为三年，陈某按合同约定被安排在排字岗位工作。自2015年6月以来，陈某因视力明显下降而在工作中屡屡出错，使企业正常业务受到影响。为此，工厂领导多次找陈某协商调换工作岗位，但均被陈某拒绝。无奈，企业提前30天以书面形式通知陈某，解除其劳动合同。陈某不服，向当地劳动争议仲裁委员会提起申诉，仲裁委员会受理，经调查事实无误，在调解无效的情况下，裁定维持企业解除与陈某劳动合同的决定。

**【解析】**

根据《劳动合同法》第四十条的规定，劳动者不能胜任工作，经过培训或者调整工作岗位，仍不能胜任工作的，用人单位提前三十日以书面形式通知劳动者本人或者额外支付劳动者一个月工资后，可以解除劳动合同。陈某在与印刷厂签订劳动合同时，其视力良好，适合排字岗位工作。而在劳动合同履行过程中，视力明显下降导致工作中不断出错，说明陈某身体状况发生了重大的变化。这一变化导致陈某已不能胜任原劳动合同约定的工作岗位，因而原劳动合同无法履行。企业提出调换陈某的工作岗位，并多次与其协商，在协商不成的情况下，按照法定程序予以解除劳动合同是符合《劳动法》规定的。

## 151. 用人单位解除劳动合同应注意哪些程序？

用人单位解除劳动合同也要根据不同的情况，遵循不同的程序，注意以下四种情况：

（1）协商一致解除。劳动者没有过错，用人单位与劳动者协商一致解除劳动合同的，要形成书面协议，按照书面协议办理。

（2）劳动者过错解除。劳动者存在过错，用人单位可以单方面解除劳动合同。

（3）履行不能解除。劳动者没有过错，因劳动者自身原因不能胜任工作或客观情况发生重大变化，致使劳动合同无法履行，经用人单位与劳动者协商，未能就变更劳动合同内容达成协议的，用人单位提前30日以书面形式通知劳动者本人或者额外支付劳动者1个月工资后，可以单方面解除劳动合同。

注意，在第（2）（3）种情况下，用人单位应当事先将理由通知工会。用人单位违反法律、行政法规规定或者劳动合同约定的，工会有权要求用人单位纠正。用人单位应当研究工会的意见，并将处理结果书面通知工会。

（4）经济裁员解除。用人单位应提前30日向工会或者全体职工说明情况，听取工会或者职工的意见后，裁减人员方案经向劳动行政部门报告，可以裁减人员，解除劳动合同。

用人单位单方解除劳动合同，应向劳动者出具解除劳动合同的证明，写明劳动合同期限、解除劳动合同的日期、工作岗位、在本单位的工作年限。

【案例】

上海某大型泰资连锁超市有限公司一贯秉承绿色节能的环保政策，在办公自动化方面表现卓越，所有采购、物流、销售、劳动人事等管理环节全部实行无纸化办公。在该公司，不仅上下级之间交流采取电子邮件方式，连通知、公告这些重要文件也通过公司网络进行。该公司一名主管因不服总经理对其工作的批评，且该名主管的工作表现一直得不到总经理的认同，使其对总经理的怨恨越来越深。2014年5月8日，这名主管通过电子邮件的方式写了一封言辞激烈的辱骂信，并利用公司信箱系统将该信发送给了亚太区主管级以上管理职员。次日，总经理发现后，通过管理部办公系统向该主管邮箱发出了解除劳动合同通知书，并要求其即日办理手续离开公司。后该主管向当地劳动仲裁部门提出申诉，其代理人指出，作为该公司解除劳动合同的证据为公司IT部门提供的电子邮件，并非纸质证据，且不能证明其真实性。同时，该公司出具解除劳动合同通知书的方式也是电子邮件，不能产生送达的法律效力。所以，公司的解除行为不仅证据不足，而且形式不合法。

【解析】

本案例中，该名主管的违纪行为是通过网络作出的，尽管公司可以申请公证机关对电子邮件存在于公司电脑的事实进行公证，但这种公证效力并不足以证明该名主管作出了该违纪行为。即公证也只能证明某种结果事实，但不能证明行为过程，而证据所需要的证明就是行为及过程。该名主管的代理人坚持认为自己的当事人没有发出该邮件，同时不排除公司IT部门经授意诬陷的可能，这种观点的基础是电子邮件无法作为强有力的证据。通常认为，电子邮件、手机短信等电子形态的证据只有和其他相关证据相佐证时，才能具有较强的证据效力。根据《劳动争议调解仲裁法》第六条的规定，举证责任由公司承担，所以如果公司举证不能得到认可，就要承担法律上的不利后果。同时，该公司作出的解除劳动合同通知书采取电子邮件的方式，在没有其他证据相佐证的前提下，也不能认为是法律上的送达。本案例中，公司正确的做法应该是，先与员工谈话确认其违纪行为，并做好相应记录，而后才可以据此解决劳动合同，并作出书面的解除劳动合同通知书，交由本人签收或邮寄送达。

## 152. 什么情况下用人单位可以进行过失性辞退？

劳动者有下列情形之一的，用人单位可以解除劳动合同，进行过失性辞退：

（1）在试用期间被证明不符合录用条件的；

（2）严重违反用人单位的规章制度的；

（3）严重失职，营私舞弊，给用人单位造成重大损害的；

（4）劳动者同时与其他用人单位建立劳动关系，对完成本单位的工作任务造成严重影响，或者经用人单位提出，拒不改正的；

（5）因本法第二十六条第一款第一项规定的情形致使劳动合同无效的；

（6）被依法追究刑事责任的。

以上是关于因劳动者的过失而使用人单位单方解除劳动合同的规定。《劳动合同法》在赋予劳动者单方解除权的同时，也赋予用人单位对劳动合同的单方解除权，以保障用人单位的用工自主权。但为了防止用人单位滥用解除权，随意与劳动者解除劳动合同，立法上严格限定了企业与劳动者解除劳动合同的条件，保护劳动者的劳动权，禁止用人单位随意或武断地与劳动者解除劳动合同。

**【案例】**

张某于2003年9月1日进入某连锁超市从事人事工作。2010年4月起，担任东区人事副经理。2013年8月22日，被任命为东区人事总经理。2013年1月，时任东区人事副经理的张某与另外3名员工被上海总部派至南京处理南京门店关店事宜，并得到正式书面授权。2013 年 7 月，南京门店留用了已与其解除劳动关系的王某等六人，该六人中除一名中途离职，一名补签劳务协议外，其余四人均未与南京门店签订任何书面用工协议。2014 年 4 月，南京门店口头通知该四人结束聘用关系，双方因工资待遇等问题发生分歧，四人申请劳动仲裁，仲裁过程中，张某作为超市的委托代理人与四人达成调解协议，分别向该四人各支付未签订书面劳动合同双倍工资、终止劳动关系经济补偿金等 18000 元。2014 年 8 月，上海总部针对南京门店违法用工导致赔偿的事情进行调查。10 月 23 日，超市向张某发出解除劳动合同通知并告知工会。通知书载明解除原因为“严重违纪，违反公司的《纪律管理政策》”。该《纪律管理政策》经民主程序制定，其中载明“情节严重”包括“造成直接经济损失达到或超过 3000 元”，对造成严重损失的处分是“解除劳动合同”。张某对《纪律管理政策》曾予以签收。张某诉至法院，请求判令某连锁超市支付违法解除劳动合同赔偿金。法院认为，从一开始上海总部的授权，到留用“返聘人员”，到对留用人员工资审核、协商确定用工协议版本，以及最后张某参与劳动仲裁的整个过程来看，张某对南京门店“返聘人员”负有人事管理工作之责是不争的事实，张某作为经理级管理人员，应当具有与其岗位、职务相称的勤勉、敬业精神，创造性地开展工作，规范管理公司人事工作，降低用工风险。早在 2013 年 7 月 18 日，上海总部法务就对张某询问留用人员协议版本进行了回复并提出建议，但张某一直未与四名留用人员签订书面用工协议，并任由违法状态继续发展，导致违法后果继续扩大。因此，张某应当对怠于履行职责导致公司损失扩大的后果承担责任。法院遂判决对张某的诉讼请求不予以支持。

**【解析】**

《劳动合同法》规定，劳动者具有严重失职、给用人单位造成重大损害情形的，用人单位可以解除劳动合同。对于构成严重失职的标准，可由用人单位根据自身的经营特点和具体情况通过民主程序制定。立法上之所以对劳动者作出这样的规定，首先是因为在劳动关系中，劳动者对用人单位负有忠诚义务，应当诚实、勤勉地履行自己的职责。其次企业和全体员工实际是一个共同体，当某一个员工因为自己的失职、过错给企业造成损失的时候，企业的损失最终也必然转嫁为全体员工的损失，实际也就是损害了共同体里其他成员的利益。所以，作为劳动者应当树立与企业是一个共同体的观念，忠于职守，这既是对自己负责，也是对企业和其他员工负责。

## 153. 什么情况下用人单位可以进行无过失性辞退？

有下列情形之一的，用人单位提前三十日以书面形式通知劳动者本人或者额外支付劳动者一个月工资后，可以解除劳动合同，即进行无过失性辞退：

（1）劳动者患病或者非因工负伤，在规定的医疗期满后不能从事原工作，也不能从事由用人单位另行安排的工作的；

（2）劳动者不能胜任工作，经过培训或者调整工作岗位，仍不能胜任工作的；

（3）劳动合同订立时所依据的客观情况发生重大变化，致使劳动合同无法履行，经用人单位与劳动者协商，未能就变更劳动合同内容达成协议的。

用人单位根据劳动合同履行中客观情况的变化而解除劳动合同，这里的客观情况既包括用人单位的，也有劳动者自身的原因。前者可能是由于经营上的原因发生困难，亏损或业务紧缩；也可能因为市场条件、国际竞争、技术革新等造成工作条件的改变而导致使用劳动者数量下降；后者则是由于原本胜任的工作在用人单位采取自动化或新生产技术后不能胜任，或者是因为身体原因不能胜任。本条对因客观情况变化导致劳动合同解除规定了“提前通知”或“额外支付劳动者一个月工资”。目的在于保障劳动者的权益，为劳动者寻找新的工作提供必要的时间保障。

## 154. 哪些情况下用人单位可以进行经济性裁员?

所谓经济性裁员，是指用人单位在一定的情况下一次性解除部分劳动者的劳动合同。根据《劳动合同法》第四十一条的规定，一次裁减人员20人以上或者裁减不足20人但占企业职工总数10%以上的，属于经济性裁员。经济性裁员的目的是保护用人单位在市场经济中的竞争和生存能力，改善用人单位生产经营状况，渡过暂时的难关。

用人单位可以进行经济性裁员的情形有:

(1) 依照企业破产法规定进行重整的;

(2) 生产经营发生严重困难的;

(3) 企业转产、重大技术革新或者经营方式调整，经变更劳动合同后，仍需裁减人员的;

(4) 其他因劳动合同订立时所依据的客观经济情况发生重大变化，致使劳动合同无法履行的。

**【案例】**

王某等26名职工与某商场签订了劳动合同，在劳动合同履行中，该商场以经营亏损为由，于2015年5月辞退王某等26名职工。王某等人遂向当地劳动保障局的劳动保障监察机构举报，请示纠正该商场的错误行为，维护自己的权益。劳动保障监察机构在接到王某等人的举报后，经多次深入调查取证，查明该商场不具备企业经济性裁减人员的法定条件，又违反了企业经济性裁减人员的法定程序，在此前提下，单方解除王某等26名职工的劳动合同，属违约行为，并责令该商场限期改正。该商场在劳动保障监察机构规定的期限内撤销了辞退王某等26名职工的决定，恢复了王某等人的工作，补发了王某等人的工资并为其补缴了社会保险费。

【解析】

这是一起因用人单位违反经济性减员法律规定，擅自解除劳动合同的案件。《劳动合同法》对于经济性裁员的法定条件，包括人数要求、程序、法定情形、优先留用的人员的强制性规定，都作了明确的规定。某商场解除王某等26名职工劳动合同时不具备这些规定，也未履行法定程序，严重违反经济性裁员有关法律规定，侵害了王某等26名职工的合法权益。劳动保障监察机构依法对某商场作出责令限期改正的决定是完全正确的。

## 155. 用人单位进行经济性裁员应履行什么样的程序？

为了尽量缓解经济性裁员对劳动者和整个社会的安定团结造成的冲击，《劳动合同法》延续了《劳动法》关于经济性裁员的程序性规定，要求用人单位进行经济性裁员必须履行一套法定程序。这些法定程序是有顺序的，须全部履行。

（1）用人单位应提前30日向工会或者全体职工说明情况。应说明裁员的原因、怎样裁员等情况；

（2）充分听取工会或者职工的意见；

（3）制定具体的裁减人员方案向劳动行政部门报告。

用人单位完成这三步后方可裁员。

## 156. 用人单位进行经济性裁员时应优先留用哪些人员？

进行经济性裁员应优先留用下列人员：

（1）与本单位订立较长期限的固定期限劳动合同的；

（2）与本单位订立无固定期限劳动合同的；

（3）家庭无其他就业人员，有需要扶养的老人或者未成年人的。如果用人单位实施经济性裁员后，在6个月内重新招用人员的，应当通知被裁减的人员，并在同等条件下优先招用被裁减的人员。

## 157. 什么情况下用人单位不得单方面解除劳动合同？

劳动者具有下列情形之一的，用人单位不得以劳动者不能履行或经济性裁员为理由单方面解除劳动合同：

（1）从事接触职业病危害作业的劳动者未进行离岗前职业健康检查，或者疑似职业病病人在诊断或者医学观察期间的；

（2）在本单位患职业病或者因工负伤并被确认丧失或者部分丧失劳动能力的；

（3）患病或者非因工负伤，在规定的医疗期内的；

（4）女职工在孕期、产期、哺乳期的；

（5）在本单位连续工作满 15 年，且距法定退休年龄不足 5 年的；

（6）法律、行政法规规定的其他情形。

值得注意的是，劳动者主动提出，与用人单位协商一致的可以解除；因劳动者存在过错时，用人单位是可以单方面解除劳动合同的。

**【案例】**

史小姐供职于一家律师事务所，担任行政一职。2007 年年底，史小姐发现自己怀孕了，刚开始史小姐不敢向事务所说明这个情况，后来随着肚子越来越大，再也无法隐瞒时，才向所主任说明了怀孕这个事实。主任得知后，较为恼火，第二天就让行政主管通知史小姐被辞退了。史小姐怎么也想不到是这个结果。在这种情况下，怎么办才好？

**【解析】**

由于史小姐正在孕期，应当受到特别的保护。根据《劳动合同法》第四十二条第四项的规定，女职工在孕期、产期、哺乳期的，用人单位不得依照本法第四十条、第四十一条的规定解除劳动合同。《妇女权益保障法》第二十七条规定，任何单位不得因结婚、怀孕、产假、哺乳等情形，降低女职工的工资，辞退女职工，单方解除劳动（聘用）合同或者服务协议。因此，这家律师事务所以女职工怀孕为由进行辞退的做法，是一种严重的违法行为。所以，按照《劳动合同法》的规定，史小姐可以要求用人单位继续履行劳动合同。

【案例】

56岁的张先生在一家公司已经任职17年。他的合同于2013年1月31日到期。由于他工龄太长，所以单位无论如何也不愿意再与他续签劳动合同了。于是单位在2013年1月1日正式通知他合同到期后，终止双方之间的劳动合同。张先生认为自己已经工作17年了，而且马上就到退休年龄了，现在单位提出终止，是不应该而且也没有人情味儿的一种做法。那么，单位是否有权终止与张先生签订的合同？张先生应该怎样保护自己的权利？

【解析】

一般情况下，在劳动合同到期时，单位也好，个人也好，都是有权单方终止合同关系的。但是，针对工龄比较长且将要达到法定退休年龄的老职工，《劳动合同法》第四十二条规定在本单位连续工作满15年，且距法定退休年龄不足5年的，用人单位不得依照本法第四十条、第四十一条的规定解除劳动合同。第四十五条规定，劳动合同期满，有本法第四十二条规定情形之一的，劳动合同应当续延至相应的情形消失时终止。以上是《劳动合同法》对于老职工做出的特殊保护。在本案中，由于张先生在单位已经工作了17年，而且他现在已经56岁，正好距法定退休年龄不足5年，所以对于他，单位是无权终止与他的劳动关系的，直至达到法定退休年龄。

## 158. 用人单位解除或终止劳动合同时是否应出具书面证明?

根据《劳动合同法》及其实施条例的规定，用人单位在解除或者终止劳动合同时，应当出具解除或者终止劳动合同的证明，证明应当写明劳动合同期限、解除或者终止劳动合同的日期、工作岗位、在本单位的工作年限，并在15日内为劳动者办理档案和社会保险关系转移手续。如果不给劳动者出具书面证明，由劳动行政部门责令改正；如果因此给劳动者造成损害的，用人单位应当承担赔偿责任。

## 159. 劳动合同终止的情形有哪些?

根据《劳动合同法》第四十四条的规定，劳动合同终止的情形有：

（1）劳动合同期满的；

（2）劳动者开始依法享受基本养老保险待遇的；

（3）劳动者死亡，或者被人民法院宣告死亡或者宣告失踪的；

（4）用人单位被依法宣告破产的；

（5）用人单位被吊销营业执照、责令关闭、撤销或者用人单位决定提前解散的；

（6）法律、行政法规规定的其他情形。比如，《劳动合同法实施条例》第二十一条规定，劳动者达到法定退休年龄的，劳动合同终止。再如，劳动合同期满，但是用人单位与劳动者约定的服务期尚未到期的，劳动合同应当续延至服务期满；双方另有约定的，从其约定。

## 160. 用人单位可以与劳动者约定终止劳动合同的条件吗?

根据《劳动法》第二十三条的规定，劳动合同期满或者当事人约定的劳动合同终止条件出现，劳动合同即行终止。但《劳动合同法》

取消了这一规定，规定了六种劳动合同终止的情形，按照新法优先于旧法的原则，应适用《劳动合同法》的规定。所以，用人单位不能与劳动者约定终止劳动合同的条件。为此，《劳动合同法实施条例》第十三条规定，用人单位与劳动者不得在劳动合同法第四十四条规定的劳动合同终止情形之外约定其他的劳动合同终止条件。这样规定就更加明确了。

## 161. 劳动合同期满不能立即终止的情形有哪些？

一般情况下，劳动合同期满，劳动合同终止。但特殊情形下，劳动合同期满不能立即终止，根据《劳动合同法》第四十二条、第四十五条的规定，这些特殊情形有：

（1）从事接触职业病危害作业的劳动者未进行离岗前职业健康检查，或者疑似职业病病人在诊断或者医学观察期间的；

（2）患病或者非因工负伤，在规定的医疗期内的；

（3）女职工在孕期、产期、哺乳期的；

（4）在本单位连续工作满 15 年，且距法定退休年龄不足五年的；

（5）法律、行政法规规定的其他情形。

对第（1）（2）（3）种情形，劳动合同应当续延至相应的情形消失时终止。对第（4）种情形，劳动合同应当续延至劳动者退休。

关于第（5）种情形，从现行法律、法规规定可以查到的“其他情形”有：

（1）《工会法》第十八条规定，工会干部劳动合同的自动延长；

（2）《劳动合同法》第十七条规定，用人单位与劳动者约定的服务期尚未到期的，劳动合同应当续延至服务期满；双方另有约定的，从其约定；

（3）根据《工伤保险条例》第三十五条、第三十六条、第三十七条的规定，对患职业病或者因工负伤并被确认丧失或者部分丧失劳动能力劳动者的劳动合同的终止，是这样规定的：①伤残一级至四级的，保留劳动关系，退出工作岗位，享受工伤待遇，直到到法定退休年龄；②伤残五级、六级的，享受工伤待遇，只有伤残职工本人提出，用人单位才可以解除或终止劳动合同；③伤残七级至十级的，享受工伤待遇，劳动合同到期终止。当然，职工有权单方面解除劳动合同。

## （四）关于违约金、补偿金和赔偿金

### 162. 什么是违约金？

违约金，亦称违约罚款，是指合同当事人约定在一方不履行合同时向另一方支付一定数额的货币。这种民事责任形式只有在合同当事人有约定或法律有直接规定时才能适用，当事人一方不能自行规定所谓违约金。违约金可分为赔偿性违约金和惩罚性违约金。

### 163. 什么情况下劳动者要承担违约金？

劳动者只有在以下两种情况下才需要承担违约金：

（1）根据《劳动合同法》第二十二条的规定，用人单位为劳动者提供专项培训费用，对其进行专业技术培训的，可以与该劳动者订立协议，约定服务期。劳动者违反服务期约定的，应当按照约定向用人单位支付违约金。违约金的数额不得超过用人单位提供的培训费用。用人单位要求劳动者支付的违约金不得超过服务期尚未履行部分所应分摊的培训费用。用人单位与劳动者约定服务期的，不影响按照正常的工资调整机制提高劳动者在服务期期间的劳动报酬。

（2）根据《劳动合同法》第二十三条的规定，用人单位与劳动者可以在劳动合同中约定保守用人单位的商业秘密和与知识产权相关的保密事项。对负有保密义务的劳动者，用人单位可以在劳动合同或者保密协议中与劳动者约定竞业限制条款，并约定在解除或者终止劳动合同后，在竞业限制期限内按月给予劳动者经济补偿。劳动者违反竞业限制约定的，应当按照约定向用人单位支付违约金。除以上两种情况外，用人单位不得与劳动者约定由劳动者承担违约金。

【案例】

公司派王某到美国接受为期 6 个月的专业技术培训，培训费用为 3.6 万元，公司和王某签订一个服务期协议，王某接受培训后必须为公司服务 3 年，否则，要向公司支付违约金。如果王某培训后在公司工作满 2 年后想解除合同，那么王某应该支付多少违约金？

【解析】

根据《劳动合同法》第二十二条的规定，王某违反服务期协议，应当支付给公司的违约金为 1.2 万元（3.6 万元违约金分摊到 3 年的服务期，每年为 1.2 万元）。

## 164. 什么是经济补偿金？

经济补偿金是指在劳动者无过失情况下，用人单位解除或终止劳动合同给劳动者的经济补偿。经济补偿不同于经济赔偿，不是一种惩罚手段。经济补偿是国家要求用人单位承担的一种社会责任。国家要求用人单位解除或者终止劳动合同时，支付一定的经济补偿，以帮助劳动者在失业阶段维持基本生活，不至于生活水平急剧下降。经济补偿是对劳动者以往为用人单位作出贡献的补偿，是对劳动者过去劳动内容和成果的肯定。劳动者对用人单位的贡献不完全体现在用人单位支付给劳动者的劳动报酬中，用人单位的经营效益、持续发展能力和资产的积累都有劳动者的贡献。另外，经济补偿是国家调节劳动关系的一种经济手段，引导用人单位长期使用劳动者，谨慎行使解除权利和终止权利。《劳动法》规定，用人单位单方解除劳动合同，依法支付经济补偿。用人单位为了减少成本，避免支付经济补偿，就不会随意解除劳动合同，从而达到稳定劳动关系的目的。《劳动合同法》通过规定劳动合同终止，用人单位依法支付经济补偿，可以起到遏制劳动合同短期化趋势，防止用人单位钻法律的空子，按照企业实际需求，签订劳动合同。

## 165. 什么情况下用人单位要承担经济补偿金？

《劳动合同法》第四十六条规定，有下列情形之一的，用人单位应当向劳动者支付经济补偿：

（1）劳动者依照本法第三十八条规定解除劳动合同的；

（2）用人单位依照本法第三十六条规定向劳动者提出解除劳动合同并与劳动者协商一致解除劳动合同的；

（3）用人单位依照本法第四十条规定解除劳动合同的；

（4）用人单位依照本法第四十一条第一款规定解除劳动合同的；

（5）除用人单位维持或者提高劳动合同约定条件续订劳动合同，劳动者不同意续订的情形外，依照本法第四十四条第一项规定终止固定期限劳动合同的；

（6）依照本法第四十四条第四项、第五项规定终止劳动合同的；

（7）法律、行政法规规定的其他情形。

**【案例】**

刘先生是某公司技术部门的一名员工，与公司签订了无固定期限劳动合同。近年来，刘先生所在的公司因市场竞争激烈逐渐陷入经营困难的状况。为摆脱困境，公司经董事会决议，决定采取减人增效的办法。经与企业工会协商，公司职代会通过了一项协商解除劳动合同的方案，其中规定：公司提出与员工协商解除劳动合同，员工在方案公布后一周内书面同意与公司协商解除劳动合同的，公司在法定经济补偿金之外再给予额外奖励金。

方案公布一周后，刘先生才向公司递交了协商解除劳动合同的意见书，并要求公司按规定支付法定经济补偿金和额外奖励金。公司表示刘先生提交协商解除劳动合同意见时超过了公司规定的期限，公司可以同意与刘先生协商解除劳动合同，但不同意支付经济补偿金和额外奖励金，于是双方发生争议。请问刘先生与公司的劳动合同协商解除后，刘先生是否可以要求公司支付额外奖励金和经济补偿金？

【解析】

根据《劳动合同法》第三十六条的规定，用人单位与劳动者协商一致，可以解除劳动合同。那么，劳动合同当事人经协商一致解除了劳动合同后是否有经济补偿金呢？这里关键是看是劳动者还是用人单位提出解除劳动合同的。《劳动合同法》第四十六条规定，用人单位向劳动者提出并与劳动者协商解除劳动合同的，用人单位应当向劳动者支付经济补偿。假若由劳动者提出，劳动者与用人单位协商一致解除劳动合同的，用人单位无须支付经济补偿金。

本案中，公司提出与员工协商解除劳动合同时，设定了一周的期限和书面同意的条件，刘先生未在公司设定的期限内以书面形式表示同意，表明刘先生未能在公司提出协商解除劳动合同时达成解除合同的协议。此后，刘先生在公司设定的期限和条件之外提出协商解除劳动合同，应是刘先生另行向公司提出协商解除合同要求。双方尽管最后还是协商一致依法解除了劳动合同，但由于是刘先生提出协商解除要求的，根据以上规定，公司没有支付额外奖励金和经济补偿金的法定义务，因此刘先生要求公司支付额外奖励金和经济补偿金均无法律依据。

## 166. 如何把握经济补偿金的计算标准？

根据《劳动合同法》第四十七条的规定：经济补偿按劳动者在本单位工作的年限，每满一年支付一个月工资的标准向劳动者支付。六个月以上不满一年的，按一年计算；不满六个月的，向劳动者支付半个月工资的经济补偿。劳动者月工资高于用人单位所在直辖市、设区的市级人民政府公布的本地区上年度职工月平均工资三倍的，向其支付经济补偿的标准按职工月平均工资三倍的数额支付，向其支付经济补偿的年限最高不超过十二年。本条所称月工资是指劳动者在劳动合同解除或者终止前十二个月的平均工资。

## 167. 什么是赔偿金？

赔偿金是承担违约责任的一个重要方式，是指合同当事人一方违反合同约定，而给对方造成损失的，应给予一定数量货币进行赔偿。赔偿金属于惩罚性赔偿，又叫作惩戒性赔偿，它指的是对受害方的实际损失予以补偿性赔偿之外的赔偿，通常是因为侵权方的一些特殊的不当行为所致。

## 168. 什么情况下用人单位要承担赔偿金？

用人单位只有在以下三种情况下要承担赔偿金：

（1）用人单位提供的劳动合同文本未载明本法规定的劳动合同必备条款或者用人单位未将劳动合同文本交付劳动者的，由劳动行政部门责令改正；给劳动者造成损害的，应当承担赔偿责任。

（2）根据《劳动合同法》第八十二条的规定，用人单位自用工之日起超过一个月不满一年未与劳动者订立书面劳动合同的，应当向劳动者每月支付二倍的工资。用人单位违反本法规定不与劳动者订立无固定期限劳动合同的，自应当订立无固定期限劳动合同之日起向劳动者每月支付二倍的工资。

（3）根据《劳动合同法》第八十三条的规定，用人单位违反本法规定与劳动者约定试用期的，由劳动行政部门责令改正；违法约定的试用期已经履行的，由用人单位以劳动者试用期满月工资为标准，按已经履行的超过法定试用期的期间向劳动者支付赔偿金。

## 169. 赔偿金的标准如何计算？

用人单位自用工之日起超过一个月不满一年未与劳动者订立书面劳动合同的，应当向劳动者每月支付二倍的工资。用人单位违反本法规定不与劳动者订立无固定期限劳动合同的，自应当订立无固定期限劳动合同之日起向劳动者每月支付二倍的工资。

《劳动合同法》规定，用人单位违反劳动合同法规定与劳动者约定试用期的，由劳动行政部门责令改正，违法约定的试用期已经履行的，由用人单位以劳动者月工资为标准，按已经履行的超过法定试用期的期间向劳动者支付赔偿金。根据这一规定，用人单位违反《劳动合同法》规定，与劳动者所约定的试用期，如果还没有实际履行的，由劳动行政部门责令用人单位予以改正，使之符合《劳动合同法》的规定；如果无效的试用期约定已经实际履行，则由用人单位以劳动者月工资为标准，按已经履行的超过法定试用期的期间向劳动者支付赔偿金。如法定试用期为一个月，用人单位违法与劳动者约定了六个月的试用期。当这个试用期已经履行了，支付赔偿金的期间就是从试用期的第二个月至第六个月。

**【案例】**

用人单位与劳动者之间的劳动合同期限为2年，如果该用人单位与劳动者约定的试用期是6个月，试用期内的月工资为1000元，试用期满后的月工资为1500元，如果劳动者在该单位按照合同约定完成了6个月的试用期工作，而且用人单位按照合同规定支付了试用期的全部工资，那么用人单位与劳动者约定的试用期期限是否合法？如果违法，用人单位与劳动者最多可以约定试用期的期限为多长？用人单位实际应当支付的赔偿金为多少？

**【解析】**

用人单位与劳动者约定的试用期违反《劳动合同法》的规定。按照《劳动合同法》第十九条的规定，劳动合同期限一年以上不满三年的，试用期不得超过二个月。因此，用人单位与劳动者最多可以约定二个月的试用期。

劳动者按照合同约定履行了6个月的试用期，其中4个月是违法试用期。根据《劳动合同法》的规定，用人单位必须按照试用期满后的月工资标准1500元，再向劳动者赔偿这4个月的工资6000元。

## （五）关于劳务派遣

### 170. 什么是劳务派遣？

劳务派遣是一种新的用工方式，指的是劳务派遣单位（用人单位）与被派遣劳动者（劳务派遣工）签订劳动合同，同时劳务派遣单位与用工单位签订劳务派遣协议，被派遣劳动者在用工单位安排和管理下提供劳动，劳务派遣单位从用工单位获取派遣费，并向被派遣劳动者支付劳动报酬的一种用工形式。劳务派遣用工不同于一般的劳动合同用工，有三个突出特点：第一，涉及三个主体。分别是派遣单位（用人单位）、用工单位和被派遣劳动者。第二，劳动与关系分离。“有关系没劳动，有劳动没关系”。第三，有两个协议。劳动者与派遣单位签订劳动合同，派遣单位与用工单位签订劳务派遣协议。

### 171. 设立劳务派遣机构的条件有哪些？

根据《劳动合同法》的规定，设立劳务派遣机构应当满足以下主要条件：

（1）注册资本不得少于人民币200万元。《劳动合同法》实施以后，从事劳务派遣的单位的数量迅猛增长，由于劳务派遣单位准入门槛低，承担责任能力差，被派遣劳动者的合法权益屡屡受到侵害，而往往难以获得赔偿。为此，修改后的《劳动合同法》将注册资本由不得少于人民币50万元提高到不得少于人民币200万元。

（2）有与开展业务相适应的固定的经营场所和设施。要求劳务派遣单位有固定经营场所和设施，目的是规范劳务派遣经营行为，保障被派遣劳动者的合法权益和用工市场秩序。

（3）有符合法律、行政法规规定的劳务派遣管理制度。这里说的劳务派遣管理制度主要包括劳务派遣单位章程、规章制度、劳务派遣用工管理制度，以及其他相关制度。

（4）法律、行政法规规定的其他条件。这里说的其他条件既包括《公司法》有关公司设立的要求，也包括劳动法律法规规定的相关条件。

（5）必须向劳动行政部门依法申请行政许可。只有获得行政许可，并依照《公司法》规定向工商行政管理部门办理相应的公司登记，才能经营劳务派遣业务。未经许可，任何单位和个人都不得经营劳务派遣业务。

## 172. 劳务派遣工通常安排在哪些岗位？

根据《劳动合同法》的规定，劳动合同用工是我国的企业基本用工形式。劳务派遣用工是补充形式，只能在临时性、辅助性或者替代性的工作岗位上实施。临时性工作岗位，是指存续时间不超过6个月的岗位；辅助性工作岗位，是指为主营业务岗位提供服务的非主营业务岗位；替代性工作岗位，是指用工单位的劳动者因脱产学习、休假等原因无法工作的一定期间内，可以由其他劳动者替代工作的岗位。

## 173. 被派遣劳动者享有与用工单位的劳动者同工同酬的权利吗?

被派遣劳动者享有与用工单位的劳动者同工同酬的权利。用工单位应当按照同工同酬原则，对被派遣劳动者与本单位同类岗位的劳动者实行相同的劳动报酬分配办法。用工单位无同类岗位劳动者的，参照用工单位所在地相同或者相近岗位劳动者的劳动报酬确定。劳务派遣单位与被派遣劳动者订立的劳动合同和与用工单位订立的劳务派遣协议，载明或者约定的向被派遣劳动者支付的劳动报酬应当符合前款规定。

## 174. 劳务派遣工享有哪些主要权利?

根据《劳动合同法》的规定，劳务派遣工主要有以下权利：

（1）同工同酬；

（2）在用人单位或用工单位加入工会；

（3）依法解除劳动合同；

（4）领取加班费、绩效奖金，享受与工作岗位相关的福利待遇；

（5）享受工作岗位所必需的培训；

（6）连续用工的，实行正常的工资调整机制。

**【案例】**

张某作为劳务派遣员工，被派到北京市一家从事手机经销的公司任促销员。因工作需要，张某经常在节假日加班，但从未收到劳务派遣公司或手机经销公司支付的加班费。半年后，张某要求手机经销公司支付自己节假日期间的加班费，但被拒绝，其理由是《劳动法》规定的加班工资应当由与之建立劳动关系的单位支付，手机经销公司与劳务派遣公司签订的劳务派遣协议以及劳务派遣公司与张某签订的劳务合同，均没有约定手机经销公司有支付劳务派遣人员加班工资的义务。于是张某便向劳务派遣公司提出获得加班费的要求，劳务派遣公司以其从未安排张某在节假日加班为由予以拒绝。无奈之下，张某只好将劳务派遣公司和手机经销公司一起诉至劳动争议仲裁委员会，要求两被告共同支付加班工资。

【解析】

经调查，张某确有在节假日加班而未获加班工资的事实存在，但劳务派遣公司与张某签订的劳务派遣协议中没有明确规定支付劳务派遣人员加班工资的义务。最终，仲裁委判定张某的加班费由手机经销公司（用工单位）支付，劳务派遣公司承担连带责任。根据《劳动合同法》的相关规定，被派遣的劳动者跟其他劳动者一样，当然有权获得加班工资，他们有获得劳动报酬的权利，包括加班工资。

## 175. 劳务派遣单位应履行哪些义务？

根据《劳动合同法》的规定，劳务派遣单位应履行以下义务：

（1）与被派遣劳动者订立的劳动合同，除应当载明《劳动合同法》第十七条规定的必备事项外，还应当载明被派遣劳动者的用工单位以及派遣期限、工作岗位等情况；

（2）应当与被派遣的劳动者订立两年以上的固定期限劳动合同，按月支付劳动报酬，被派遣劳动者在无工作期间，劳务派遣单位应当按照所在地人民政府规定的最低工资标准，向其按月支付报酬；

（3）应当与接受以劳务派遣形式用工的单位订立劳务派遣协议，劳务派遣协议应当约定派遣岗位和人员数量、派遣期限、劳动报酬和社会保险费的数额与支付方式以及违反协议的责任；

（4）劳务派遣单位应当将劳务派遣协议的内容告知被派遣劳动者；

（5）劳务派遣单位不得克扣用工单位按照劳务派遣协议支付给被派遣劳动者的劳动报酬；

（6）劳务派遣单位和用工单位不得向被派遣劳动者收取费用；

（7）劳务派遣单位跨地区派遣劳动者的，被派遣劳动者享有的劳动报酬和劳动条件，按照用工单位所在地的标准执行；

（8）用人单位不得设立劳务派遣单位向本单位或者所属单位派遣劳动者；

（9）不得拒绝劳动者参加或组织工会。

**【案例】**

吴某于2013年3月24日与北京一家派遣公司（以下简称派遣公司）签订了劳动合同，期限自2013年3月24日起至2014年3月31日止。派遣公司安排吴某至用工单位北京的一家玩具公司工作，担任销售助理。2014年3月31日，派遣公司书面通知吴某双方签订的劳动合同到期终止，自第二天不需要再去玩具公司工作了。吴某不同意双方终止劳动关系，于2014年4月23日向劳动争议仲裁委员会申请仲裁，要求派遣公司、玩具公司支付违法终止劳动合同的经济补偿金10500元等请求。

**【解析】**

本案的焦点在于某派遣公司是否属于违法终止劳动关系。《劳动合同法》第五十八条第二款规定了“劳务派遣单位应当与被派遣劳动者订立二年以上的固定期限劳动合同，按月支付劳动报酬；被派遣劳动者在无工作期间，劳务派遣单位应当按照所在地人民政府规定的最低工资标准，向其按月支付报酬。”根据上述规定，劳务派遣中，派遣单位与劳动者的劳动合同期限有着法定的最低要求。劳务派遣单位必须与劳动者订立二年以上固定期限劳动合同。本案中，吴某与派遣公司签订的劳动合同期限自2010年3月24日起至2011年3月31日止，少于二年。在合同到期后派遣公司与其终止了劳动关系，因此构成了违法终止，应当按照规定标准支付经济补偿金。

## 176. 用工单位的主要义务有哪些?

（1）被派遣劳动者享有与用工单位的劳动者同工同酬的权利。用工单位应当按照同工同酬原则，对被派遣劳动者与本单位同类岗位的劳动者实行相同的劳动报酬分配办法。用工单位无同类岗位劳动者的，参照用工单位所在地相同或者相近岗位劳动者的劳动报酬确定；

（2）执行国家劳动标准，提供相应的劳动条件和劳动保护；

（3）告知被派遣劳动者的工作要求和劳动报酬；

（4）支付加班费、绩效奖金，提供与工作岗位相关的福利待遇；

（5）对在岗被派遣劳动者进行工作岗位所必需的培训；

（6）连续用工的，实行正常的工资调整机制；

（7）用工单位不得将被派遣劳动者再派遣到其他用人单位；

（8）应当严格控制劳务派遣用工数量，不得超过其用工总量的一定比例，具体比例由国务院劳动行政部门规定；

（9）用工单位应当根据工作岗位的实际需要与劳务派遣单位确定派遣期限，不得将连续用工期限分割订立数个短期劳务派遣协议；

（10）不得拒绝劳动者参加或组织工会。

**【案例】**

李华由广州某派遣公司派遣至广州番禺某建筑公司做建筑工人。2015 年 7 月 10 日，她被从工地四楼滚下的圆柱形水泥块击中头部，导致当场受伤昏迷，经医院诊断为：重型颅脑损伤，广泛脑挫裂伤，双侧硬膜下血肿，多发性粉碎性开放性颅骨骨折，脑疝形成。入院后，截至 2015 年 11 月 29 日，李华的医疗费用已经达到 326949. 42 元，目前还在继续治疗中，并欠下 10 多万元医疗费。前期，番禺某建筑公司还支付了部分医疗费，但 2015 年 11 月 29 日以后，用工单位和派遣公司就互相推脱，拒不支付医疗费。

**【解析】**

用工单位和派遣单位对造成劳动者损害要承担相互“连带责任”，而这个“连带责任”应为“完全连带责任”，即指劳务派遣公司或用工单位都应当独立对派遣劳动者承担所有的赔偿责任，无论是由哪方导致劳动者受损害。即使被派遣劳动者只起诉一方，依据《最高人民法院关于审理劳动争议适用法律若干问题的解释（二）》第十条的规定：劳动者因履行劳动力派遣合同产生劳动争议而起诉，以派遣单位为被告；争议内容涉及接受单位的，以派遣单位和接受单位为共同被告。即在劳务派遣争议中，法院是有权利直接追加另一方为被告的。

## 177. 订立劳务派遣协议有哪些具体要求？

根据《劳动合同法》第五十九条的规定，劳务派遣单位派遣劳动者应当与接受以劳务派遣形式用工的单位（以下称用工单位）订立劳务派遣协议。劳务派遣协议应当约定派遣岗位和人员数量、派遣期限、劳动报酬和社会保险费的数额与支付方式以及违反协议的责任。用工单位应当根据工作岗位的实际需要与劳务派遣单位确定派遣期限，不得将连续用工期限分割订立数个短期劳务派遣协议。

劳务派遣涉及三方关系，即派遣单位与被派遣劳动者、派遣单位与接受以劳务派遣形式用工的单位即用工单位，以及用工单位与被派遣劳动者三个关系。实践中通常认为派遣单位与被派遣劳动者之间存在劳动关系，派遣单位向社会招用劳动者，并对应招合格的劳动者进行派遣，行使对劳动者的人事管理权，如处分、辞退权，同时派遣单位承担对劳动者的劳动报酬和社会福利等劳动法的义务。派遣单位与用工单位之间是民事关系，双方订立派遣协议确定双方权利义务，派遣单位根据用工单位的标准派遣符合要求的劳动者，用工单位根据协议向派遣单位支付报酬或管理费。而用工单位与被派遣劳动者之间构成的则是劳务关系，用工单位负责在劳动过程中对被派遣劳动者进行指挥和管理，劳动者遵守用工单位的规章制度。

## 178. 跨地区派遣劳动者的劳动报酬如何确定？

根据《劳动合同法》第六十一条的规定，劳务派遣单位跨地区派遣劳动者的，被派遣劳动者享有的劳动报酬和劳动条件，按照用工单位所在地的标准执行。

用人单位根据自身工作和发展的需要，通过正规劳务派遣公司，派遣所需要的各类人员，这是一种新的用人方式，可跨地区、跨行业进行。用工单位与劳务派遣单位应签订劳务派遣协议。如果用工单位与劳务派遣单位是不同地区的，劳务派遣协议中劳动者的劳动报酬和劳动条件应当按照用工单位所在地的标准执行。例如，甲省劳务派遣工到乙地务工，乙地的劳动报酬标准可能比甲省高几百元，依照《劳动合同法》的规定，劳务派遣单位与用工单位就应当以乙地地区的标准签订协议，并按乙地的标准支付被派遣劳动者的劳动报酬。

## 179. 劳务派遣中如何解除劳动合同？

根据《劳动合同法》第六十五条的规定，被派遣劳动者可以依照本法第三十六条、第三十八条的规定与劳务派遣单位解除劳动合同。被派遣劳动者有本法第三十九条和第四十条第一项、第二项规定情形的，用工单位可以将劳动者退回劳务派遣单位，劳务派遣单位依照本法有关规定，可以与劳动者解除劳动合同。

首先规定了被派遣劳动者的劳动合同解除权。即劳动者可以依《劳动合同法》第三十六条、第三十八条的规定与劳务派遣单位协商解除劳动合同，或者由于劳务派遣单位与用工单位有违法行为的，可以与劳务派遣单位解除劳动合同。根据《劳动合同法》第三十六条的规定，用人单位与劳动者协商一致，可以解除劳动合同。第三十八条的规定，用人单位有下列情形之一的，劳动者可以解除劳动合同：（一）未按照劳动合同约定提供劳动保护和劳动条件的；（二）未及时足额支付劳动报酬的；（三）未依法为劳动者交纳社会保险费的；（四）用人单位的规章制度违反法律、法规的规定，损害劳动者权益的；（五）因本法第二十六条第一款规定的情形致使劳动合同无效的；（六）法律、行政法规规定的其他情形。用人单位以暴力、威胁或者非法限制人身自由的手段强迫劳动者劳动的，或者用人单位违章指挥、强令冒险作业危及劳动者人身安全的，劳动者可以立即解除劳动合同，不需事先告知用人单位。

其次规定了劳动者有《劳动合同法》第三十九条和第四十条第一项、第二项规定情形的，用工单位可以将被派遣劳动者退回派遣单位，由劳务派遣单位依照本法有关规定与被派遣劳动者解除劳动合同。可见，用工单位退回被派遣劳动者只能是因为劳动者不符合录用条件或者严重违纪违法，以及不胜任工作等情形。这样，劳务派遣单位就可以依照《劳动合同法》的规定解除劳动合同。

## 180. 劳务派遣机构侵害被派遣劳动者权益怎么办?

劳务派遣机构既是《劳动合同法》所说的用人单位，又是派遣单位，应当对被派遣劳动者承担比普通用人单位更多的义务。如果劳务派遣单位违反《劳动合同法》《劳动合同法实施条例》和《劳务派遣暂行规定》等法律法规，应当区分不同情况，分别承担相应的法律责任。

第一，如果劳务派遣单位未经许可，擅自经营劳务派遣业务，势必存在严重侵害被派遣劳动者合法权益的隐患。这种情况应该依照《劳动合同法》第九十二条第一款的规定处理，由劳动行政部门责令停止违法行为，没收违法所得，并处违法所得1倍以上5倍以下的罚款；没有违法所得的，可以处5万元以下的罚款。

第二，劳务派遣单位违反《劳动合同法》《劳动合同法实施条例》

有关规定的，由劳动行政部门责令限期改正；逾期不改正的，以每人5000元以上1万元以下的标准处以罚款，对劳务派遣单位，吊销其劳务派遣业务经营许可证。需要注意的是，用工单位给被派遣劳动者造成损害的，劳务派遣单位与用工单位承担连带赔偿责任。

第三，劳务派遣单位违反《劳务派遣暂行规定》解除或者终止被派遣劳动者劳动合同的，按照《劳动合同法》第四十八条、第八十七条的规定执行。如果被派遣劳动者权衡利弊后，要求继续履行劳动合同的，劳务派遣单位应当继续履行。劳务派遣单位违反《劳务派遣暂行规定》解除或者终止劳动合同的，首先要尊重被派遣劳动者的意愿，如果被派遣劳动者不要求继续履行劳动合同或者劳动合同已经不能继续履行的，劳务派遣单位应当依照《劳动合同法》第八十七条的规定支付经济赔偿金。

# 六 不可不知的集体合同问题

## （一）集体协商与集体合同

### 181. 什么是集体协商？

集体协商是指职工一方与用人单位之间依法就劳动报酬、工作时间、休息休假、劳动安全卫生、保险福利、职工培训、劳动纪律以及劳动定额管理等直接涉及劳动者切身利益的规章制度或者重大事项，为达成一致意见而进行商谈交涉的行为。

平等协商和集体协商都是我国的法律用语，两者可以通用，只是在所强调的侧重点上有些差异。平等协商侧重强调的是协商双方的平等性，即职工一方在协商地位上与用人单位是平等的；集体协商侧重强调的是职工一方的集体性，即职工一方在协商时借助的是全体职工的团体力量。事实上，职工一方与用人单位在协商地位上的平等性，必须依托全体职工的团体力量才能实现，这说明平等协商和集体协商具有内在的逻辑统一性。

### 182. 什么是集体合同？

集体合同是指职工一方与用人单位之间依法就劳动报酬、工作时间、休息休假、劳动安全卫生、保险福利、职工培训、劳动纪律以及劳动定额管理等直接涉及劳动者切身利益的规章制度或者重大事项，在平等协商一致的基础上签订的书面协议。

## 183. 集体合同应具有什么效力?

集体合同的效力是指集体合同对何人、何时、以何种形式发生效力。按照有关法律规定，集体合同的效力主要体现在以下五个方面：

（1）集体合同对人的效力

集体合同订立后，对签字双方及所代表的人员都有约束力。

对职工来说，除协议中另有规定外，集体合同的全部内容适用于用人单位全部职工。一方面，中国工会组织旨在维护全体职工包括农民工的合法权益，而不仅仅是维护工会会员的合法权益；另一方面，在进行集体协商、签订集体合同工作中履行的是职工一方代表组织的职责。所以，在一个用人单位内部，只要工会与用人单位依法签订了集体合同，工会就代表了全体职工，而不只代表工会会员。也就是说，集体合同的效力对于工会会员、非工会会员都适用；集体合同生效后被用人单位录用的职工，也要受集体合同的约束。

对用人单位来说，也不因用人单位法人代表的变动而影响集体合同的效力。用人单位的法人代表是随时可以变更的，集体合同中职工团体对应的是该“用人单位”，而不是对应该用人单位中在某一时段的法人代表，所以，在该用人单位的法人代表变动之后，尚在有效期内的集体合同继续有效。

（2）集体合同的时间效力

集体合同的时间效力由双方当事人协商确定，集体合同的期限一般都是固定的，可以是一年，也可以是几年。集体合同期限届满后，一般都可以续订。

（3）集体合同对劳动合同的效力

对签订集体合同的用人单位来说，集体合同对本用人单位全部劳动合同都具有约束力。集体合同约定的劳动条件、劳动报酬等标准，不得低于当地人民政府规定的最低标准；用人单位与职工订立的劳动合同中劳动报酬和劳动条件等标准，不得低于集体合同规定的标准，否则，劳动合同应确认为无效；劳动合同未涉及的集体合同内容，对劳动者和企业都适用；集体合同规定的标准依法变更后，劳动合同的标准也应随之变更。

（4）集体合同对专项合同的效力

在同一单位范围内，专项集体合同约定的劳动报酬和劳动条件等标准，不得低于集体合同规定的标准。

（5）行业性、区域性集体合同对行业、区域内用人单位集体合同的效力

在同一行业、区域内，用人单位集体合同约定的劳动报酬和劳动条件等标准，不得低于行业性、区域性集体合同规定的标准。

## 184. 集体合同通常包括哪些内容？

集体合同的内容主要包括实体性规定和程序性规定两个方面，实体性规定主要是劳动条件和标准，程序性规定主要是劳动管理和集体合同程序性规定等方面的内容。

（1）有关劳动条件和标准方面的内容，主要包括劳动报酬、工作时间、休息休假、劳动安全卫生、补充保险和福利、女职工和未成年工的特殊保护、职业技能培训。

（2）有关劳动管理的内容，主要包括劳动合同管理、用人单位裁员、用人单位的规章制度。

（3）有关集体合同本身程序性规定的内容，主要包括集体合同期限、变更和解除集体合同的条件和程序、履行集体合同发生争议时的协商处理办法、违反集体合同的责任。

（4）集体合同双方认为应当协商约定的其他内容，包括企业劳动争议的预防和处理、职工民主管理、工会工作。

## 185. 进行集体协商、签订集体合同应遵循哪些原则？

（1）遵守法律、法规、规章及国家有关规定

集体协商和签订集体合同能否规范实施，取决于此项制度是否能够遵守法律、法规、规章及国家的有关规定。这一原则贯穿于集体协商和签订集体合同的全过程。特别是集体合同的各项条款最终能否得到落实，以及集体合同在履行中能否对劳动关系的当事人起到应有的约束力，根本上都取决于法律的依据和保障。若背离了这一原则，集体协商和签订集体合同的实施就会失去遵循的依据和规范，就会弱化其作为劳动法律制度应具有的作用。

（2）相互尊重，平等协商

所谓相互尊重，就是在提出要约、集体协商和集体合同订立过程中，回应、承认和公正对待对方当事人依法享有的平等地位及利益主张的权利，即双方中的任何一方都不应采取回避、拒绝或歧视的态度，甚至把自己凌驾于对方之上；所谓平等协商，就是协商双方在相关权利与义务交涉过程中，不能把自己的要求或主观意愿强加给对方，而是应通过坦诚沟通和以面对实际的务实方式化解纷争、谋求共识。

（3）诚实守信，公平合作

遵循诚实守信和公平合作的原则，目的在于保证协商过程及合同订立与履行的真实性和有效性，防范欺诈、胁迫或不当交易行为的发生。所谓诚实守信，就是协商双方坦诚互信，恪守承诺，并能够切实担当法律责任；所谓公平合作，就是协商双方不仅能够站在客观公正的立场寻求解决问题的途径，弥合分歧，取得共识，而且能够共同维护集体合同的法律尊严，使签订的集体合同可以通过劳动关系双方的共同努力得到切实履行。

（4）兼顾双方合法权益

集体协商和签订集体合同无论近期目的还是远期目标，在实现过程

中都必须始终立足于兼顾劳动关系双方合法权益的原则。尤其在企业，尽管劳动关系双方的权益诉求有所不同，但双方的权益只有建立在相互兼顾和有效结合的基点上，才能得以实现并趋向最大化，企业也才能在劳动关系和谐稳定的条件下不断做大、做强。需要明确的是，兼顾双方合法权益的原则，不仅应着眼于兼顾劳动关系双方的具体利益，还必须着眼于兼顾双方的总体利益。

（5）不得采取过激行为

遵循这一原则，一方面，要求劳动关系双方必须按照前述诸项原则积极稳妥地推进集体合同制度实施，将劳动争议的发生降至最低限度。另一方面，发生劳动争议，工会要积极主动地通过沟通、协商、调解的办法来解决，通过这些办法解决不了的，可以通过劳动仲裁来解决；仍然解决不了的，要积极为职工提供法律援助，帮助职工通过诉讼来解决，尽可能多地把矛盾解决在诉讼前，尽量减少诉讼。要通过理性、合法的方式解决因协商议题未达成一致或因集体合同履行出现违约以及其他纷争而引发的劳动争议，不提倡、不鼓励、不支持采取对抗性的方式。

## 186. 进行集体协商、签订集体合同要经过哪些程序？

进行集体协商、签订集体合同是一个复杂的过程，要经过多个环节，环环相扣，紧密联系，主要经过以下程序：

（1）产生集体协商代表

集体协商代表是指依照法定程序产生，并代表本方利益进行集体协商的人员。集体协商双方的代表人数应当对等，每方至少3人，并各确定1名首席代表。职工一方的集体协商代表由本单位工会选派，未建立工会的，由上级工会指导本单位职工推举职工为集体协商代表，并经本单位半数以上职工同意。

职工一方的首席代表由本单位工会主席担任。工会主席可以书面委托其他协商代表代理首席代表。工会主席空缺的，首席代表由工会主要负责人担任。未建立工会的，职工一方的首席代表从协商代表中民主推举产生。

（2）提出协商要约

集体协商任何一方均可以书面形式向对方提出集体协商的要求，另一方在收到协商要求之日起 20 日内以书面形式给予回应，无正当理由不得拒绝进行集体协商。企业工会提出协商要约有困难或在其他特殊情况下，上级工会可依法代替企业工会向企业提出协商要约。

（3）做好提前准备

为保证集体协商能顺利进行并取得预期效果。协商前应做好相关准备工作：一是广泛宣传集体协商的意义和重要性，在最大范围内凝聚各方共识，奠定开展集体协商工作的思想基础。二是熟悉与集体协商内容有关的法律法规和政策制度。三是搜集与集体协商内容有关的情况和资料。这些情况和资料是支撑本方要求的重要依据，有助于使本方要求得到对方认可，包括当地政府发布的工资指导线、职工收入水平、职工生活成本、企业生产利润等。在不违反法律法规的前提下，集体协商双方有义务按照对方要求提供与集体协商内容有关的情况和资料。四是征求职工意见。通过召开工会小组、不同人员座谈会、问卷调查等形式，广泛了解职工对协商内容的意见和建议。五是明确协商代表分工，制订协商方案。对协商代表进行角色分工，明确各自的职责。制订协商方案，包含协商的时间、地点、目标、工作流程等。

（4）正式协商

召开协商会议，宣布议程、协商规章和会议记录。要约方首席代表介绍集体协商的准备过程、协商的具体内容和要求、理由和依据，受要约方首席代表作出回应。双方就商讨的事项发表各自的意见，开展充分讨论。最后，就达成一致意见形成集体合同草案。协商会议一般按照双方商定的议题进行，在协商过程中可提议增加新的协商内容，但应在原定议题协商完毕后，再就新增议题进行商议。

(5) 职代会审议通过集体合同草案

集体协商之后形成的合同草案，当时还不能签字。集体合同草案必须提交职工代表大会或全体职工讨论审议。职代会审议集体合同草案，是《劳动法》规定的必经程序，也是职工代表大会的重要权利。在职工代表大会上，由企业法定代表人和工会主席就集体合同草案形成的过程、依据以及各自承担的义务作出说明。职代会代表对集体合同草案进行讨论，经全体职工代表半数以上或全体职工半数以上同意，集体合同草案才可以正式签字。不经职代会讨论而只在职代会专门委员会和联席会议上通过，是不符合《劳动法》规定的程序的。

(6) 当事人双方代表签字

集体合同草案经过职工代表大会讨论通过后，由双方首席代表即企业法定代表人代表企业、工会主席代表职工正式签字。当事人双方的签字人，必须是企业法定代表人和工会主席或是其正式书面委托的人员，其他人员不能代替。

(7) 送当地劳动管理部门审查备案

集体合同签字后，应于10日内由用人单位将文本一式三份报送当地劳动行政管理部门审查登记。劳动部门自收到集体合同文本之日起，15日内将《审查意见书》送达双方协商代表。15日内未提出异议的，集体合同即行生效。

(8) 向企业职工公布

集体合同生效后，应当由协商代表及时以适当形式向本方全体人员公布。比如，可以把集体合同张贴在车间、科室等引人注目的地方，或专门设置的橱窗内。有条件的企业，也可以把集体合同印成手册，分发给所有员工，便于员工履行和检查。

**【案例】**

江西境内一家制砖建材企业，主要靠传统落后的一些设备和大量的劳动力进行生产。随着劳动力价格的提升，该企业的利润率很低，有时还会亏损。企业老板为了追求利润，经常无限制地要求职工加班且不支付加班费。为了防止职工离职，还花钱请了10名保安，对整个厂区进行看守，未经批准不得外出。但此举还是无法为企业带来稳定的生产秩序，经常发生职工与管理人员冲突的事件。该企业老板后来得知自己原来的做法是违法的，应当通过签订集体合同，稳定职工情绪。2012年3月10日，单位老板杨某找到了平时在员工中比较有威望的3名员工小王、小李和老丁，讲明公司愿意改善职工待遇并希望与职工进行协商，诱导他们三个作为职工代表跟公司订立，并承诺事后公司将给予他们一定的好处费。经过商定，3人分别在职工队伍中进行宣传，广大职工的积极性也很高，同意推选他们3人作为代表，纷纷提出建议，希望能够写进协议中。一周后，单位将与老丁等3人签订的"集体合同"张贴在厂内公告栏里，并写明企业与广大职工应遵守合同。广大职工看了该"集体合同"后，觉得虽然在某些方面有所改善，但还是有很多对职工不公平的地方，但由于这是由大家的代表签订的，也就忍气吞声了。

**【解析】**

本案例中该份"集体合同"是无效的，对全体职工没有法律约束力。根据法律规定：职工一方的集体协商代表由本单位工会选派，未建立工会的，由上级工会指导本单位职工推举职工为集体协商代表，并经本单位半数以上职工同意。职工一方的首席代表由本单位工会主席担任。工会主席可以书面委托其他协商代表代理首席代表。工会主席空缺的，首席代表由工会主要负责人担任。未建立工会的，职工一方的首席代表从协商代表中民主推举产生。在本案中，首先，集体合同签订主体不合法，代表职工一方的所谓员工代表没有经过正式推选，签约主体不合法；其次，签订的合同没有经过全体职工讨论通过；最后，没有报送当地劳动行政部门备案。鉴于以上理由，该集体合同不是一份有效的集体合同，是没有法律效力的，职工可以不受该集体合同的管束。

## 187. 集体合同与劳动合同是什么关系?

集体合同和劳动合同都是协调劳动关系的重要制度，但两者既有联系，又有区别。

(1) 主体不同

集体合同是工会代表职工与用人单位签订的；劳动合同是劳动者个人与用人单位签订的。

(2) 内容不同

集体合同规定的是本单位全体劳动者的普遍的、一般性的事项；劳动合同约定的是个性的、特殊性的事项。

(3) 效力不同

集体合同的效力要高于劳动合同，也就是说劳动合同约定不得与集体合同规定发生冲突。《劳动合同法》第五十五条规定，集体合同中劳动报酬和劳动条件等标准不得低于当地人民政府规定的最低标准；用人单位与劳动者订立的劳动合同中劳动报酬和劳动条件等标准不得低于集体合同规定的标准。

**【案例】**

陈师傅与某企业签订有为期三年的劳动合同。合同中约定：陈师傅的工资每月计发一次。合同履行期间，企业工会与企业经协商签订了一份集体合同，该集体合同中约定：企业所有员工每年年终可获得一次第13个月的工资。根据这份集体合同的具体规定，陈师傅属于可以享受第13个月工资的员工范围。该集体合同获得企业职代会通过并经当地人力资源和社会保障部门审核后开始生效实施，但年终过后，陈师傅并没有得到企业支付的第13个月工资。于是，陈师傅向企业提出补发第13个月工资的要求。但企业表示，陈师傅和企业签订的劳动合同中约定了劳动报酬的支付次数，双方应严格按照劳动合同的约定履行，拒绝了陈师傅的要求。双方由此产生争议。

【解析】

争议焦点：劳动者和企业签订的劳动合同内容与企业工会和企业签订的集体合同内容不一致时如何处理。《劳动法》第三十五条规定："依法签订的集体合同对企业和企业全体职工具有约束力。职工个人与企业订立的劳动合同中劳动条件和劳动报酬等标准不得低于集体合同的规定。"在本案中，陈师傅与企业签订的劳动合同中虽然没有约定可以享受第13个月的工资，但工会与企业签订的集体合同中规定了第13个月工资的有关内容。根据上述规定，企业应当按照集体合同的规定补发陈师傅年终第13个月工资。

## 188. 规章制度、集体合同、劳动合同出现不一致怎么办?

现实中，经常遇到一些用人单位的规章制度、集体合同、劳动合同不一致的问题，有的地方甚至发生冲突，应以哪个为准呢？

为此，《最高人民法院关于审理劳动争议案件适用法律若干问题的解释（二）》第十六条规定，用人单位制定的内部规章制度与集体合同或者劳动合同约定的内容不一致，劳动者请求优先适用合同约定的，人民法院应予支持。集体合同的效力高于劳动合同，劳动合同中劳动报酬和劳动条件等标准不得低于集体合同规定的标准。根据以上规定的精神，当规章制度、集体合同、劳动合同出现不一致时，应根据情况分别解决：

第一，当用人单位的规章制度与集体合同或者劳动合同约定的内容不一致时，劳动者有选择权，根据是否对本人有利，可以主张适用集体合同或劳动合同，也可以主张适用规章制度。

第二，当集体合同与劳动合同约定不一致时，根据有利于劳动者的原则，可以适用集体合同，也可以适用劳动合同。从道理上来讲，特殊规定优先一般规定，应优先适用劳动合同，但前提是"劳动合同中劳动报酬和劳动条件等标准不得低于集体合同规定的标准”，如果劳动合同低于集体合同标准的，法律规定适用集体合同。《劳动合同法》第十八条规定，劳动合同对劳动报酬和劳动条件等标准约定不明确，引发争议的，用人单位与劳动者可以重新协商；协商不成的，适用集体合同规定；没有集体合同或者集体合同未规定劳动报酬的，实行同工同酬；没有集体合同或者集体合同未规定劳动条件等标准的，适用国家有关规定。

**【案例】**

王某于2013年12月29日进入某外资公司工作，合同期限为2年。双方签订的劳动合同中约定，每年年底，公司将对王某进行业绩考评，并根据考评的结果发放当年年终奖。2014年12月，某外资公司人事经理召集部分职工代表，经过充分协商、讨论，制定了新的年终奖制度，并通过公司的公告栏进行了公示。新制度规定，从2015年1月1日起，某外资公司将根据员工的工作时间实行年底双薪制度，即只要当年工作时间满12个月，且至当年12月31日仍在职的员工，就可以获得年底双薪作为奖励。旧的年终考评奖励制度将不再执行。2015年11月28日，某外资公司通知王某，双方的劳动合同将于12月28日终止，公司将不再与其续签劳动合同。王某应允，但要求公司按照劳动合同约定支付她当年的年终考评奖金。某外资公司只按照王某的实际工作时间，支付了王某12月的工资，根据新的年终双薪制度，拒绝支付王某任何年终奖金。

王某认为，虽然新的规章制度实行年底双薪制度，但是自己和单位的劳动合同签订在前，而规章制度更改在后，因此单位仍应该按照双方劳动合同的约定履行义务。况且，自己也为公司干满了2年。某外资公司则认为，虽然公司和王某在劳动合同中约定了年终考评奖金，但是公司已采用了新的年终双薪制度来代替旧的年终考评奖金制度，并将新制度纳入了规章制度中，并公示了《关于实行新的年终奖制度的通知》。王某早已知道，但从来没有提过任何反对意见，应该视为对新制度的默认。而根据新的规定，只有当年工作时间满 12 个月，并且至当年 12 月 31 日仍在职的员工，才可以获得年底双薪作为奖励。由于王某不符合当年 12 月 31 日仍在职的条件，因此公司不同意支付王某任何年终奖金。

双方因此产生争议，王某提起了劳动仲裁，要求某外资公司按照劳动合同的约定支付年终奖金。劳动争议仲裁委员会经审理，裁决支持了王某的请求。

**【解析】**

本案主要涉及劳动合同与规章制度不一致时的适用问题。本案中，双方的劳动合同和公司的规章制度都有关于年终奖的相关内容，双方争议的焦点在于年终奖的发放到底应该以哪个为准。2006 年 10 月 1 日起实施的《最高人民法院关于审理劳动争议案件适用法律若干问题的解释（二）》则明确规定，用人单位制定的内部规章制度与集体合同或者劳动合同约定的内容不一致，劳动者请求优先适用劳动合同约定的，人民法院应予以支持。这实际上是赋予了劳动者优先选择权。因此，本案中，王某有权要求优先适用劳动合同的约定，某外资公司应当按照劳动合同的约定向王某支付年终奖金。

## 189. 什么是专项集体合同？

专项集体合同，是指职工一方与用人单位之间依法就劳动报酬、工作时间、休息休假、劳动安全卫生、保险福利、职工培训中的某项内容，通过集体协商签订的书面协议。例如，工资专项集体合同、女职工和未成年工保护专项集体合同、劳动安全卫生专项集体合同、职工培训专项集体合同等，是集体合同的一种特殊形式。

一些用人单位在某个发展时期内，暂时还不具备就集体合同的多项或全部内容通过集体协商达成一揽子协议，但这些用人单位可以结合自身优势，就具备集体合同的某一项内容进行协商，达成一致意见。因此，大多数国家都鼓励双方就劳动关系方面的某一项本单位职工比较关心、矛盾比较突出的问题进行协商，达成一致意见，形成专项协议，逐步由专项发展成多项，进而形成一揽子的综合性协议。

## 190. 集体合同与专项集体合同是什么关系？

目前，我国推行的主要是一个综合性集体合同，加“女职工保护”“劳动安全卫生”和“工资”3个专项集体合同，俗称“1+3”模式，也有称其为“母子合同”的。行业性、区域性集体合同应属于综合性集体合同的范畴。

“1+3”模式主要是根据合同内容的不同来区分的。综合性集体合同涉及女职工保护和劳动安全卫生保护的条款，但规定较为原则，不可能表述得全面、完整。在工资方面，综合性集体合同通常规定有“职工工资随企业经济效益的增长而增长”等类似条款，但不能具体操作，况且，集体合同的有效期一般为3年，而用人单位每年的经营情况不一样，工资专项集体合同的期限只能是1年；所以，在集体合同的总体框架下，再制定专项集体合同是必要的。但在具体操作上，要综合考虑，提高效率，做到多个“同步”：当集体合同与专项集体合同在同一年签订时，要同时要约、同时征求意见、同时起草草案、同时集体协商、同时提交职代会审议、同时公示、同时签署、同时报批等，一次完成，避免一个一个重复操作。

## 191. 什么是工资集体协商？

工资集体协商是指职工一方与用人单位之间依法就企业内部工资分配制度、工资分配形式、工资支付办法、工资标准等事项，为签订工资专项集体合同进行商谈的行为。工资专项集体合同是指职工一方与用人单位之间专门就工资事项签订的专项集体合同。

工资集体协商是签订工资专项集体合同的必经程序和重要阶段，而工资专项集体合同是工资集体协商的结果。工资集体协商的结果既可以形成工资专项集体合同，也可以作为集体合同的一个组成部分或附件，与集体合同具有同等的法律效力。

作为集体合同的重要组成部分，工资专项集体合同与集体合同是局部与整体、单项与综合的关系。工资专项集体合同与集体合同不仅在本质上，而且在协商主体、协商方式、协商程序和协商策略技巧上大体相同，所不同的只是协商内容。

## 192. 工资集体协商主要包含哪些内容？

根据《集体合同规定》《工资集体协商试行办法》等有关规定，工资集体协商主要包括以下内容：工资分配制度、工资标准和工资分配形式；工资支付办法、工资调整办法；最低工资、加班加点工资、津贴、补贴、奖金、试用期及病事假等期间工资待遇、特殊情况下职工工资（生活费）标准；合同的期限及变更、解除的程序，合同的终止条件及违约责任；双方认为应当协商约定的其他事项。

## 193. 什么是集体合同的变更？

集体合同的变更，是指集体合同没有履行或没有完全履行之前，因订立集体合同所依据的主客观情况发生变化，原合同内容已不适应变化的情况时，双方当事人依照法律规定的条件和程序，对原合同中某些条款进行补充和修改的行为。

## 194. 什么是集体合同的解除？

集体合同的解除，是指集体合同没有履行或没有完全履行之前，因订立集体合同所依据的主客观情况发生变化，致使集体合同的履行成为不可能或不必要，双方当事人依照法律规定的条件和程序，终止原集体合同法律关系。

## 195. 什么情况下可以变更或解除集体合同？

《集体合同规定》明确了集体合同期满或双方约定的终止条件出现，即行终止。同时，有下列情形之一的，经双方协商一致，可以变更、解除集体合同或专项集体合同：

（1）用人单位因被兼并、解散、破产等原因，致使集体合同无法履行或无法完全履行的。企业兼并，其隶属关系发生了变化，工会组织状况随之发生变化，履行集体合同失去了客观基础，集体合同需要做相应的变更。企业解散和破产，企业已不复存在，集体合同必然要解除和终止。当企业停产和转产，企业失去了全面履行集体合同的能力和条件时，集体合同也需要做必要的变更或终止。

（2）因不可抗力等原因致使集体合同无法履行或部分无法履行的。不可抗力是人力无法抗拒的某种外部力量，如自然灾害、战争等，集体合同可以变更或解除。也可以根据情况，双方协商决定部分不履行或延迟履行。

（3）集体合同或专项集体合同约定的变更或解除条件出现的。双方事先约定的变更或解除集体合同的条件出现时，可以解除或终止集体合同。

（4）法律、法规、规章规定的其他情形。

## 196. 变更、解除集体合同应经过哪些程序？

变更、解除集体合同需经过以下程序：

（1）提出建议。当双方约定的变更、解除条件出现时，任何一方都可以提出变更或解除集体合同的建议，并说明需要变更和解除的条款与理由。另一方应及时做出回应。

（2）召开协商会议。双方经协商一致，达成变更或解除集体合同的协议。经协商没有达成一致的，或在协议书或原集体合同修正案尚未生效前，原集体合同仍然有效。

（3）召开职工代表大会或全体职工大会。经职工代表或全体职工讨论通过变更或解除集体合同协议书，并报送劳动行政部门审查备案。如劳动行政部门提出异议，由双方重新协商。

（4）备案。变更或解除集体合同协议书，在报送劳动行政部门的同时，企业工会应同时报送上一级工会备案。

（5）协议生效。原集体合同或原集体合同中有关条款即行终止。

## 197. 什么是集体合同的终止？

集体合同的终止，是指集体合同所确定的权利、义务和法律效力终结的行为。集体合同的终止大体有下列三种情形；

（1）集体合同可以因合同期届满而终止；

（2）因集体合同约定终止的条件出现而终止；

（3）因用人单位出现被吊销营业执照、责令关闭、撤销或者依法破产、决定解散或兼并等情形而终止。

## 198. 集体合同争议分为几种类型？

我国的有关法律把集体合同争议分为两类：因签订集体合同而发生的争议和因履行集体合同发生的争议。因签订集体合同发生的争议与因履行集体合同发生的争议内容不同，所以使用不同的程序来解决。

## 199. 因签订集体合同发生的争议如何处理？

《集体合同规定》第四十九条规定："集体协商过程中发生争议，双方当事人不能协商解决的，当事人一方或双方可以书面向劳动保障行政部门提出协调处理申请；未提出申请的，劳动保障行政部门认为必要时也可以进行协调处理。"第五十一条规定："集体协商争议处理实行属地管辖，具体管辖范围由省级劳动保障行政部门规定。中央管辖的企业以及跨省、自治区、直辖市用人单位因集体协商发生的争议，由劳动保障部指定的省级劳动保障行政部门组织同级工会和企业组织等三方面的人员协调处理，必要时，劳动保障部也可以组织有关方面协调处理。"第五十五条规定："因履行集体合同发生的争议，当事人协商解决不成的，可以依法向劳动争议仲裁委员会申请仲裁。"

根据以上规定可以看出，因签订集体合同发生的争议，采用的是协调处理机制。处理此类争议的日常机构是县级以上人民政府劳动行政部门的劳动争议协调处理机构。该机构的主要职责是：调查了解争议的情况；研究制定协调处理争议的方案；对争议进行协调处理；制定《协调处理协议书》并监督处理结果的执行；统计归档并将结果报上级劳动行政部门备案；必要时向政府报告并提出有关建议。

《集体合同规定》规定，劳动行政部门处理因签订集体合同发生的争议，应自决定受理之日起30日内结束。争议复杂或遇影响处理的其他客观原因需要延期时，延期最长不得超过15日。协调处理因签订集体合同发生的争议结束后，劳动行政部门应制作《协调处理协议书》，双方首席代表和协调处理的负责人共同签字盖章，下达后双方必须执行。

**【案例】**

2014年6月，某图书出版公司工会与该公司协商签订集体合同。

马某为该公司工会主席，并担任了首席协商代表，与另两名工会推选的协商代表一起与公司代表在协商集体合同条款时，就职工最低工资、业务提成、年假时间等条款发生了重大分歧，谈判进入僵局。马某等协商代表认为与公司发生争议，遂向劳动争议仲裁委员会提出仲裁申请，裁决该图书出版公司按照马某等协商代表认定的条款，签订集体合同。结果，劳动争议仲裁委员会驳回了马某等协商代表的仲裁申请。

【解析】

发生集体合同争议是否可以申请劳动仲裁？根据《集体合同规定》的相关规定可以看出，我国对集体合同争议的处理也划分为因签订集体合同而发生的争议和因履行集体合同而发生的争议。对第一种争议，规定只能通过协商或行政协调处理，而不能调解、仲裁或诉讼。本案例中，马某等协商代表与其公司的争议是在签订集体合同过程中发生的，双方并未进入履行集体合同的阶段。因此，这样的争议可以经双方协商或通过劳动行政部门解决，但不能通过劳动仲裁来解决。

## 200. 因履行集体合同发生的争议如何处理？

因履行集体合同发生的争议适用劳动争议处理程序。《劳动法》第八十四条规定，因履行集体合同发生争议，当事人协商解决不成的，可以向劳动争议仲裁委员会申请仲裁；对仲裁裁决不服的，可以自收到仲裁裁决书之日起十五日内向人民法院提起诉讼。《劳动合同法》第五十六条规定，用人单位违反集体合同，侵犯职工劳动权益的，工会可以依法要求用人单位承担责任；因履行集体合同发生争议，经协商解决不成的，工会可以依法申请仲裁、提起诉讼。

在仲裁阶段，处理因履行集体合同发生的争议适用特别程序。仲裁委员会在处理因履行集体合同发生的争议案件时，应当组成特别仲裁庭，特别仲裁庭由 3 个以上仲裁员单数组成。仲裁委员会应自收到集体合同争议申诉书之日起 3 日内作出受理与否的决定。仲裁庭处理因履行集体合同发生的争议，应自组成仲裁庭之日起15日内结束，需延期的最长不得超过15日。

## （二）集体合同的主要内容

### 201. 我国的工时制度有哪些？

工时，即工作时间，国家对工作时间作出的规定，即工时制度。根据劳动用工形式的不同，劳动用工分全日制用工和非全日制用工。在全日制用工情况下，我国的工时制度包括标准工时制度和特殊工时制度。

（1）标准工时制度

现行的标准工时制度是国务院1995年《关于职工工作时间的规定》确立的。按照规定，标准工时是职工每日工作8小时，每周工作40小时。国家机关、事业单位实行统一的工作时间，以星期六和星期日为周休息日。企业和不能实行标准工时制度的事业单位，可以根据实际情况灵活安排周休息日。标准工时制度已普遍应用于各行各业，绝大多数用人单位都执行标准工时制度。

（2）特殊工时制度

一些用人单位因工作性质或者生产特点限制，不能实行标准工时制度的，可按国家有关规定实行其他工作和休息办法，也就是特殊工时制度。需要注意的是，特殊工时制度的特殊，不是延长工作时间，而是以标准工时制度规定的工作时间为基础，根据工作性质或者生产特点来灵活安排劳动时间。特殊工时制度主要包括：缩短工时制、不定时工时制、综合计算工时制和计件工时制。

缩短工时制，是指工作时间少于标准时间的工时制度，即每日工作少于8小时、每周少于40小时。实行缩短工时制的岗位包括矿山井下、高山、严重有毒有害的岗位、国家规定第四级体力劳动强度的岗位、夜班作业岗位等。国家对哺乳期女职工和未成年工等也实行了缩短工时制。

不定时工时制，是指日工作时间或周工作时间不固定的工时制度。部分岗位因生产特点、工作特殊需要或职责范围的关系，适合实行不定时工作制的，可报劳动行政部门审批后实行。按照原劳动部《关于企业实行不定时工作制和综合计算工时工作制的审批办法》的规定，企业对无法按标准工作时间衡量的职工，如高级管理人员、外勤人员、推销人员、部分值班人员等，以及需要机动作业的职工，如长途运输人员、出租汽车司机和铁路、港口、仓库的部分装卸人员等，都可以实行不定时工作制。

综合计算工时制，是指以周、月、季、年等为周期综合计算工作时间，周期内平均每日工作时间应与标准工时制基本相同的制度。实行综合计算工时制的岗位包括因工作性质特殊需连续作业的行业，如交通、铁路、邮电、水运、航空、渔业等，以及受季节和自然条件限制的行业，如地质及资源勘探、建筑、制盐、制糖、旅游等。实践中，部分生产存在淡旺季之分的行业和服务型行业也实行综合计算工时制。

计件工作制，是指以完成一定工作量来确定工作时间的制度，其劳动报酬不以工作时间而以工作量为计算基数。实践中，许多机械制造企业和服装加工企业，对车间流水线作业岗位实行计件工时制，工作时间不执行标准工作时间，而是按照计件任务完成情况灵活确定。

## 202. 什么是非全日制用工？

根据《劳动合同法》的规定，非全日制用工是指以小时计酬为主，劳动者在同一用人单位一般平均每日工作时间不超过 4 小时，每周工作时间累计不超过 24 小时的用工形式。与全日制用工不同，非全日制用工还有以下特点：

（1）非全日制用工双方当事人可以订立口头协议。

（2）从事非全日制用工的劳动者可以与一个或者一个以上用人单位订立劳动合同；但是，后订立的劳动合同不得影响先订立的劳动合同的履行。

（3）非全日制用工双方当事人不得约定试用期。

（4）非全日制用工双方当事人任何一方都可以随时通知对方终止用工。终止用工，用人单位不向劳动者支付经济补偿。

（5）非全日制用工小时计酬标准不得低于用人单位所在地人民政府规定的最低小时工资标准。劳动报酬结算支付周期最长不得超过15日。

**【案例】**

小刘在大学毕业之后，由于暂时找不到合适的工作，只能进入某公司工作。该公司规模不大，因此在2013年9月小刘进入某公司工作时，公司并没有与其签订书面劳动合同。小刘在某公司每天工作5小时，每周工作5天，工资为每月1000元。由于某公司工作制度比较自由，有时候，小刘直接在租住的房子里将公司安排的工作完成，并以邮件的形式发送给主管，也不用去上班。2014年6月，小刘去另一家公司应聘，并获得了录用通知书。于是小刘向某公司提出辞职，并且以没有签订书面合同为由，要求某公司支付双倍工资的差额7000元。某公司认为与小刘签订的是非全日制用工的劳动合同，并且提出公司与小刘的劳动关系以文字补充形式落实在《以完成一定工作任务为期限的非全日制用工登记表》内。因此，某公司拒绝支付双倍工资差额。于是小刘向劳动争议仲裁委员会申请仲裁。劳动争议仲裁委员会经审理，裁决支持了小刘的申诉请求。

**【解析】**

我国《劳动合同法》规定，非全日制用工以小时计酬为主，劳动者在同一用人单位一般平均每日工作不超过4小时，每周工作累计不超过24小时，劳动报酬结算支付周期最长不得超过15日。本案中，虽然某公司的工作制度比较自由，同时小刘也经常在租住房中完成工作，但是正常情况下，小刘每天工作5小时，每周工作5天，超过了《劳动合同法》关于非全日制用工的规定。至于小刘在租住房内完成工作任务的行为，只能表明某公司劳动制度不严格，不能证明小刘属于非全日制用工劳动者。另外，某公司虽然提交了用工登记表，但判断是否非全日制用工不应仅根据双方签订的登记表名称，而应根据劳动者实际工作性质、时间和工资支付情况来定。就工资支付形式而言，公司确认小刘的工资为每月1000元，这说明对于小刘的工作并非以小时计酬，而是采取每月固定工资的方式支付。

鉴于某公司不能提供证据证实小刘的工作性质、工作时间、工资支付形式符合非全日制用工模式，某公司应承担举证不能的后果，所以，应确认小刘属全日制用工形式。根据《劳动合同法》的相关规定，建立劳动关系，应当订立书面劳动合同。已建立劳动关系，未同时订立书面劳动合同的，应当自用工之日起1个月内订立书面劳动合同。用人单位自用工之日起超过1个月不满1年未与劳动者订立书面劳动合同的，应当向劳动者每月支付2倍的工资。因此，本案中，某公司应当支付小刘未签订书面劳动合同的双倍工资差额7000元。

## 203. 月平均工作时间和工资是怎么折算的？

由于特殊工作时间、加班加点工资等问题与月平均工作时间和工资有直接的关系，这里，我们有必要弄清楚月平均工作时间和工资是怎么折算的。根据原劳社部《关于职工全年月平均工作时间和工资折算问题的通知》的规定，月平均工作时间和工资是以标准工时制度来计算的，即一年365天、52个星期、104天休息日，11天法定节假日，每日工作时间8小时。

（1）标准工作时间的计算

年工作日为：365天－104天（休息日）－11天（法定节假日）＝

250天

季工作日：250天÷4季=62.5天/季

月工作日：250天÷12月=20.83天/月

工作小时数的计算：以月、季、年的工作日乘以每日的8小时。

（2）日工资、小时工资的折算

按照《劳动法》第五十一条的规定，法定节假日用人单位应当依法支付工资，即折算日工资、小时工资时不剔除国家规定的11天法定节假日。据此，日工资、小时工资按以下方法折算：

日工资：月工资收入÷月计薪天数

小时工资：月工资收入÷（月计薪天数×8小时）

月计薪天数=（365天-104天）÷12月=21.75天

## 204. 综合工时制下的加班费如何计算？

综合计算工时制以周、月、季、年为周期计算工作时间，根据《关于职工全年月平均工作时间和工资折算问题的通知》的规定，职工每天工作时间为8小时，每周工作时间为8小时/日×5日=40小时，月工作时间为20.83天×8小时/天=166.64小时，每季工作时间为62.5天×8小时/天=500小时，每年工作时间为250天×8小时/天=2000小时。超出部分属于延长工作时间，用人单位须支付加班费用，具体分为以下两种情形：

（1）总工作时数未超过标准工时的加班工资

根据原劳动部《关于贯彻执行〈中华人民共和国劳动法〉若干问题的意见》第六十二条明确规定，实行“综合计算工时工作制”的企业职工，工作日正好是休息日的，属于正常工作；工作日正好是法定节假日的，要按《劳动法》支付劳动者加班费，其额度不得低于劳动者日工资标准的3倍。也就是说，劳动者周期内工作时数未超过标准工时制时数的，安排其在11天法定节假日上班，须最少支付3倍工资的加班费；安排在其他任何时间上班，均不需要支付加班费。

（2）总工作时数超过标准工时的加班工资

根据原劳动部《关于职工工作时间有关问题的复函》第五条的规定，在综合计算周期内某一具体日（或周）的实际工作时间可以超过8小时（或40小时），但综合计算周期内的总实际工作时间不应超过总法定标准工作时间，超过部分应视为延长工作时间，并应当按《劳动法》第四十四条第一款的规定支付加班工资报酬（本人工资的150%），其中法定休假日安排劳动者工作的，按《劳动法》第四十四条第三款的规定支付工资报酬（本人工资的300%）。而且，延长工作时间的小时数平均每月不得超过36小时。由此可知，延长工作时间的加班费分为150%和300%两个标准。在法定节假日延长的工作时间，按小时工价的3倍确定加班工资。除此之外的延长小时数，按小时工价的1.5倍确定加班工资。

值得注意的是，部分企业实行综合计算工时制，虽然劳动者工作总时长没有超时，但由于生产任务安排不科学，导致劳动者在某段时间内超强度劳动，对劳动者身体健康有害。这种做法虽未违法，但极不可取。根据相关政策规定，企业在实行综合计算工时制中采取何种工作方式，一定要与工会和劳动者协商，征得工会和劳动者的同意，并且注意劳逸结合，切实保障劳动者身体健康。对于第三级以上（含第三级）体力劳动强度的工作岗位，劳动者每日连续工作时间不得超过11小时，而且每周至少休息1天。

## 205. 用人单位违反工时制度怎么办?

现实中，用人单位违反工时制度的现象较为普遍，以超时加班问题最为突出。许多用人单位为追求产量，往往采取压低基本工资的方法诱使职工加班挣钱，或者以罚款、辞退相威胁迫使职工超时加班，在生产任务重的时候甚至安排未成年工、怀孕7个月以上的女职工和哺乳未满周岁婴儿的女职工加班。

超时加班影响职工休息生活，损害其身心健康。《劳动法》第四十一条规定，用人单位由于生产经营需要，经与工会和劳动者协商后可以延长工作时间，一般每日不得超过 1 小时；因特殊原因需要延长工作时间的，在保障劳动者身体健康的条件下，延长工作时间每日不得超过 3 小时，但是每月不得超过 36 小时。《劳动法》第四十三条规定，用人单位不得违法延长劳动者的工作时间。由此可知，法律对加班时间有上限要求，除法律规定特殊情形外，用人单位安排职工加班一日超过 3 小时，一月超过 36 小时的，即属违反工时制度的违法行为，应承担违法责任。需要注意的是，即使是职工自愿超时加班，也不能成为该企业逃避法律责任的托词。

对于用人单位违反工时制度的行为，应采取以下措施：

（1）与用人单位协商，严格把关，非属必要或职工反对的，应拒绝同意加班安排。如果确需加班，应督促用人单位把握好加班时长，至少每周安排职工休息 1 天，每天加班时间不超过 3 小时，每月总计不超过 36 小时，且必须依法支付加班工资。

（2）监督检查企业工时制度实施情况，对发现的超时加班问题要求企业整改。企业不整改的，提请劳动保障部门查处。

（3）加强法治宣传，督促职工提高对自身休息权和健康权的重视，向职工说明超时加班对身心健康的危害，指导职工在遇到企业超时加班安排时自觉抵制、拒绝配合，鼓励职工向劳动监察部门举报投诉。

## 206. 什么是劳动定额？

劳动定额是职工在一定生产技术和组织条件下须完成工作量的指标，在企业组织生产劳动和实施劳动用工管理方面发挥着基本标准和行为规范的作用。劳动定额主要分为两种形式：一是时间定额，即在限定的时间内完成一定的工作量，如 6 小时内完成装配零部件 1000 件

（次）；二是产量定额，即把限定的工作量控制在一定时间内，如装卸500个集装箱控制在8小时以内。劳动定额标准直接关系到职工劳动报酬给付标准。通常来说，劳动定额越高，劳动强度就越大，完成等量工作的劳动报酬就越低。

计划经济时期，劳动定额标准由国家统一制定，但在市场经济条件下，企业自行制定劳动定额标准。由于国家、行业缺乏统一的标准，许多企业为提高生产效率，同时压低用工成本，在不经职工和工会同意的情况下，采用过高定额标准，加大职工劳动强度，迫使职工不得不加班，达到变相减发职工加班工资，严重损害职工劳动报酬权益和休息休假权益。

## 207. 用人单位可以单方决定劳动定额吗?

劳动定额，不仅与企业经济效益紧密联系，而且与劳动者权益密切相关。因此，劳动定额应属于企业与职工民主协商事项，不能仅由用人单位单方决定。《劳动合同法》第四条规定，用人单位在制定、修改或者决定有关劳动报酬、工作时间、休息休假、劳动安全卫生、保险福利、职工培训、劳动纪律以及劳动定额管理等直接涉及劳动者切身利益的规章制度或者重大事项时，应当经职工代表大会或者全体职工讨论，提出方案和意见，与工会或者职工代表平等协商确定。这里已经把“劳动定额”作为涉及劳动者切身利益的重大事项，应当经民主管理程序来决定。近年来，企业单方制定劳动定额标准的做法正在发生转变，与工会组织共同商定劳动定额的方式正在得到逐步推行，主要有以下四种途径：

（1）制定区域性、行业性劳动定额

全国性产业工会与行业协会可联合制定行业劳动定额指导标准，地方产业工会也可联合政府部门和行业协会协商制定地方性劳动定额标准。用这些标准指导企业制定劳动定额，促使企业劳动定额更加科学、优化并切合实际。

（2）开展工资集体协商

全国总工会《关于积极开展行业性工资集体协商工作的指导意见》中明确指出，应就劳动定额开展集体协商、签订行业工资专项集体合同，确定劳动定额须以“在法定工作时间内、正常劳动条件下、90%以上职工能够完成”为原则。因此，可开展行业性、区域性集体协商或企业内部集体协商，综合运用征集意见、现场测试、科学论证、协商讨论等方式，通过科学计量和测算，商定劳动定额、工资工时等事项，并固定在集体合同中，便于劳资双方执行。

（3）召开职工代表大会

《劳动合同法》第四条规定，用人单位在制定、修改或者决定有关劳动定额管理等直接涉及职工切身利益的规章制度或者重大事项时，应当经职工代表大会或者全体职工讨论，提出方案和意见，与工会或者职工代表平等协商确定。因此，要重视发挥职工代表大会在确定劳动定额中的作用，向职工征集必要的信息和数据，并把职工代表大会意见和建议提供给企业方和劳动部门，为测算劳动定额提供依据。此外，工会也可以把参与劳动定额制定与职工劳动技能培训、开展合理化建议等活动紧密结合起来。

（4）监督劳动定额标准的实施

在劳动定额标准实施过程中，工会要进行摸查分析。如标准过高，应向用人单位提出并协商完善；如标准已滞后于企业生产效率，也要及时向企业方建议调整。对劳动定额标准的贯彻执行要进行督促，对企业单方变更劳动定额或不执行劳动定额的行为，应要求纠正，对因此发生的劳动争议要进行调处。

## 208. 用人单位不按规定向劳动者支付加班费怎么办？

用人单位应当严格执行劳动法律规定，不得擅自延长劳动者工作时间，更不能强迫劳动者超时加班。因工作需要，必须安排劳动者加班的，应按照国家规定向劳动者支付加班费。加班费的标准是：（1）安排劳动者延长工作时间的，加班费不低于正常工资的150%；（2）休息日安排劳动者工作又不能安排补休的，加班费不低于正常工资的200%；（3）法定休假日安排劳动者工作的，加班费不低于正常工资的300%。

用人单位安排劳动者加班但不支付加班费的，劳动者有权要求劳动行政部门查处，由劳动行政部门责令用人单位限期支付加班费；逾期不支付的，责令用人单位按应付金额50%以上100%以下的标准向劳动者加付赔偿金。

**【案例】**

陈某是某用人单位（日资公司）的职工，与用人单位签订为期一年的劳动合同，具体从事文员工作。劳动合同中约定了每天8小时、每周40小时的法定标准工作时间。入职后，陈某努力工作，任务未完成的，就在下班后自动加班完成。在工作过程中，陈某每天下班前都向上级领导汇报当日工作进展，同时在邮件中说明任务需要加班完成。一年后，陈某在劳动合同期限届满时表示不再续签，但要求用人单位支付其一年内的加班工资，并出示了一年内延长工作时间的考勤记录及每天的工作汇报。用人单位对此表示遗憾，认为单位实行的是计时工资制度，有具体的加班管理制度，且并未安排陈某加班，陈某延长工作时间是个人自愿的行为，单位不能支付加班工资，于是拒绝了陈某的要求。陈某不服，向当地劳动行政部门投诉。

**【解析】**

本案的焦点在于陈某为完成工作任务自动延长工作时间，是否可以要求用人单位支付其延时工作的加班工资。调解经过如下：

1. 成立调解小组：该日资公司人力资源部聘请第三方专业人力资源公司的劳动法律顾问，组建协商调解小组，立即着手进行协商调解。

2. 第三方人力资源公司调解小组与用人单位进行沟通，了解事件经过及企业相关加班制度，并了解用人单位对事件处理的态度：调解小组介入后，首先了解用人单位实行计时工资制度，陈某工作还是比较努力的，任务未完成的，就在下班后自动加班完成。但公司是不鼓励员工加班的，安排的工作任务基本上也是在工作时间内能够完成，且公司对加班有具体的管理制度，必须经过一定的流程审批，经单位同意并办理必要手续的加班才能支付加班工资；用人单位认为：公司实行加班管理制度，陈某虽然有延时加班的考勤记录，但属于自愿延长工作时间，并没有办理过相关审批手续，因此，陈某要求支付加班工资不符合公司的加班管理制度规定，公司是不会支付的。

3. 第三方人力资源公司调解小组与员工陈某面谈，了解陈某的态度，进行协商。陈某认为：自己在履行劳动合同期间经常超时工作，具体超时工作时间有据可查，并且每天的工作汇报邮件都可证明工作在下班后完成。按照《劳动法》的有关规定，超时工作应计发加班工资，但单位从未支付过自己加班工资。现在双方劳动合同已终止，用人单位应当结算其一年内的加班工资。

调解员向陈某解释：

(1) 依据《劳动合同法》第四条第一款的规定，用人单位应当依法建立和完善劳动规章制度，保障劳动者享有劳动权利、履行劳动义务。该条款表明，用人单位依法应当对单位内部的规章制度予以建立和完善，规章制度的内容包含劳动者权利和义务的规范。用人单位自然可以制定与国家法律不相抵触的加班管理制度，可以规定适当的加班审批程序，对符合加班管理制度的加班事实支付不低于法定标准的加班工资。陈某在延时加班时并未履行用人单位规章制度规定的加班审批手续，所以要求用人单位支付其自愿且未履行手续的延时加班工资缺乏依据。

(2) 根据《劳动法》第四十一条的规定，用人单位由于生产经营的需要，经与工会和劳动者协商后可以延长工作时间，此规定表明用人单位支付加班工资的前提是由用人单位安排加班的，用人单位才应支付加班工资。如果不是用人单位安排加班，而由劳动者自愿加班的，用人单位依据以上规定可以不支付加班工资。陈某在入职后参加了用人单位的规章制度培训，用人单位有其签阅的依据，表明陈某熟知单位相关加班管理制度规定；即使陈某到劳动争议仲裁委员会申请仲裁，用人单位胜诉的可能性极大。

经多次劝说，陈某同意撤诉，调解成功。

## 209. 职工带薪年休假有哪些具体规定？

为维护职工休息休假的权利，调动职工工作积极性，2008 年国家建立了职工带薪年休假制度。根据国务院《职工带薪年休假条例》的规定，机关、团体、企业、事业单位、民办非企业单位、有雇工的个体工商户等单位的职工连续工作 1 年以上的，享受带薪年休假。单位应当保证职工享受年休假。职工在年休假期间享受与正常工作期间相同的工资收入。

职工累计工作已满 1 年不满 10 年的，年休假 5 天；已满 10 年不满 20 年的，年休假 10 天；已满 20 年的，年休假 15 天。

职工有下列情形之一的，不享受当年的年休假：

（1）职工依法享受寒暑假，其休假天数多于年休假天数的；

（2）职工请事假累计 20 天以上且单位按照规定不扣工资的；

（3）累计工作满 1 年不满 10 年的职工，请病假累计 2 个月以上的；

（4）累计工作满 10 年不满 20 年的职工，请病假累计 3 个月以上的；

（5）累计工作满 20 年以上的职工，请病假累计 4 个月以上的。

要注意，国家法定休假日、休息日不计入年休假的假期。根据人社部《企业职工带薪年休假实施办法》第六条的规定，职工依法享受的探亲假、婚丧假、产假等国家规定的假期以及因工伤停工留薪期间不计入年休假假期。

## 210. 用人单位不安排职工带薪年休假怎么办?

年休假在1个年度内可以集中安排，也可以分段安排，一般不跨年度安排。单位因生产、工作特点确有必要跨年度安排职工年休假的，可以跨1个年度安排。

单位确因工作需要不能安排职工休年休假的，经职工本人同意，可以不安排职工休年休假。对职工应休未休的年休假天数，单位应当按照该职工日工资收入的300%支付年休假工资报酬。实践中，许多企业没有严格执行年休假制度，特别是对年中离职的劳动者，常以其工作未满1年为由，既不安排年休假，也不给予3倍工资补偿。实际上，根据《企业职工带薪年休假实施办法》第十条的规定，用人单位经职工同意不安排年休假或者安排职工年休假天数少于应休年休假天数的，应当在本年度内对职工应休未休年休假天数，按照其日工资收入的300%支付未休年休假工资报酬，其中包含用人单位支付职工正常工作期间的工资收入。因此，对于离职职工，应根据其离职前当年工作天数计算出应休未休年假天数，并支付相应天数的报酬，日工资收入按照职工本人月工资除以月计薪天数（21.75天）进行折算。

用人单位既不安排职工休年假，也不支付未休年休假工资报酬的，由县级以上地方人民政府劳动行政部门依据职权责令限期改正；对逾期不改正的，除责令该用人单位支付未休年休假工资报酬外，用人单位还应当按照未休年休假工资报酬的数额向职工加付赔偿金；对拒不执行支付未休年休假工资报酬、赔偿金行政处理决定的，由劳动行政部门申请人民法院强制执行。

## 211. 职工工资包括哪些项目?

工资是劳动者极为关心的切身权益之一，不仅关系劳动者眼前的利益，还涉及劳动者未来的社会保险等权益。那么，职工工资都包括哪些项目呢？根据国家统计局1994年10月编印的《劳动统计指标解释》的规定，职工工资由6个部分组成：计时工资、计件工资、奖金、津贴和补贴、加班加点工资、特殊情况下支付的工资。

（1）计时工资

计时工资是指按计时工资标准（包括地区生活费补贴）和工作时间支付给个人的劳动报酬。包括对已做工作按计时工资标准支付的工资；实行结构工资制的单位支付给职工的基础工资和职务（岗位）工资；新参加工作职工的见习工资（学徒的生活费）；运动员体育津贴。

（2）计件工资

计件工资是指对已做工作按计件单价支付的劳动报酬。包括实行超额累进计件、直接无限计件、限额计件、超定额计件等工资制，按劳动部门或主管部门批准的定额和计件单价支付给个人的工资；按工作任务包干方法支付给个人的工资；按营业额提成或利润提成办法支付给个人的工资。

（3）奖金

奖金是指支付给职工的超额劳动报酬和增收节支的劳动报酬。包括生产奖，节约奖，劳动竞赛奖，机关、事业单位的奖励工资，其他奖金。

（4）津贴和补贴

津贴和补贴是指为了补偿职工特殊或额外的劳动消耗和因其他特殊原因支付给职工的津贴，以及为了保证职工工资水平不受物价影响支付给职工的物价补贴。津贴包括补偿职工特殊或额外劳动消耗的津贴、保健性津贴、技术性津贴、年功性津贴及其他津贴。物价补贴包括为保证职工工资水平不受物价上涨或变动影响而支付的各种补贴。

（5）加班加点工资

加班加点工资是指按规定支付的加班工资和加点工资。

（6）特殊情况下支付的工资

特殊情况下支付的工资包括根据国家法律、法规和政策规定，因病、工伤、产假、计划生育假、婚丧假、事假、探亲假、定期休假、停工学习、执行国家或社会义务等原因按计时工资标准或计时工资标准的一定比例支付的工资；附加工资、保留工资。

## 212. 奖金属于工资吗?

根据国家统计局的规定，奖金属于工资的一部分，但有人总认为奖金不属于工资。《劳动合同法》第四十七条规定，经济补偿的月工资按照劳动者应得工资计算，包括计时工资或者计件工资以及奖金、津贴和补贴等货币性收入。这里，把奖金明确作为工资的一部分。之所以这样规定是符合生产关系实际的。奖金的作用是对与生产或工作直接相关的超额劳动给予报酬，是劳动者在创造超过正常劳动定额以外的劳动成果时，用人单位所给予的物质补偿。因此，奖金也是用人单位支付给劳动者的劳动报酬，与正常工作时间内的工资在性质上是相同的，属于工资的一部分。因此，在以工资为基数计算经济补偿、社保费等数额时，必须将奖金包含在基数之内，这是劳动法律的明确要求，那种认为奖金不属于工资的观点是错误的。

## 213. 工资低于当地最低工资标准怎么办?

最低工资制度，是指劳动者在法定的工作时间或依法签订的劳动合同约定的工作时间内提供了正常劳动时，用人单位依法在最低限度内应当支付的、足以维持职工及其平均供养人口基本生活需要的工资，这是工资的法定最低限额，即最低工资标准。必须指出的是，法定最低工资不包括加班加点工资，也不包括夜班、高温、低温、井下、有毒等特殊条件下的津贴以及法律法规和国家规定明确的劳动者应当享有的福利待遇。另外，一些地方还规定了其他项目也不包括在最低工资标准内。

最低工资标准是由《劳动法》确立的，《劳动法》第四十八条明确规定，国家实行最低工资保障制度。最低工资的具体标准由省、自治区、直辖市人民政府规定，报国务院备案。用人单位支付劳动者的工资不得低于当地最低工资标准。该法条中的“不得”，即明确指出有关最低工资标准的规定是带有国家强制性的法律规范。任何用人单位不得以任何借口，对依照劳动合同约定、付出相应劳动的劳动者支付低于这一标准的工资，否则，就突破了法律的底线，应承担相应的法律责任。我国《劳动合同法》第八十五条规定，劳动报酬低于当地最低工资标准的，应当支付其差额部分；逾期不支付的，责令用人单位按应付金额50%以上100%以下的标准向劳动者加付赔偿金。所以，劳动者如遇用人单位支付工资低于当地最低工资标准的，可以依法向用人单位提出补足差额部分的请求。如用人单位拒不支付的，劳动者可向劳动行政部门举报，也可以向当地工会求助，或向当地劳动争议仲裁机构提请仲裁。

## 214. 小时工资标准可以由用人单位随意确定吗？

小时工资标准，即小时最低工资标准，就是以小时为工资计算单位的工资标准，是指劳动者在法定工作时间或依法签订的劳动合同约定的工作时间内提供了正常劳动的，用人单位每小时支付给劳动者工资的最低标准。也就是说，只要劳动者依照法律和劳动合同约定为用人单位提供了正常的劳动，用人单位支付给劳动者的小时工资就不得低于最低标准。小时工资标准是最低工资标准的一种表现形式。

《最低工资规定》第六条第二款规定，确定和调整小时最低工资标准，应在颁布的月最低工资标准的基础上，考虑单位应缴纳的基本养老保险费和基本医疗保险费因素，同时还应适当考虑非全日制劳动者在工作稳定性、劳动条件和劳动强度、福利等方面与全日制就业人员之间的差异。第八条又规定，最低工资标准的确定和调整方案，由省、自治区、直辖市人民政府劳动保障行政部门会同同级工会、企业联合会/企业家协会研究拟订。可见，小时工资标准不能由用人单位随意确定。换句话说，用人单位当然可以核定本企业的小时工资标准，但其核定的小时工资标准必须高于地方政府劳动行政部门会同同级工会、企业联合会研究拟订的小时最低工资标准。低于这个标准的，应当依法补齐，并应由劳动行政部门依法责令其向劳动者支付一定数额的经济赔偿。

## 215. 用人单位克扣、拖欠劳动者工资怎么办？

《劳动法》第五十条规定，工资应当以货币形式按月支付给劳动者本人。不得克扣或者无故拖欠劳动者的工资。按照我国劳动法律法规规定，工资必须在用人单位与劳动者约定的日期支付，如遇节假日或休息日，则应提前在最近的工作日支付。工资至少每月支付一次。因特殊原因实行周、日、小时工资制的可按周、日、小时支付工资。克扣或无故拖欠劳动者工资的，劳动行政部门依法责令用人单位支付给劳动者一定数额的工资赔偿金。

对完成一次性临时劳动或某项具体工作的劳动者，用人单位应按有关协议或合同规定在其完成劳动任务后即支付工资。劳动关系双方依法解除或终止劳动合同时，用人单位应在解除或终止劳动合同时一次性付清劳动者工资。

## 216. 工资必须以货币形式支付吗？

根据《劳动法》的规定，工资应当以法定货币形式支付，不得以实物及有价证券替代货币支付。如果用人单位以产品、服务或礼品卡、优惠券等形式支付工资的，都是违反法律规定的做法。如果遇到这样的情况，劳动者可以明确要求用人单位以货币形式支付工资。如用人单位拒不支付，劳动者可向当地劳动保障监察机构反映，要求劳动保障监察机构依法纠正用人单位的违法行为，或者向劳动争议仲裁机构提出仲裁申请，依法维护自身合法权益。

## 217. 什么是养老保险?

养老保险，是指在劳动者达到国家法定退休年龄或因年老丧失劳动能力的情况下，依法获得社会提供的物质帮助、以满足其基本生活需求的一种社会保险制度。我国的养老保险制度具有强制性、普遍性、互济性等特征。

强制性，是指国家通过立法强制实行社会养老保险制度，用人单位和劳动者必须缴纳基本养老保险费，社会保险经办机构必须按照国家规定的标准和时间，向符合条件的参保人支付社会养老保险金及其他费用。

普遍性，是指符合法定条件的公民都应参加养老保险，享受相应的社会保障。

互济性，是指对高收入人群和低收入人群的收入进行调节分配，年老者和年轻者、健康者和患病者互帮互助，使在同一社会、同一制度下的公民都能获得共同利益。

## 218. 基本养老保险制度覆盖哪些人群?

根据《社会保险法》第十条的规定，职工应当参加基本养老保险，由用人单位和职工共同缴纳基本养老保险费。无雇工的个体工商户、未在用人单位参加基本养老保险的非全日制从业人员以及其他灵活就业人员可以参加基本养老保险，由个人缴纳基本养老保险费。公务员和参照公务员法管理的工作人员养老保险的办法由国务院规定。所以，目前我国基本养老保险覆盖人群包括：

（1）企业职工

包括国有企业、集体企业以及非公有制企业。只要是与用人单位签订劳动合同，建立劳动关系的职工都应当参加基本养老保险。

（2）灵活就业人员

指以非全日制、临时性、季节性、弹性工时等形式就业的人员，包括无雇工的个体工商户、律师、演员等自由职业者。这类人员由于没有用人单位，或者没有与用人单位建立劳动关系，其参加基本养老保险采用自愿原则，全部费用由个人缴纳。2005年，国务院印发《关于完善企业职工基本养老保险制度的决定》，要求把灵活就业人员纳入基本养老保险范畴，扩大基本养老保险覆盖范围。

（3）机关事业单位人员

2015年，国务院发布了《机关事业单位工作人员养老保险制度改革的决定》规定，按照公务员法管理的机关（单位）、事业单位及其编制内的工作人员，均适用于基本养老保险制度。实行社会统筹与个人账户相结合的基本养老保险制度，基本养老保险费由单位和个人共同负担。

## 219. 基本养老金是怎样构成的？

基本养老金，是指被保险人在年老或者丧失劳动能力时，国家根据他对社会所作的贡献和所具有的享受养老保险资格或退休条件，按月获取的货币待遇。基本养老金由基础养老金和个人账户养老金构成。

基础养老金，也称养老统筹基金，主要由企业缴纳的养老保险费及财政补贴资金组成。

基本养老保险个人账户，是社会保险经办机构为每位参加基本养老保险的职工所设立的账户，这个账户依据参保人身份证号码设立，并且终身不变。该账户主要用于记录职工个人缴纳的基本养老保险费金额，从企业缴费中划转计入的基本养老保险费金额以及利息金额。

## 220. 个人缴费工资基数是如何确定的？

根据国家的有关规定，一般的原则是以上一年度本人月平均工资为职工个人缴费工资的基数，月平均工资按国家统计局规定列入工资总额统计的项目计算，包括职工得到的工资、奖金、津贴、补贴等收入。

由于个人收入相差悬殊，国家对部分群体养老保险缴费基数进行了调整，即劳动者月平均工资低于当地职工月平均工资60%的，按当地职工月平均工资的60%作为个人缴费工资基数；劳动者个人收入超过当地职工月平均工资300%的，只需按当地职工月平均工资的300%作为个人缴费工资基数，超过部分不计。

用人单位派出的长期脱产学习人员、经批准请长假的职工，保留工资关系的，以脱产或请假的上年月平均工资作为缴费工资基数。也就是说，用人单位应以脱产学习或培训的员工派出的前一年的月平均工资作为缴费基数，为他们缴纳脱产学习或培训期间的应缴保险费用。

用人单位新招用的职工（包括研究生、大学生、大中专毕业生等）以起薪当月工资收入作为缴费工资基数；从第二年起，按上一年实发工资的月平均工资作为缴费工资基数。所谓“起薪当月工资”，指刚参加工作的大学毕业生第一个月的工资收入。不管在这一年中其工资发生怎样的变化，都先按照第一个月的工资收入数额作为缴纳养老保险费用的工资基数；连续缴纳一年之后，再按照上一年度的月平均工资来确定养老保险的个人工资缴费基数。

城镇个体工商户和灵活就业人员参加基本养老保险的缴费基数为当地上年度在岗职工平均工资，缴费比例为20%，其中8%记入个人账户。实际上，各地为鼓励个体工商户和灵活就业人员参加基本养老保险，规定其可以在当地上年度职工月平均工资60%至300%之间选择缴费基数。

## 221. 用人单位不依法参加社会保险怎么办？

参加社会保险并及时足额缴纳社会保险费是用人单位的法定义务，用人单位必须依法向当地的社会保险经办机构办理社会保险登记，参加社会保险。用人单位如果违反法律法规，拒绝为职工办理基本养老保险或者欠缴、漏缴基本养老保险费，将承担相应的法律责任。《社会保险费征缴暂行条例》对此作了明确规定，缴费单位未按规定缴纳和代扣代缴社会保险费的，由劳动保障行政部门或者税务机关责令限期缴纳；逾期仍不缴纳的，除补缴欠缴数额外，从欠缴之日起，按日加收2‰的滞纳金；缴费单位未按照规定办理社会保险登记、变更登记或者注销登记，或者未按照规定申报应缴纳的社会保险费数额的，由劳动保障行政部门责令限期改正；情节严重的，对直接负责的主管人员和其他直接责任人员可以处1000元以上5000元以下的罚款；情节特别严重的，对直接负责的主管人员和其他直接责任人员可以处5000元以上10000元以下的罚款。

《社会保险法》进一步强化了法律责任，第八十四条规定，用人单位不办理社会保险登记的，由社会保险行政部门责令限期改正；逾期不改正的，对用人单位处应缴社会保险费数额1倍以上3倍以下的罚款，对其直接负责的主管人员和其他直接责任人员处500元以上3000元以下的罚款。第八十六条规定，用人单位未按时足额缴纳社会保险费的，由社会保险费征收机构责令限期缴纳或者补足，并自欠缴之日起，按日加收万分之五的滞纳金；逾期仍不缴纳的，由有关行政部门处欠缴数额1倍以上3倍以下的罚款。这些规定从源头上保障了劳动者的社会保险权益。

因此，当用人单位拒绝办理或欠缴社会保险费时，劳动者可以依照前面所说的规定要求用人单位为自己办理基本社会保险或者补缴社会保险费；用人单位拒绝的，劳动者可以提请社会保险行政等相关部门处理。根据《劳动合同法》第三十八条的规定，用人单位未依法为劳动者缴纳社会保险费的，劳动者可以解除劳动合同并有权获得经济补偿。

## 222. 职工按月领取养老金应符合什么条件?

根据《社会保险法》第十六条的规定，劳动者按月领取养老金的条件是：（1）达到法定退休年龄；（2）累计缴费满 15 年，其中不满 15 年的，可以缴费至满 15 年。

关于法定退休年龄，根据《国务院关于安置老弱病残干部的暂行办法》《国务院关于工人退休、退职的暂行办法》《国务院办公厅关于进一步做好国有企业下岗职工基本生活保障和企业离退休人员养老金发放工作有关问题的通知》和劳动部《关于制止和纠正违反国家规定办理企业职工提前退休有关问题的通知》等文件的规定，国家法定的企业职工退休年龄是：男年满 60 周岁，女工人年满 50 周岁，女干部年满 55 周岁。从事井下、高温、高空、特别繁重体力劳动或其他有害身体健康工作的，退休年龄男年满 55 周岁，女年满 45 周岁，因病或非因工致残，由医院证明并经劳动鉴定委员会确认完全丧失劳动能力的，退休年龄为男年满 50 周岁，女年满 45 周岁。

## 223. 职工退休后的基本养老金是怎样计算的？

根据《社会保险法》第十六条、《国务院关于建立统一的企业职工基本养老保险制度的决定》第五条的规定，基本养老金数额是这样计算的：

（1）1998 年 7 月 1 日以后参加工作，符合按月领取基本养老金条件的被保险人，其基本养老保险金由基础养老金和个人账户养老金组成。基础养老金月标准以被保险人退休时当地上一年度在岗职工月平均工资和本人指数化月平均缴费工资的平均值为基数，缴费每满 1 年发给 1%。个人账户养老金月标准为个人账户储存额除以国家规定的计发月数。计发月数根据职工退休时城镇人口平均预期寿命、本人退休年龄、利息等因素确定。

（2）1998 年 6 月 30 日之前参加工作，2006 年 1 月 1 日之后符合按月领取基本养老金条件的被保险人，除按月领取基础养老金和个人账户养老金外，再发给过渡性养老金，具体办法由各省制定。

（3）2006 年 1 月 1 日之后达到退休年龄但个人累计缴费年限不足

15年的被保险人，可以缴费至满15年；也可以转入新型农村社会养老保险和城镇居民社会养老保险，具体规定由国务院制定。

## 224. 缴费不足十五年的能否领取基本养老金?

根据《社会保险法》第十六条的规定，在职工退休时缴费不足十五年的情况下，分两种方式处理：

（1）可以继续缴纳基本养老保险费，直到累计满十五年时停止缴费，按月领取基本养老金。

（2）退休后不再继续缴费，而是依法转入新型农村社会养老保险或者城镇居民社会养老保险，同时终结基本养老保险关系。但如何转入新型农村社会养老保险或者城镇居民养老保险，如何享受养老保险待遇，有待国务院进一步规定。

## 225. 什么是基本医疗保险?

基本医疗保险，是国家为补偿劳动者因疾病风险造成的经济损失而建立的社会保险制度。我国传统的医疗保障制度建立于20世纪50年代，由面向城镇居民的公费医疗制度、劳保医疗制度和面向农村居民的合作医疗制度三部分组成。

目前，我国的基本医疗保险体系也由三种制度组成：

（1）覆盖城镇从业人员和退休人员的职工基本医疗保险制度；

（2）覆盖城镇非从业居民的城镇居民基本医疗保险制度；

（3）覆盖农村居民的新型农村合作医疗制度。

## 226. 基本医疗保险制度覆盖哪些人群?

根据《国务院关于建立城镇职工基本医疗保险制度的决定》规定，

城镇所有用人单位，包括企业（国有企业、集体企业、外商投资企业、私营企业等）、机关、事业单位、社会团体、民办非企业单位及其职工，都要参加基本医疗保险。

根据《社会保险法》第二十三条的规定，无雇工的个体工商户、未在用人单位参加职工基本医疗保险的非全日制从业人员以及其他灵活就业人员可以参加职工基本医疗保险，由个人按照国家规定缴纳基本医疗保险费。

## 227. 城镇灵活就业人员如何参加基本医疗保险？

原劳动和社会保障部2003年印发的《关于城镇灵活就业人员参加基本医疗保险的指导意见》，对灵活就业人员的参保方式、激励、待遇水平等作出了具体规定：

（1）已与用人单位建立明确劳动关系的灵活就业人员，要按照用人单位参加基本医疗保险的方法缴费参保。其他灵活就业人员，要以个人身份缴费参保。

（2）可从建立基本医疗保险统筹基金起步，首先解决灵活就业人员住院和门诊大额医疗费用的保障问题，也可为有条件的部分灵活就业人员同时建立个人账户和实行大额医疗补助。

（3）灵活就业人员参加基本医疗保险的缴费率，原则上按照当地的缴费率确定。从统筹基金起步的地区，可参照当地基本医疗保险建立统筹基金的缴费水平确定。缴费基数可参照当地上一年职工年平均工资核定。灵活就业人员缴纳的医疗保险费纳入统筹地区基本医疗保险基金统一管理。

（4）各地可根据灵活就业人员的缴费水平和缴费时间，参照当地基本医疗保险的待遇水平，确定相应的医疗保险待遇，并明确医疗保险待遇与缴费年限和连续缴费相挂钩的办法。对首次参加医疗保险的灵活就业人员，可规定其参加基本医疗保险到开始享受相关医疗保险待遇的期限，并明确中断缴费的认定和处理办法。

（5）灵活就业人员按照基本医疗保险的规定选择定点医疗机构和定点药店，严格执行基本医疗保险用药、诊疗项目和医疗服务设施标准的有关规定。

## 228. 退休人员如何参加城镇职工基本医疗保险？

退休人员参加基本医疗保险，分两种情形处理：

第一，初次参保的。1998 年《国务院关于建立城镇职工基本医疗保险制度的决定》规定，初次参加基本医疗保险的退休人员，个人不缴纳基本医疗保险费；对退休人员个人账户的计入金额和个人负担医疗费的比例给予适当照顾。

第二，参保后退休的。2010 年颁布的《社会保险法》第二十七条规定，参加职工基本医疗保险的个人，达到法定退休年龄时累计缴费达到国家规定年限的，退休后不再缴纳基本医疗保险费，按照国家规定享受基本医疗保险待遇；未达到国家规定年限的，可以缴费至国家规定年限。

## 229. 农民工如何参加医疗保险？

根据 1998 年《国务院关于建立城镇职工基本医疗保险制度的决定》，与城镇用人单位建立劳动关系的农民工，可以参加基本医疗保险。原劳动和社会保障部 2004 年印发的《关于推进混合所有制企业和非公有制经济组织从业人员参加医疗保险的意见》规定，要逐步将与用人单位建立劳动关系的农村进城务工人员纳入医疗保险范围。要根据农村进城务工人员的特点和医疗需求，合理确定缴费率和保障方式，解决他们在务工期间的大病医疗保障问题，用人单位要按规定为他们缴纳医疗保险费。对在城镇从事个体经营等灵活就业的农村进城务工人员，可以按照灵活就业人员参保的有关规定参加医疗保险。

## 230. 城镇职工的基本医疗保险费如何缴纳?

根据《国务院关于建立城镇职工基本医疗保险制度的决定》的规定，城镇职工基本医疗保险费由用人单位和职工共同缴纳。用人单位缴费率控制在职工工资总额的6%左右，职工缴费率一般为本人工资收入的2%，由单位按照全部工资性收入即包括各类奖金、劳务收入、实物收入等在内的所有工资性收入为基数代扣代缴。

## 231. 城镇职工基本医疗保险基金是怎样组成的?

根据《国务院关于建立城镇职工基本医疗保险制度的决定》规定，城镇职工基本医疗保险基金由统筹基金和个人账户构成。职工个人缴纳的基本医疗保险费全部计入个人账户。用人单位缴纳的基本医疗保险费分为两部分：一部分用于建立统筹基金，另一部分划入个人账户，划入个人账户的比例一般为用人单位缴费的30%左右。具体比例由统筹地区根据个人账户的支付范围和职工年龄等因素确定。

## 232. 什么是工伤保险?

工伤，亦称职业伤害，是指职工在工作中或因工作原因而遭受的人身伤害，包括事故伤害和患职业病。

工伤具有特定的含义，不是所有的劳动者在任何劳动中受到的伤害都称为工伤。法律上所指的工伤，应具备三个条件：一是遭受伤害的主体是法律上承认的职工；二是伤害是在法定的情形下产生的；三是遭受的伤害依照法定程序得到确认。这里的职工，是指与用人单位存在劳动关系（包括事实劳动关系）的各种用工形式、各种用工期限的全部劳动者。用人单位，包括中华人民共和国境内的各类企业、有雇工的个体工商户。

工伤保险，是指职工遭受意外伤害或患职业病导致暂时或永久性丧失劳动能力以及死亡时，职工或其遗属从国家和社会获得医疗救治、生活保障、经济补偿、医疗和职业康复等物质帮助的一种社会保险制度。工伤职工本人可获得物质帮助，如工伤职工因工伤死亡的，其遗属可获得物质帮助。

工伤保险是社会保险制度中的重要组成部分，它通过社会统筹的办法，集中用人单位缴纳的工伤保险费，建立工伤保险基金，对工伤职工给予医疗救治以及必要的经济补偿。这种补偿既包括医疗、康复所需费用，也包括保障基本生活的费用。

## 233. 工伤保险的适用范围包括哪些？

根据《工伤保险条例》第二条、第六十二条、第六十五条、第六十六条的规定，工伤保险的适用范围有以下几种情况：

（1）中华人民共和国境内的企业、事业单位、社会团体、民办非企业单位、基金会、律师事务所、会计师事务所等组织和有雇工的个体工商户（以下称用人单位）应当依照本条例规定参加工伤保险，为本单位全部职工或者雇工（统称职工）缴纳工伤保险费。有雇工的个体工商户，是指在工商部门登记注册，雇佣劳动者为其从事个体生产经营的个体经济组织。

（2）公务员和参照公务员法管理的事业单位、社会团体的工作人员因工作遭受事故伤害或者患职业病的，由所在单位支付费用。具体办法由国务院社会保险行政部门会同国务院财政部门规定。

（3）无营业执照或者未经依法登记、备案的单位以及被依法吊销营业执照或者撤销登记、备案的单位的职工受到事故伤害或者患职业病的，由该单位向伤残职工或者死亡职工的近亲属给予一次性赔偿，赔偿标准不得低于本条例规定的工伤保险待遇；用人单位不得使用童工，用人单位使用童工造成童工伤残、死亡的，由该单位向童工或者童工的近亲属给予一次性赔偿，赔偿标准不得低于本条例规定的工伤保险待遇。具体办法由国务院社会保险行政部门规定。

（4）用人单位依照《工伤保险条例》的规定，应当参加工伤保险而未参加的，由社会保险行政部门责令限期参加，补缴应当缴纳的工伤保险费，并自欠缴之日起，按日加收万分之五的滞纳金；逾期仍不缴纳的，处欠缴数额1倍以上3倍以下的罚款。

依照《工伤保险条例》的规定，应当参加工伤保险而未参加工伤保险的用人单位职工发生工伤的，由该用人单位按照本条例规定的工伤保险待遇项目和标准支付费用。

用人单位参加工伤保险并补缴应当缴纳的工伤保险费、滞纳金后，由工伤保险基金和用人单位依照《工伤保险条例》的规定支付新发生的费用。

## 234. 工伤认定是如何进行的？

国务院《工伤保险条例》第十七条规定，职工发生事故伤害或者按照职业病防治法规定被诊断、鉴定为职业病，所在单位应当自事故伤害发生之日或者被诊断、鉴定为职业病之日起30日内，向统筹地区社会保险行政部门提出工伤认定申请。遇有特殊情况，经报社会保险行政部门同意，申请时限可以适当延长。用人单位未按前款规定提出工伤认定申请的，工伤职工或者其近亲属、工会组织在事故伤害发生之日或者被诊断、鉴定为职业病之日起1年内，可以直接向用人单位所在地统筹地区社会保险行政部门提出工伤认定申请。按照本条第一款规定应当由省级社会保险行政部门进行工伤认定的事项，根据属地原则由用人单位所在地的设区的市级社会保险行政部门办理。用人单位未在本条第一款规定的时限内提交工伤认定申请，在此期间发生符合本条例规定的工伤待遇等有关费用由该用人单位负担。

## 235. 职业病包括哪些?

按照《职业病防治法》的规定，职业病是指企业、事业单位和个体经济组织（统称用人单位）的劳动者在职业活动中，因接触粉尘、放射性物质和其他有毒、有害物质等因素而引起的疾病。

职业病的分类和目录由国务院卫生行政部门会同国务院社会保险行政部门规定、调整并公布。目前，我国工伤认定中的职业病分十大类，分别是：

（1）尘肺 13 种，分别是矽肺，煤工尘肺，石墨尘肺，碳黑尘肺，石棉肺，滑石尘肺，水泥尘肺，云母尘肺，陶工尘肺，铝尘肺，电焊工尘肺，铸工尘肺，根据《尘肺病诊断标准》和《尘肺病理诊断标准》可以诊断的其他尘肺等；

（2）职业性放射性疾病 11 种，分别是外照射急性放射病，外照射亚急性放射病，外照射慢性放射病，内照射放射病，放射性皮肤疾病，放射性肿瘤，放射性骨损伤，放射性甲状腺疾病，放射性性腺疾病，放射复合伤，根据《职业性放射性疾病诊断标准（总则）》可以诊断的其他放射性损伤等；

（3）职业中毒 56 种，分别是铅及其化合物中毒（不包括四乙基铅），汞及其化合物中毒，锰及其化合物中毒，镉及其化合物中毒，铍病，铊及其化合物中毒，钡及其化合物中毒，钒及其化合物中毒，磷及其化合物中毒，砷及其化合物中毒，铀中毒，砷化氢中毒，氯气中毒，二氧化硫中毒，光气中毒，氨中毒，偏二甲基肼中毒，氮氧化合物中毒，一氧化碳中毒，二硫化碳中毒，硫化氢中毒，磷化氢、磷化锌、磷化铝中毒，工业性氟病，氰及腈类化合物中毒，四乙基铅中毒，有机锡中毒，羰基镍中毒，苯中毒，甲苯中毒，二甲苯中毒，正己烷中毒，汽油中毒，一甲胺中毒，有机氟聚合物单体及其热裂解物中毒，二氯乙烷中毒，四氯化碳中毒，氯乙烯中毒，三氯乙烯中毒，氯丙烯中毒，氯丁二烯中毒，苯的氨基及硝基化合物（不包括三硝基甲苯）中毒，三硝基甲苯中毒，甲醇中毒，酚中毒，五氯酚（钠）中毒，甲醛中毒，硫酸二甲酯中毒，丙烯酰胺中毒，二甲基甲酰胺中毒，有机磷农药中毒，氨基甲酸酯类农药中毒，杀虫脒中毒，溴甲烷中毒，拟除虫菊酯类农药中毒，根据《职业性中毒性肝病诊断标准》可以诊断的职业性中毒性肝病，根据《职业性急性化学物中毒诊断标准（总则）》可以诊断的其他职业性急性中毒等；

（4）物理因素所致职业病5种，分别是中暑，减压病，高原病，航空病，手臂振动病等；

（5）生物因素所致职业病3种，分别是炭疽，森林脑炎，布氏杆菌病等；

（6）职业性皮肤病8种，分别是接触性皮炎，光敏性皮炎，电光性皮炎，黑变病，痤疮，溃疡，化学性皮肤灼伤，根据《职业性皮肤病诊断标准（总则）》可以诊断的其他职业性皮肤病等；

（7）职业性眼病3种，分别是化学性眼部灼伤，电光性眼炎，职业性白内障（含放射性白内障、三硝基甲苯白内障）等；

（8）职业性耳鼻喉口腔疾病3种，分别是噪声聋，铬鼻病，牙酸蚀病等；

（9）职业性肿瘤8种，分别是石棉所致肺癌、间皮瘤，联苯胺所致膀胱癌，苯所致白血病，氯甲醚所致肺癌，砷所致肺癌、皮肤癌，氯乙烯所致肝血管肉瘤，焦炉工人肺癌，铬酸盐制造业工人肺癌等；

（10）其他职业病5种，分别是金属烟热，职业性哮喘，职业性变态反应性肺泡炎，棉尘病，煤矿井下工人滑囊炎等。

对职业病的诊断，应由省级以上人民政府卫生行政部门批准的医疗卫生机构承担。

【案例】

赵某是湖北省襄阳市人。2012年他高中毕业后即南下广东打工。2013年1月，某水泥厂对外招聘劳动合同制工人50名。赵某看到招聘广告后就前往厂方应聘。经过面试、体检等一系列招工程序，赵某被某水泥厂录用，工作岗位是大量产生粉尘的成品车间作业工。2013年1月15日，赵某与水泥厂签订了为期3年的劳动合同。劳动合同约定：试用期为3个月，试用期工资为每个月1500元，转正后每个月工资为1700元，奖金另计。2014年上半年，在水泥厂工作1年多的赵某总觉得肺部呼吸困难，身体不适。2014年6月1日，赵某到当地职业病医院就诊。经医生诊断，赵某的病情被确诊为尘肺病。随后，赵某入院治疗。2个月后，赵某出院。出院时，医院向赵某提供出院证明，上面写有“病人不应再从事原岗位劳动，建议用人单位更换病人的工作岗位”。赵某回水泥厂上班后，立即要求调离原岗位并向单位领导出示了出院证明。但水泥厂领导不同意赵某的请求，并以不好安排别的工作为由，让其继续从事原工作，赵某无奈，只好向当地劳动争议仲裁委员会提出劳动仲裁，要求仲裁机构裁决某水泥厂为其更换工作岗位。

劳动争议仲裁委员会经审理，认为赵某在产生粉尘的工作岗位工作1年多，被确诊为尘肺病。尘肺病属职业病，根据我国法律规定，用人单位应为劳动者调整工作岗位。据此，裁决某水泥厂应根据出院证明上的医生建议在裁决生效的2个月内为赵某调整工作岗位。

【解析】

这是一起因用人单位不对职工实施劳动安全保护而引发的劳动争议案件。

本案中，赵某因工作岗位原因患上尘肺病。尘肺病是一种劳动者在生产劳动中因吸入粉尘而发生的以肺组织纤维化为主的全身性疾病，是对劳动者身体健康危害较大的一种职业病。在我国，尘肺病是一种常见的严重职业病，根据我国劳动法律规范，患有尘肺病的劳动者有权享受职业病待遇，用人单位必须将其调离导致尘肺病的工作岗位。我国

《尘肺病防治条例》第二十一条规定，“各企业、事业单位对已确诊为尘肺病的职工，必须调离粉尘作业岗位，并给予治疗或疗养。”本案中，赵某与某水泥厂建立用工关系后到大量产生粉尘的成品车间担任作业工人。因为工作的关系，赵某患上尘肺病，且医院在证明中已建议更换其工作岗位。根据《尘肺病防治条例》第二十一条的规定，某水泥厂对已确诊为尘肺病的赵某必须调离原作业岗位，并给予治疗或疗养。然而，某水泥厂却不顾行政法规的强制性规定，拒绝将赵某调离原工作岗位，侵犯了赵某的合法权利。因此，劳动争议仲裁委员会裁决支持赵某的仲裁请求，限期要求某水泥厂为赵某调整工作岗位。

## 236. 如何申请劳动能力鉴定?

劳动能力鉴定，是指工伤职工经治疗伤情相对稳定后存在残疾、影响劳动能力的，由劳动能力鉴定委员会根据用人单位、职工本人或者亲属的申请，依据劳动能力鉴定标准，对职工劳动功能障碍程度和生活自理障碍程度进行等级鉴定。

根据《工伤保险条例》第二十一条的规定，工伤职工进行劳动能力鉴定，第一是在经过治疗后，伤情处于相对稳定状态，这样便于劳动能力鉴定机构对伤情进行鉴定；第二是职工经工伤治疗后，发现因工伤的原因造成职工身体上的残疾；第三是工伤职工的残疾影响到职工本人的劳动能力。

劳动能力鉴定由用人单位、工伤职工或者其直系亲属向设区的市级劳动能力鉴定委员会提出申请，并提供工伤认定决定和职工工伤医疗的有关资料。省、自治区、直辖市劳动能力鉴定委员会和设区的市级劳动能力鉴定委员会分别由省、自治区、直辖市和设区的市级社会保险行政部门、人事行政部门、卫生行政部门、工会组织、经办机构代表以及用人单位代表组成。

劳动能力鉴定委员会建立医疗卫生专家库。

## 237. 什么情形应当认定为工伤?

根据《工伤保险条例》第十四条、第十五条的规定，以下情形应当认定为工伤或视同工伤：

（1）在工作时间和工作场所内，因工作原因受到事故伤害的；

（2）工作时间前后在工作场所内，从事与工作有关的预备性或者收尾性工作受到事故伤害的；

（3）在工作时间和工作场所内，因履行工作职责受到暴力等意外伤害的；

（4）患职业病的；

（5）因工外出期间，由于工作原因受到伤害或者发生事故下落不明的；

（6）在上下班途中，受到非本人主要责任的交通事故或者城市轨道交通、客运轮渡、火车事故伤害的；

（7）法律、行政法规规定应当认定为工伤的其他情形；

（8）在工作时间和工作岗位，突发疾病死亡或者在 48 小时之内经抢救无效死亡的；

（9）在抢险救灾等维护国家利益、公共利益活动中受到伤害的；

（10）职工原在军队服役，因战、因公负伤致残，已取得革命伤残军人证，到用人单位后旧伤复发的。

## 238. 什么情形不能认定为工伤?

根据《社会保险法》的规定，职工在工作中因下列情形导致本人伤亡的，不能认定为工伤：（1）故意犯罪；（2）醉酒或者吸毒；（3）自残或者自杀；（4）法律、行政法规规定的其他情形。

《工伤保险条例》作为行政法规，规定了三种情形不能认定为工伤：（1）故意犯罪的；（2）醉酒或者吸毒的；（3）自残或者自杀的。

## 239. 什么是失业人员？

失业人员，是指在劳动年龄内有劳动能力、目前无工作并以某种方式正在寻找工作的人员，包括就业转失业的人员和新生劳动力中未实现就业的人员。《社会保险法》《失业保险条例》所指失业人员只限定为就业转失业的人员。失业人员应满足三个条件：

（1）法定就业年龄

根据有关规定，我国目前的法定劳动年龄是16周岁至60周岁，体育、文艺和特种工艺单位按照国家规定履行审批程序后可以招用未满16周岁的未成年人。对企业中男年满60周岁、女年满50周岁的职工和机关事业单位中男年满60周岁、女年满55周岁的职工实行退休制度，对从事有毒、有害工作和符合条件的患病、因工致残职工可以降低退休年龄。

（2）就业愿望

法定劳动年龄内的人员如果不愿从事劳动，不能称为失业人员。还要有就业愿望，愿意寻求职业，参加社会劳动，以自己的劳动取得合法收入，作为自己的主要生活来源。

（3）劳动能力

失业人员要具有从事正常社会劳动的行为能力。在法定劳动年龄内的人员，若不具备相应的劳动能力，也不能视为失业人员，如精神病人、完全伤残不能从事任何社会性劳动的人员等。目前无工作并以某种方式寻找工作，是指失业人员有工作要求，但受客观因素的制约尚未实现就业。对那些目前虽无工作，但没有工作要求的人不能视为失业人员，这部分人自愿放弃就业权利，已经退出了劳动力的队伍，不属于劳动力，也就不存在失业问题。

## 240. 失业保险覆盖哪些单位和人员?

根据《社会保险法》第四十四条的规定，职工应当参加失业保险，由用人单位和职工按照国家规定共同缴纳失业保险费。按照这一规定，失业保险费的单位征缴范围包括国有企业、外商投资企业、城镇集体企业、城镇私营企业、其他城镇企业以及事业单位等用人单位。《劳动法》《社会保险法》《失业保险条例》和《社会保险征缴暂行条例》都对用人单位参加失业保险和缴纳失业保险费作出了明确规定，用人单位必须依法遵守。符合上述参保范围的单位未参加失业保险的，应及时补办失业保险参保和缴费手续。对于用人单位拒不依法参加失业保险，或者参保后不缴、少缴、漏缴失业保险费的，职工可依法向当地劳动保障行政部门举报，由劳动保障行政部门依法查处。

这里的职工，包括所有与用人单位有劳动关系的个人。无固定期限劳动合同职工、固定期限劳动合同职工，本地户口职工、外地户口职工，城镇职工、农民工都应参加失业保险。

## 241. 失业保险费是怎么计算的?

计算应缴纳的失业保险费数额，要考虑以下两个因素：

一是缴费基数。即明确缴费的范围，如企业所得税的基数是企业所得额。从国外有关规定来看，失业保险费的缴费基数一般为工资，单位为工资总额，个人为本人工资。

二是缴费比例。即缴费义务人按照规定的缴费基数缴纳失业保险费的比例。固定比例征收失业保险费是我国失业保险制度建立以来一直采用的做法，也是国际通行做法。《失业保险条例》规定，城镇企业事业单位按照本单位工资总额的2%缴纳失业保险费。城镇企业事业单位职工按照本人工资的1%缴纳失业保险费。城镇企业事业单位招用的农民合同制工人本人不缴纳失业保险费。

城镇企业事业单位的缴费基数为本单位工资总额。单位工资总额按照国家有关工资政策予以认定其构成和计算方式。它是指单位在一定时期内直接支付给本单位全部职工的劳动报酬总额，包括计时工资、计件工资、奖金、津贴和补贴、加班加点工资以及特殊情况下支付的工资。

## 242. 哪些失业人员可以享受失业保险待遇？

根据《社会保险法》第四十五条的规定，同时具备下列条件的人员，可以享受失业保险待遇：

（1）失业前用人单位和本人已经缴纳失业保险费满 1 年

这是最主要的条件。所说用人单位和本人已经缴纳失业保险费满 1 年有两层意义：其一，用人单位按照规定履行缴费义务已满 1 年，是指劳动者所在的单位共计为劳动者个人缴纳失业保险费 1 年以上，并非要求劳动者在某一时间段内的某一单位缴费满 1 年。其二，个人缴费也是指累计缴费 1 年，而不是指连续缴费时间满 1 年。

（2）非因本人意愿中断就业

非因本人意愿中断就业的失业人员，具体指的是以下人员：终止劳动合同的；被用人单位解除劳动合同的；被用人单位开除、除名和辞退的；根据《劳动合同法》第三十八条与用人单位解除劳动合同的；法律、行政法规另有规定的。

（3）已经进行失业登记，并有求职要求

这一规定有两种含义：其一，失业人员失业后必须办理失业登记，否则不能领取失业保险。办理失业登记的机构一般是所在地的失业保险经办机构或就业服务机构。其二，失业人员失业后必须有求职要求、求职愿望和求职行动。失业人员必须同时满足上述条件，才能申请领取失业保险金及其他待遇。对不符合条件的，失业保险经办机构应当拒绝其申请，并告知其拒绝的理由。

## 243. 停止享受失业保险待遇有哪些情况?

根据《社会保险法》第五十一条的规定，失业人员在领取失业保险金期间有下列情形之一的，停止领取失业保险金，并同时停止享受其他失业保险待遇：

（1）重新就业。失业人员在享受失业保险期间，又重新找到了工作。也就是说，只要失业人员又有了工作，无论是临时的，还是长期的都要中断其失业保险待遇。

（2）应征服兵役。根据有关规定，18 周岁以上并符合其他条件的我国公民可以参加人民解放军或武装警察部队。失业人员一旦应征服兵役，就不能继续享受失业保险待遇。其原因在于，服役后他已不再具有失业人员身份。

（3）移居境外。失业人员在享受我国失业保险待遇期间移居境外，无论是否在国外就业，因其已超出我国失业保险的地域管辖范围，因此不再享受失业保险待遇。

（4）享受基本养老保险待遇。根据我国养老保险制度的有关规定，如果职工参加了基本养老保险并按规定缴纳了养老保险费，在其达到法定退休年龄时同样可以享受养老保险待遇，基本生活由养老保险金予以保障，在这种情况下，应当停止其享受失业保险待遇。

（5）无正当理由，拒不接受当地人民政府指定部门或者机构介绍的适当工作或者提供的培训。“无正当理由”一般是指，失业者仅凭个人好恶就拒绝接受而与自己的年龄特点、身体状况、受教育程度、工作经历、工作能力相适应的工作或者提供的培训。

## 244. 领取失业保险金的期限是多长?

按照《社会保险法》的有关规定，失业人员领取失业保险金的期限，根据失业人员失业前所在单位和其本人累计缴费时间长短的不同，划分为三个档次：

（1）失业人员失业前用人单位和本人累计缴费满1年不足5年的，领取失业保险金的期限最长为12个月；

（2）累计缴费满5年不足10年的，领取失业保险金的期限最长为18个月；

（3）累计缴费10年以上的，领取失业保险金的期限最长为24个月。

重新就业后，再次失业的，缴费时间重新计算，领取失业保险金的期限与前次失业应当领取而尚未领取的失业保险金的期限合并计算，最长不超过24个月。

关于缴费时间满1年不足5年的，领取失业保险金的最长期限为12个月的规定，不能理解为缴费时间达到上述要求的失业人员都能领取12个月的失业保险金。在具体操作中，各地可以在同一档次内，根据失业人员缴费时间的长短，相应地拉开其领取失业保险金期限的差距。至于具体档次如何划分，由各地根据实际情况来确定。对享受期限18个月和24个月的规定，也可以照此划分具体档次。

## 245. 失业保险待遇有哪些？

根据《社会保险法》及有关规定，失业人员可以享受以下失业保险待遇：

（1）领取失业保险金。失业保险金是指失业保险经办机构按规定支付给符合条件的失业人员的基本生活费用。失业保险金与其他社会保障项目不同，其特点有以下方面：一是在统筹地区采用统一的发放标准，不考虑家庭经济状况、失业人员失业前的收入状况及个人缴费时间等因素；二是参加失业保险并符合其他条件的失业人员才有资格领取失业保险金；三是根据失业人员的累计缴费时间确定失业保险金的发放期限；四是采取按月发放的方式。

(2) 参加职工基本医疗保险，享受基本医疗保险待遇。失业人员在失业期间患病，承担医疗费用的能力较弱。为保障失业人员在失业期间的医疗保险待遇，《社会保险法》规定，失业人员参加基本医疗保险；失业人员应当缴纳的基本医疗保险费从失业保险基金中支付，个人不缴纳基本医疗保险费。这一规定减轻了失业人员的经济负担，保障其享受基本医疗保险待遇，这也是保障失业人员基本生活的重要措施。

(3) 领取失业保险金期间死亡的失业人员的丧葬补助金和其供养的配偶、直系亲属的抚恤金。领取失业保险金期间死亡的个人的丧葬补助金和其供养的配偶、直系亲属的抚恤金是针对死亡个人家属的开支项目。需要注意的是，个人死亡同时符合领取基本养老保险丧葬补助金、工伤保险丧葬补助金和失业保险丧葬补助金条件的，其遗属只能选择领取其中的一项。

(4) 领取失业保险金期间接受职业培训、职业介绍的补贴。职业介绍和职业培训的补贴是从失业保险基金列支用于促进失业人员再就业的资金。目的是减轻失业人员的经济负担，使他们能够及时、有效地得到就业服务从而提高再就业能力，增加就业机会。

## 246. 失业保险金是怎样确定的?

失业保险金标准的制定应综合考虑经济和社会发展状况及职工工资水平，一般要遵循以下原则：保障失业人员基本生活；低于失业人员原来的工资水平；权利义务相统一；职工参加失业保险的义务是缴纳失业保险费。职工失业费是按本人工资的一定比例缴纳的，职工所在单位是按本单位工资总额的一定比例缴纳的，同参保人员所缴纳的失业保险费是不同的，与之相适应，失业保险金的标准应当体现这一差别。

## 247. 什么是生育保险?

生育保险，是指对怀孕、分娩的女职工给予必要的生活保障和物质帮助的一项法律制度。其目的在于通过向生育的女职工提供医疗服务、产假及生育津贴等方面待遇，使她们因生育而暂时丧失劳动能力时基本经济收入和医疗保健能够得到保障，以帮助其恢复劳动能力，重返工作岗位。生育保险制度是我国社会保险制度的重要组成部分，对于保护女职工生育期间的基本权益，保障劳动力再生产，具有重要作用。

## 248. 生育保险待遇有哪些?

生育保险待遇，是指建立了劳动关系（人事关系）的女职工在怀孕、分娩、哺乳婴儿期间依法享有的物质补偿和帮助。根据《妇女权益保障法》《劳动法》《社会保险法》《女职工劳动保护特别规定》《企业职工生育保险试行办法》等规定，女职工生育保险待遇主要包括生育医疗费用和生育津贴两项。

（1）生育医疗费用

生育医疗费用是指女职工怀孕、分娩期间以及职工实施节育手术时所需的基本医疗保健费用。根据《社会保险法》第五十五条的规定，生育医疗费用包括生育的医疗费用，计划生育的医疗费用，法律、法规规定的其他项目费用。具体包括女职工生育的检查费、接生费、手术费、住院费和药费；女职工生育出院后，因生育引起疾病的医疗费。超出规定的医疗服务费和药费（含自费药品和营养药品的药费）由职工个人负担。其他疾病的医疗费，按照医疗保险待遇的规定办理。女职工产假期满后，因病需要休息治疗的，按照有关病假待遇和医疗保险待遇规定办理。女职工生育或流产后，由本人或所在企业等用人单位持当地计划生育部门签发的计划生育证明，婴儿出生、死亡或流产证明，到当地社会保险经办机构办理手续，领取生育津贴，报销生育医疗费。

（2）生育津贴

生育津贴是指按照国家法律法规规定，由生育女职工和实施计划生育手术职工所在用人单位给予女职工产假期间以及职工实施计划生育手术休假期间的生活费用。根据《社会保险法》和《企业职工生育保险试行办法》的规定，女职工生育或职工实施计划生育手术的，依法享受产假或计划生育手术休假。《社会保险法》第五十六条规定，女职工生育享受产假、计划生育手术休假以及符合法律、法规规定的其他情形的，可以按照国家规定享受生育津贴。生育津贴按照职工所在用人单位上年度职工月平均工资计发，由生育保险基金支付。用人单位参加了生育保险社会统筹，缴纳了生育保险费的，其职工未就业的配偶也可以享受生育医疗费用待遇。

## 249. 女职工产假有什么具体规定？

产假是生育保险待遇之一，是女职工因生育，在产前、产后给予其一定时间用于恢复体力、照顾婴儿的休息时间。产假一般包括待产、生产、哺乳三个连续阶段。《女职工劳动保护特别规定》第七条规定，女职工生育享受98天产假，其中产前可以休假15天；难产的，增加产假15天；生育多胞胎的，每多生育1个婴儿，增加产假15天。女职工怀孕未满4个月流产的，享受15天产假；怀孕满4个月流产的，享受42天产假。

《女职工劳动保护特别规定》第九条对哺乳时间作出规定，对哺乳未满1周岁婴儿的女职工，用人单位不得延长劳动时间或者安排夜班劳动。用人单位应当在每天的劳动时间内为哺乳期女职工安排1小时哺乳时间；女职工生育多胞胎的，每多哺乳1个婴儿每天增加1小时哺乳时间。

《女职工劳动保护特别规定》第十条规定，女职工比较多的用人单位应当根据女职工的需要，建立女职工卫生室、孕妇休息室、哺乳室等设施，妥善解决女职工在生理卫生、哺乳方面的困难。

## 250. 什么是劳动安全卫生?

劳动安全卫生又称“职业安全卫生”“劳动保护”，是指以保障劳动者在职业活动中的安全与健康为目的的工作领域及在法律、技术、设备、组织制度和教育等方面所采取的相应措施。

劳动安全卫生是劳动者实现宪法赋予的生命权、健康权的具体保障。它主要包括劳动安全与职业卫生两方面内容。劳动安全是指用人单位应保证劳动场所无危及劳动者生命安全的伤害事故发生；职业卫生是指用人单位应保证劳动场所无危及劳动者身体健康的慢性职业危害发生。这两方面内容既相互联系又彼此独立，共同组成劳动者劳动保护的屏障。

## 251. 劳动安全卫生主要包括哪些内容?

劳动安全卫生主要包括以下内容：（1）劳动安全卫生责任制；（2）劳动安全条件和安全技术措施；（3）安全操作规程；（4）劳保用品发放标准；（5）定期健康检查和职业健康体检；（6）职业病危害防护；（7）劳动安全卫生培训；（8）安全生产和职业病防治经费；（9）双方约定的其他事项。

## 252. 用人单位在劳动安全卫生方面应尽哪些义务?

根据《劳动法》第六章的规定，用人单位在劳动安全卫生方面应尽以下义务：

（1）用人单位必须建立、健全劳动安全卫生制度，严格执行国家劳动安全卫生规程和标准，对劳动者进行劳动安全卫生教育，防止劳动过程中的事故，减少职业危害。

（2）劳动安全卫生设施必须符合国家规定的标准。新建、改建、扩建工程的劳动安全卫生设施必须与主体工程同时设计、同时施工、同时投入生产和使用。

（3）用人单位必须为劳动者提供符合国家规定的劳动安全卫生条件和必要的劳动防护用品，对从事有职业危害作业的劳动者应当定期进行健康检查。

（4）从事特种作业的劳动者必须经过专门培训并取得特种作业资格，确保其持证上岗。

## 253. 职工在劳动安全卫生方面享有哪些权利？

职工在劳动安全卫生方面享有以下权利：

（1）职工有权得知自己所从事的工作可能对身体健康造成的危害和可能发生的不安全事故；有权要求和接受与其从事工作相适应的劳动安全卫生培训。

（2）职工有权获得保障自身健康、安全的劳动条件和相适应的劳动保护用品。

（3）职工对危害生命安全和身体健康的劳动条件，有权对用人单位提出批评、检举和控告。

（4）职工对用人单位管理人员违章指挥、强令冒险作业有权拒绝执行；在发生严重危及自身生命安全的紧急情况时，有权采取必要的措施、拒绝作业。

**【案例】**

2012年8月10日，某乡镇煤矿职工吴某等6人就不服从管理人员强令他们冒险作业被扣发工资、奖金一事向当地劳动争议仲裁委员会提出申诉。仲裁委员会受理此案后，经调查：2012年6月8日，该煤矿露天矿场爆破时，共打炮眼8个，但装药引爆时只响了6个，剩下2个炮眼未爆。10分钟后，管理人员认为这2个炮眼是“瞎炮”，不会有事，即令吴某等6人进入采矿面作业。吴某等6人坚持必须排除“瞎炮”后才能工作，一直未进入采矿面采矿。为此，矿领导以吴某等6人未完成当天采煤任务为由扣发每人当天工资和当月奖金650元。仲裁委员会认为，煤矿在未排除“瞎炮”的情况下让工人进入采矿面作业违反劳动法规，吴某等6人未完成当天采煤任务系因险情未除，不负有责任，裁决煤矿补发吴某等6人每人当天工资和当月奖金650元，并赔偿经济损失。

**【解析】**

该乡镇煤矿管理人员强令工人冒险作业是严重违反劳动安全卫生法规的行为，被职工拒绝后又以未完成当天生产任务为由扣发工资和奖金，更是明显的侵权。根据《劳动合同法》第八十八条的规定，用人单位有下列情形之一的，依法给予行政处罚；构成犯罪的，依法追究刑事责任；给劳动者造成损害的，应当承担赔偿责任：（一）以暴力、威胁或者非法限制人身自由的手段强迫劳动的；（二）违章指挥或者强令冒险作业危及劳动者人身安全的；（三）侮辱、体罚、殴打、非法搜查或者拘禁劳动者的；（四）劳动条件恶劣、环境污染严重，给劳动者身心健康造成严重损害的。《劳动法》第五十六条规定，劳动者对用人单位管理人员违章指挥、强令冒险作业，有权拒绝执行；对危害生命安全和身体健康的行为，有权提出批评、检举和控告。本案中，煤矿管理人员公然违反上述规定，在没有排除“瞎炮”、工作面仍存在险情的情况下，强令工人进入采矿面作业，是十分错误的做法。当职工行使保护自己安全权利时，该煤矿领导又以未完成采煤任务为由扣发职工的工资和奖金，更是错上加错。“安全第一”是生产劳动过程中必须遵循的基本原则和基本方针。生产必须安全，安全才能促进生产。

## 254. 什么是补充保险和福利？

补充保险是指用人单位根据国家社会保险法律法规规定，在履行社会保险义务之外，为职工在养老、医疗、工伤、失业和生育等方面提供补充帮助和补偿的行为名称。补充福利是指用人单位根据本单位的实际情况，为保证职工的生活水平和生活质量，而对职工提供福利的补充待遇。

## 255. 补充保险和福利主要包括哪些内容？

补充保险和福利主要包括以下四个方面的内容：

（1）补充保险的种类、范围；

（2）基本福利制度和福利设施；

（3）医疗期延长及其待遇；

（4）职工亲属福利制度。

## 256. 女职工和未成年工的特殊保护主要包括哪些内容？

女职工和未成年工的特殊保护主要包括以下四个方面的内容：

（1）女职工和未成年工禁忌从事的劳动；

（2）女职工在经期、孕期、产期和哺乳期的劳动保护；

（3）女职工、未成年工定期健康检查；

（4）未成年工的使用和登记制度。

**【案例】**

2012 年 3 月，徐女士进入深圳市宝安区某公司担任业务部副经理，双方签订了为期 2 年的劳动合同，自 2012 年 3 月 13 日起至 2014 年 3 月 12 日止。2014 年 3 月 12 日，深圳某公司以劳动合同到期为由，决定终止与怀孕6个多月的徐女士的劳动合同，并不给徐女士任何补偿或赔偿。深圳某公司的理由是，根据《劳动合同法》第四十四条的规定，劳动合同期满，劳动合同即行终止，用人单位可以不支付劳动者经济补偿金。徐女士不服公司的决定，经协商未果后向劳动争议仲裁委员会申请仲裁，要求深圳某公司支付终止劳动合同的经济补偿金和孕期、产期、哺乳期的工资。

劳动争议仲裁委员会经审理，裁决支持了徐女士的仲裁请求。深圳某公司对仲裁裁决不服，向法院提起诉讼，请求法院判决公司无须支付徐女士终止劳动合同的经济补偿金和孕期、产期、哺乳期的工资。法院审理后作出判决，驳回了深圳某公司的诉讼请求，同时判决深圳某公司支付徐女士终止劳动合同的经济补偿金和孕期、产期、哺乳期的工资。

**【解析】**

本案是一起有关女职工特殊保护的带有普遍性的案例。

本案中，用人单位对于《劳动合同法》的理解和执行是片面的。根据《劳动合同法》第四十四条、第四十五条的规定，劳动合同期满，劳动合同终止，但是若女职工在孕期、产期及哺乳期的，劳动合同应当延续至相应的情形消失时终止；同时，《劳动合同法》第四十六条第五项规定，除用人单位维持或者提高劳动合同约定条件续劳动合同，劳动者不同意续订的情形外，劳动合同期满，终止固定期限劳动合同的，用人单位应当向劳动者支付经济补偿。因此，女职工在法定“三期”（孕期、产期、哺乳期）内，用人单位不仅不能随意解除其劳动合同，而且还须依法给予女职工相应的工资福利待遇。本案中，深圳某公司不能终止与徐女士的劳动合同。深圳某公司坚持要终止与徐女士的劳动合同，违反了有关法律对“三期”女职工特殊保护的规定，侵犯了徐女士的合法权益，其诉讼请求自然得不到法院支持。

## 257. 女职工禁忌从事哪些劳动？

女职工禁忌从事的劳动范围如下：

（1）矿山井下作业；

（2）体力劳动强度分级标准中规定的第四级体力劳动强度的作业；

（3）每小时负重 6 次以上、每次负重超过 20 公斤的作业，或者间断负重、每次负重超过 25 公斤的作业。

## 258. 女职工在经期禁忌从事哪些劳动？

女职工在经期禁忌从事的劳动范围如下：

（1）冷水作业分级标准中规定的第二级、第三级、第四级冷水作业；

（2）低温作业分级标准中规定的第二级、第三级、第四级低温作业；

（3）体力劳动强度分级标准中规定的第三级、第四级体力劳动强度的作业；

（4）高处作业分级标准中规定的第三级、第四级高处作业。

## 259. 怀孕女职工禁忌从事哪些劳动？

女职工在孕期禁忌从事的劳动范围如下：

（1）作业场所空气中铅及其化合物、汞及其化合物、苯、镉、铍、砷、氰化物、氮氧化物、一氧化碳、二硫化碳、氯、己内酰胺、氯丁二烯、氯乙烯、环氧乙烷、苯胺、甲醛等有毒物质浓度超过国家职业卫生标准的作业；

（2）从事抗癌药物、己烯雌酚生产，接触麻醉剂气体等的作业；

（3）非密封源放射性物质的操作，核事故与放射事故的应急处置；

（4）高处作业分级标准中规定的高处作业；

（5）冷水作业分级标准中规定的冷水作业；

（6）低温作业分级标准中规定的低温作业；

（7）高温作业分级标准中规定的第三级、第四级的作业；

（8）噪声作业分级标准中规定的第三级、第四级的作业；

（9）体力劳动强度分级标准中规定的第三级、第四级体力劳动强度的作业；

（10）在密闭空间、高压室作业或者潜水作业，伴有强烈振动的作业，或者需要频繁弯腰、攀高、下蹲的作业。

## 260. 哺乳期女职工禁忌从事哪些劳动？

女职工在哺乳期禁忌从事的劳动范围如下：

（1）孕期禁忌从事的劳动范围的第一项、第三项、第九项；

（2）作业场所空气中锰、氟、溴、甲醇、有机磷化合物、有机氯化合物等有毒物质浓度超过国家职业卫生标准的作业。

## 261. 什么是未成年工特殊保护？

未成年工指虽已达到法定就业年龄，但尚未成年，却已经就业的自然人。我国《劳动法》第五十八条规定，未成年工是指年满 16 周岁未满 18 周岁的劳动者。

国家对女职工和未成年工实行特殊劳动保护。未成年工的特殊保护是针对未成年工处于生长发育期的特点，以及接受义务教育的需要，采取的特殊劳动保护措施。不得安排未成年工从事矿山井下、有毒有害、国家规定的第四级体力劳动强度的劳动和其他禁忌从事的劳动。用人单位应当对未成年工定期进行健康检查。

【案例】

李某是山西省某国有煤矿的职工，在2013年的一次事故中身亡。李某在这家煤矿已经连续工作了20年，家庭生活全靠他一个人支撑，因工死亡后，家庭经济陷入极度贫困的境地。煤矿决定录用李某16岁的儿子小李到煤矿工作，同时也可以解决其家庭困难。小李与煤矿签订了为期2年的劳动合同，最开始做的是后勤保障工作。由于工作任务紧，煤矿就安排小李下煤井与工人一起挖煤，而且是加班加点上夜班。小李觉得自己的体力不足以承担如此繁重的工作，因此向领导提出自己是未成年工，请求享受不同于成年工的劳动保护待遇，但被领导以任务繁重、人手少为由拒绝。领导同时还表示，其所领取的工资待遇与成年工无异，从事同样的工作内容是贯彻同工同酬原则。于是，小李打电话向当地劳动监察部门进行咨询并投诉。

当地劳动监察部门受理投诉后，责令该煤矿对违法安排未成年工超强度体力工作作出改正，并对该煤矿未成年工用工状况进行检查。

【解析】

我国《劳动法》第五十八条规定，国家对未成年工实行特殊劳动保护。法律对未成年工作出特殊的规定，主要是考虑到未成年工正处于生长、发育时期，人体器官尚未定型，身材一般不高，体力较弱，抵抗力差，耐力差，睡眠较多，所以对未成年工首先要保护其安全和健康，其次才是尽劳动义务。原劳动部1994年12月8日发布的《未成年工特殊保护规定》第二条第二款规定，未成年工的特殊保护是针对未成年工处于生长发育期的特点，以及接受义务教育的需要而采取的特殊劳动保护措施。本案中，小李未满18周岁，属于《劳动法》规定的未成年工，用人单位应依法给予特殊的劳动保护。他依法享有《未成年工特殊保护规定》等法规规定的特殊劳动保护待遇，煤矿安排他下井及强迫他加班加点工作的做法，严重违反了有关法律法规的规定。

## 262. 未成年工特殊保护包括哪些内容?

（1）用人单位不得安排未成年工从事以下范围的劳动

①《生产性粉尘作业危害程度分级》国家标准中第一级以上的接尘作业；

②《有毒作业分级》国家标准中第一级以上的有毒作业；

③《高处作业分级》国家标准中第二级以上的高处作业；

④《冷水作业分级》国家标准中第二级以上的冷水作业；

⑤《高温作业分级》国家标准中第三级以上的高温作业；

⑥《低温作业分级》国家标准中第三级以上的低温作业；

⑦《体力劳动强度分级》国家标准中第四级体力劳动强度的作业；

⑧矿山井下及矿山地面采石作业；

⑨森林业中的伐木、流放及守林作业；

⑩工作场所接触放射性物质的作业；

⑪有易燃易爆、化学性烧伤和热烧伤等危险性大的作业；

⑫地质勘探和资源勘探的野外作业；

⑬潜水、涵洞、涵道作业和海拔三千米以上的高原作业（不包括世居高原者）；

⑭连续负重每小时在6次以上并每次超过20公斤，间断负重每次超过25公斤的作业；

⑮使用凿岩机、捣固机、气镐、气铲、铆钉机、电锤的作业；

⑯工作中需要长时间保持低头、弯腰、上举、下蹲等强迫体位和动作频率每分钟大于50次的流水线作业；

⑰锅炉司炉。

（2）未成年工患有某种疾病或具有某些生理缺陷（非残疾型）时，用人单位不得安排其从事以下范围的劳动

①《高处作业分级》国家标准中第一级以上的高处作业；

②《低温作业分级》国家标准中第二级以上的低温作业；

③《高温作业分级》国家标准中第二级以上的高温作业；

④《体力劳动强度分级》国家标准中第三级以上体力劳动强度的作业；

⑤接触铅、苯、汞、甲醛、二硫化碳等易引起过敏反应的作业。

（3）对未成年工定期进行健康检查

用人单位应按下列要求对未成年工定期进行健康检查：

①安排工作岗位之前；

②工作满 1 年；

③年满 18 周岁，距前一次的体检时间已超过半年。

用人单位应根据未成年工的健康检查结果安排其从事适合的劳动，对不能胜任原劳动岗位的，应根据医务部门的证明，予以减轻劳动量或安排其他劳动。

（4）对未成年工的使用和保护实行登记制度

①用人单位招收使用未成年工，除符合一般用工要求外，还须向所在地的县级以上劳动行政部门办理登记，劳动行政部门根据《未成年工健康检查表》《未成年工登记表》，核发《未成年工登记证》；

②各级劳动行政部门须根据有关规定，审核体检情况和拟安排的劳动范围；

③未成年工须持《未成年工登记证》上岗；

④未成年工上岗前用人单位应对其进行有关的职业安全卫生教育、培训。

## 263. 什么是职业技能培训？

职业培训是直接为适应经济和社会发展的需要，对要求就业和在职劳动者以培养和提高素质及职业能力为目的的教育和训练活动。职业培训是一种以劳动者为特定对象的劳动力资源开发活动，以直接满足社会、经济发展的某种特定需要为目的。职业培训通常是按照国家职业分类和职业技能标准进行的规范性培训。

职业培训的种类包括技能培训、劳动预备制度培训、再就业培训和企业职工培训。依据职业技能标准，培训的层次分为初级、中级、高级职业培训和其他适应性培训。培训工作主要由技工学校、就业训练中心、咨询公司、社会力量办学等各类职业培训机构承担。

1995 年 1 月 1 日实施的《劳动法》在总则中规定，国家采取各种措施，促进劳动就业，发展职业教育，劳动者应提高职业技能。同时，专设第八章职业培训，规定了国家、各级人民政府、用人单位和劳动者对发展职业培训的具体责任。其中第六十六条规定，国家通过各种途径，采取各种措施，发展职业培训事业，开发劳动者的职业技能，提高劳动者素质，增强劳动者的就业能力和工作能力。

## 264. 职业培训的基本内容有哪些？

职业培训的基本内容一般分为基本素质培训、职业知识培训、专业知识与技能培训和社会实践培训。

（1）基本素质培训包括文化知识、道德知识、法律知识、公共关系与社会知识、生产知识与技能。这种培训主要是培养熟练工，培训的内容以基本素质培训为主，并结合用人单位的岗位设置及职业要求进行培训。

（2）职业知识培训包括职业基础知识、职业指导、劳动安全与保护知识、社会保险知识等。使求职者了解国家有关就业方针政策以及个人选择职业的知识和方法；掌握求职技巧、开业程序与相关政策；了解职业安全与劳动保护有关政策和知识；掌握社会保险方面的知识和政策。

（3）专业知识与技能培训包括专业理论、专业技能和专业实习。学员在专业理论的指导下掌握一定的专业技能，并通过在企业的实习，提高解决实际问题的能力，为就业打好基础。

（4）社会实践培训包括各种社会公益活动、义务劳动、参观学习和勤工俭学等。

# 七 相关法律法规

# 中华人民共和国劳动合同法

（2007年6月29日第十届全国人民代表大会常务委员会第二十八次会议通过，根据2012年12月28日第十一届全国人民代表大会常务委员会第三十次会议《关于修改〈中华人民共和国劳动合同法〉的决定》修正）

## 第一章　总则

第一条　为了完善劳动合同制度，明确劳动合同双方当事人的权利和义务，保护劳动者的合法权益，构建和发展和谐稳定的劳动关系，制定本法。

第二条　中华人民共和国境内的企业、个体经济组织、民办非企业单位等组织（以下称用人单位）与劳动者建立劳动关系，订立、履行、变更、解除或者终止劳动合同，适用本法。

国家机关、事业单位、社会团体和与其建立劳动关系的劳动者，订立、履行、变更、解除或者终止劳动合同，依照本法执行。

第三条　订立劳动合同，应当遵循合法、公平、平等自愿、协商一致、诚实信用的原则。

依法订立的劳动合同具有约束力，用人单位与劳动者应当履行劳动合同约定的义务。

第四条　用人单位应当依法建立和完善劳动规章制度，保障劳动者享有劳动权利、履行劳动义务。

用人单位在制定、修改或者决定有关劳动报酬、工作时间、休息休假、劳动安全卫生、保险福利、职工培训、劳动纪律以及劳动定额管理等直接涉及劳动者切身利益的规章制度或者重大事项时，应当经职工代表大会或者全体职工讨论，提出方案和意见，与工会或者职工代表平等协商确定。

在规章制度和重大事项决定实施过程中，工会或者职工认为不适当的，有权向用人单位提出，通过协商予以修改完善。

用人单位应当将直接涉及劳动者切身利益的规章制度和重大事项决定公示，或者告知劳动者。

第五条　县级以上人民政府劳动行政部门会同工会和企业方面代表，建立健全协调劳动关系三方机制，共同研究解决有关劳动关系的重大问题。

第六条　工会应当帮助、指导劳动者与用人单位依法订立和履行劳动合同，并与用人单位建立集体协商机制，维护劳动者的合法权益。

## 第二章　劳动合同的订立

第七条　用人单位自用工之日起即与劳动者建立劳动关系。用人单位应当建立职工名册备查。

第八条　用人单位招用劳动者时，应当如实告知劳动者工作内容、工作条件、工作地点、职业危害、安全生产状况、劳动报酬，以及劳动者要求了解的其他情况；用人单位有权了解劳动者与劳动合同直接相关的基本情况，劳动者应当如实说明。

第九条　用人单位招用劳动者，不得扣押劳动者的居民身份证和其他证件，不得要求劳动者提供担保或者以其他名义向劳动者收取财物。

第十条　建立劳动关系，应当订立书面劳动合同。

已建立劳动关系，未同时订立书面劳动合同的，应当自用工之日起一个月内订立书面劳动合同。

用人单位与劳动者在用工前订立劳动合同的，劳动关系自用工之日起建立。

第十一条 用人单位未在用工的同时订立书面劳动合同，与劳动者约定的劳动报酬不明确的，新招用的劳动者的劳动报酬按照集体合同规定的标准执行；没有集体合同或者集体合同未规定的，实行同工同酬。

第十二条 劳动合同分为固定期限劳动合同、无固定期限劳动合同和以完成一定工作任务为期限的劳动合同。

第十三条 固定期限劳动合同，是指用人单位与劳动者约定合同终止时间的劳动合同。

用人单位与劳动者协商一致，可以订立固定期限劳动合同。

第十四条 无固定期限劳动合同，是指用人单位与劳动者约定无确定终止时间的劳动合同。

用人单位与劳动者协商一致，可以订立无固定期限劳动合同。有下列情形之一，劳动者提出或者同意续订、订立劳动合同的，除劳动者提出订立固定期限劳动合同外，应当订立无固定期限劳动合同：

（一）劳动者在该用人单位连续工作满十年的；

（二）用人单位初次实行劳动合同制度或者国有企业改制重新订立劳动合同时，劳动者在该用人单位连续工作满十年且距法定退休年龄不足十年的；

（三）连续订立二次固定期限劳动合同，且劳动者没有本法第三十九条和第四十条第一项、第二项规定的情形，续订劳动合同的。

用人单位自用工之日起满一年不与劳动者订立书面劳动合同的，视为用人单位与劳动者已订立无固定期限劳动合同。

第十五条 以完成一定工作任务为期限的劳动合同，是指用人单位与劳动者约定以某项工作的完成为合同期限的劳动合同。

用人单位与劳动者协商一致，可以订立以完成一定工作任务为期限的劳动合同。

第十六条 劳动合同由用人单位与劳动者协商一致，并经用人单位与劳动者在劳动合同文本上签字或者盖章生效。

劳动合同文本由用人单位和劳动者各执一份。

第十七条　劳动合同应当具备以下条款：

（一）用人单位的名称、住所和法定代表人或者主要负责人；

（二）劳动者的姓名、住址和居民身份证或者其他有效身份证件号码；

（三）劳动合同期限；

（四）工作内容和工作地点；

（五）工作时间和休息休假；

（六）劳动报酬；

（七）社会保险；

（八）劳动保护、劳动条件和职业危害防护；

（九）法律、法规规定应当纳入劳动合同的其他事项。

劳动合同除前款规定的必备条款外，用人单位与劳动者可以约定试用期、培训、保守秘密、补充保险和福利待遇等其他事项。

第十八条　劳动合同对劳动报酬和劳动条件等标准约定不明确，引发争议的，用人单位与劳动者可以重新协商；协商不成的，适用集体合同规定；没有集体合同或者集体合同未规定劳动报酬的，实行同工同酬；没有集体合同或者集体合同未规定劳动条件等标准的，适用国家有关规定。

第十九条　劳动合同期限三个月以上不满一年的，试用期不得超过一个月；劳动合同期限一年以上不满三年的，试用期不得超过二个月；三年以上固定期限和无固定期限的劳动合同，试用期不得超过六个月。

同一用人单位与同一劳动者只能约定一次试用期。

以完成一定工作任务为期限的劳动合同或者劳动合同期限不满三个月的，不得约定试用期。

试用期包含在劳动合同期限内。劳动合同仅约定试用期的，试用期不成立，该期限为劳动合同期限。

第二十条　劳动者在试用期的工资不得低于本单位相同岗位最低档

工资或者劳动合同约定工资的百分之八十，并不得低于用人单位所在地的最低工资标准。

第二十一条　在试用期中，除劳动者有本法第三十九条和第四十条第一项、第二项规定的情形外，用人单位不得解除劳动合同。用人单位在试用期解除劳动合同的，应当向劳动者说明理由。

第二十二条　用人单位为劳动者提供专项培训费用，对其进行专业技术培训的，可以与该劳动者订立协议，约定服务期。

劳动者违反服务期约定的，应当按照约定向用人单位支付违约金。违约金的数额不得超过用人单位提供的培训费用。用人单位要求劳动者支付的违约金不得超过服务期尚未履行部分所应分摊的培训费用。

用人单位与劳动者约定服务期的，不影响按照正常的工资调整机制提高劳动者在服务期期间的劳动报酬。

第二十三条　用人单位与劳动者可以在劳动合同中约定保守用人单位的商业秘密和与知识产权相关的保密事项。

对负有保密义务的劳动者，用人单位可以在劳动合同或者保密协议中与劳动者约定竞业限制条款，并约定在解除或者终止劳动合同后，在竞业限制期限内按月给予劳动者经济补偿。劳动者违反竞业限制约定的，应当按照约定向用人单位支付违约金。

第二十四条　竞业限制的人员限于用人单位的高级管理人员、高级技术人员和其他负有保密义务的人员。竞业限制的范围、地域、期限由用人单位与劳动者约定，竞业限制的约定不得违反法律、法规的规定。

在解除或者终止劳动合同后，前款规定的人员到与本单位生产或者经营同类产品、从事同类业务的有竞争关系的其他用人单位，或者自己开业生产或者经营同类产品、从事同类业务的竞业限制期限，不得超过二年。

第二十五条　除本法第二十二条和第二十三条规定的情形外，用人单位不得与劳动者约定由劳动者承担违约金。

第二十六条　下列劳动合同无效或者部分无效：

（一）以欺诈、胁迫的手段或者乘人之危，使对方在违背真实意思的情况下订立或者变更劳动合同的；

（二）用人单位免除自己的法定责任、排除劳动者权利的；

（三）违反法律、行政法规强制性规定的。

对劳动合同的无效或者部分无效有争议的，由劳动争议仲裁机构或者人民法院确认。

第二十七条　劳动合同部分无效，不影响其他部分效力的，其他部分仍然有效。

第二十八条　劳动合同被确认无效，劳动者已付出劳动的，用人单位应当向劳动者支付劳动报酬。劳动报酬的数额，参照本单位相同或者相近岗位劳动者的劳动报酬确定。

## 第三章　劳动合同的履行和变更

第二十九条　用人单位与劳动者应当按照劳动合同的约定，全面履行各自的义务。

第三十条　用人单位应当按照劳动合同约定和国家规定，向劳动者及时足额支付劳动报酬。

用人单位拖欠或者未足额支付劳动报酬的，劳动者可以依法向当地人民法院申请支付令，人民法院应当依法发出支付令。

第三十一条　用人单位应当严格执行劳动定额标准，不得强迫或者变相强迫劳动者加班。用人单位安排加班的，应当按照国家有关规定向劳动者支付加班费。

第三十二条　劳动者拒绝用人单位管理人员违章指挥、强令冒险作业的，不视为违反劳动合同。

劳动者对危害生命安全和身体健康的劳动条件，有权对用人单位提出批评、检举和控告。

第三十三条　用人单位变更名称、法定代表人、主要负责人或者投资人等事项，不影响劳动合同的履行。

第三十四条　用人单位发生合并或者分立等情况，原劳动合同继续有效，劳动合同由承继其权利和义务的用人单位继续履行。

第三十五条　用人单位与劳动者协商一致，可以变更劳动合同约定的内容。变更劳动合同，应当采用书面形式。

变更后的劳动合同文本由用人单位和劳动者各执一份。

## 第四章　劳动合同的解除和终止

第三十六条　用人单位与劳动者协商一致，可以解除劳动合同。

第三十七条　劳动者提前三十日以书面形式通知用人单位，可以解除劳动合同。劳动者在试用期内提前三日通知用人单位，可以解除劳动合同。

第三十八条　用人单位有下列情形之一的，劳动者可以解除劳动合同：

（一）未按照劳动合同约定提供劳动保护或者劳动条件的；

（二）未及时足额支付劳动报酬的；

（三）未依法为劳动者缴纳社会保险费的；

（四）用人单位的规章制度违反法律、法规的规定，损害劳动者权益的；

（五）因本法第二十六条第一款规定的情形致使劳动合同无效的；

（六）法律、行政法规规定劳动者可以解除劳动合同的其他情形。

用人单位以暴力、威胁或者非法限制人身自由的手段强迫劳动者劳动的，或者用人单位违章指挥、强令冒险作业危及劳动者人身安全的，劳动者可以立即解除劳动合同，不需事先告知用人单位。

第三十九条　劳动者有下列情形之一的，用人单位可以解除劳动合同：

（一）在试用期间被证明不符合录用条件的；

（二）严重违反用人单位的规章制度的；

（三）严重失职，营私舞弊，给用人单位造成重大损害的；

（四）劳动者同时与其他用人单位建立劳动关系，对完成本单位的工作任务造成严重影响，或者经用人单位提出，拒不改正的；

（五）因本法第二十六条第一款第一项规定的情形致使劳动合同无效的；

（六）被依法追究刑事责任的。

第四十条　有下列情形之一的，用人单位提前三十日以书面形式通知劳动者本人或者额外支付劳动者一个月工资后，可以解除劳动合同：

（一）劳动者患病或者非因工负伤，在规定的医疗期满后不能从事原工作，也不能从事由用人单位另行安排的工作的；

（二）劳动者不能胜任工作，经过培训或者调整工作岗位，仍不能胜任工作的；

（三）劳动合同订立时所依据的客观情况发生重大变化，致使劳动合同无法履行，经用人单位与劳动者协商，未能就变更劳动合同内容达成协议的。

第四十一条　有下列情形之一，需要裁减人员二十人以上或者裁减不足二十人但占企业职工总数百分之十以上的，用人单位提前三十日向工会或者全体职工说明情况，听取工会或者职工的意见后，裁减人员方案经向劳动行政部门报告，可以裁减人员：

（一）依照企业破产法规定进行重整的；

（二）生产经营发生严重困难的；

（三）企业转产、重大技术革新或者经营方式调整，经变更劳动合同后，仍需裁减人员的；

（四）其他因劳动合同订立时所依据的客观经济情况发生重大变化，致使劳动合同无法履行的。

裁减人员时，应当优先留用下列人员：

（一）与本单位订立较长期限的固定期限劳动合同的；

（二）与本单位订立无固定期限劳动合同的；

（三）家庭无其他就业人员，有需要扶养的老人或者未成年人的。

用人单位依照本条第一款规定裁减人员，在六个月内重新招用人员的，应当通知被裁减的人员，并在同等条件下优先招用被裁减的人员。

第四十二条　劳动者有下列情形之一的，用人单位不得依照本法第四十条、第四十一条的规定解除劳动合同：

（一）从事接触职业病危害作业的劳动者未进行离岗前职业健康检查，或者疑似职业病病人在诊断或者医学观察期间的；

（二）在本单位患职业病或者因工负伤并被确认丧失或者部分丧失劳动能力的；

（三）患病或者非因工负伤，在规定的医疗期内的；

（四）女职工在孕期、产期、哺乳期的；

（五）在本单位连续工作满十五年，且距法定退休年龄不足五年的；

（六）法律、行政法规规定的其他情形。

第四十三条　用人单位单方解除劳动合同，应当事先将理由通知工会。用人单位违反法律、行政法规规定或者劳动合同约定的，工会有权要求用人单位纠正。用人单位应当研究工会的意见，并将处理结果书面通知工会。

第四十四条　有下列情形之一的，劳动合同终止：

（一）劳动合同期满的；

（二）劳动者开始依法享受基本养老保险待遇的；

（三）劳动者死亡，或者被人民法院宣告死亡或者宣告失踪的；

（四）用人单位被依法宣告破产的；

（五）用人单位被吊销营业执照、责令关闭、撤销或者用人单位决定提前解散的；

（六）法律、行政法规规定的其他情形。

第四十五条　劳动合同期满，有本法第四十二条规定情形之一的，劳动合同应当续延至相应的情形消失时终止。但是，本法第四十二条第二项规定丧失或者部分丧失劳动能力劳动者的劳动合同的终止，按照国家有关工伤保险的规定执行。

第四十六条　有下列情形之一的，用人单位应当向劳动者支付经济补偿：

（一）劳动者依照本法第三十八条规定解除劳动合同的；

（二）用人单位依照本法第三十六条规定向劳动者提出解除劳动合同并与劳动者协商一致解除劳动合同的；

（三）用人单位依照本法第四十条规定解除劳动合同的；

（四）用人单位依照本法第四十一条第一款规定解除劳动合同的；

（五）除用人单位维持或者提高劳动合同约定条件续订劳动合同，劳动者不同意续订的情形外，依照本法第四十四条第一项规定终止固定期限劳动合同的；

（六）依照本法第四十四条第四项、第五项规定终止劳动合同的；

（七）法律、行政法规规定的其他情形。

第四十七条　经济补偿按劳动者在本单位工作的年限，每满一年支付一个月工资的标准向劳动者支付。六个月以上不满一年的，按一年计算；不满六个月的，向劳动者支付半个月工资的经济补偿。

劳动者月工资高于用人单位所在直辖市、设区的市级人民政府公布的本地区上年度职工月平均工资三倍的，向其支付经济补偿的标准按职工月平均工资三倍的数额支付，向其支付经济补偿的年限最高不超过十二年。

本条所称月工资是指劳动者在劳动合同解除或者终止前十二个月的平均工资。

第四十八条　用人单位违反本法规定解除或者终止劳动合同，劳动者要求继续履行劳动合同的，用人单位应当继续履行；劳动者不要求继续履行劳动合同或者劳动合同已经不能继续履行的，用人单位应当依照本法第八十七条规定支付赔偿金。

第四十九条　国家采取措施，建立健全劳动者社会保险关系跨地区转移接续制度。

第五十条　用人单位应当在解除或者终止劳动合同时出具解除或者终止劳动合同的证明，并在十五日内为劳动者办理档案和社会保险关系转移手续。

劳动者应当按照双方约定，办理工作交接。用人单位依照本法有关规定应当向劳动者支付经济补偿的，在办结工作交接时支付。

用人单位对已经解除或者终止的劳动合同的文本，至少保存二年备查。

## 第五章　特别规定

### 第一节　集体合同

第五十一条　企业职工一方与用人单位通过平等协商，可以就劳动报酬、工作时间、休息休假、劳动安全卫生、保险福利等事项订立集体合同。集体合同草案应当提交职工代表大会或者全体职工讨论通过。

集体合同由工会代表企业职工一方与用人单位订立；尚未建立工会的用人单位，由上级工会指导劳动者推举的代表与用人单位订立。

第五十二条　企业职工一方与用人单位可以订立劳动安全卫生、女职工权益保护、工资调整机制等专项集体合同。

第五十三条　在县级以下区域内，建筑业、采矿业、餐饮服务业等行业可以由工会与企业方面代表订立行业性集体合同，或者订立区域性集体合同。

第五十四条　集体合同订立后，应当报送劳动行政部门；劳动行政部门自收到集体合同文本之日起十五日内未提出异议的，集体合同即行生效。

依法订立的集体合同对用人单位和劳动者具有约束力。行业性、区域性集体合同对当地本行业、本区域的用人单位和劳动者具有约束力。

第五十五条　集体合同中劳动报酬和劳动条件等标准不得低于当地人民政府规定的最低标准；用人单位与劳动者订立的劳动合同中劳动报

酬和劳动条件等标准不得低于集体合同规定的标准。

第五十六条　用人单位违反集体合同，侵犯职工劳动权益的，工会可以依法要求用人单位承担责任；因履行集体合同发生争议，经协商解决不成的，工会可以依法申请仲裁、提起诉讼。

## 第二节　劳务派遣

第五十七条　经营劳务派遣业务应当具备下列条件：

（一）注册资本不得少于人民币二百万元；

（二）有与开展业务相适应的固定的经营场所和设施；

（三）有符合法律、行政法规规定的劳务派遣管理制度；

（四）法律、行政法规规定的其他条件。

经营劳务派遣业务，应当向劳动行政部门依法申请行政许可；经许可的，依法办理相应的公司登记。未经许可，任何单位和个人不得经营劳务派遣业务。

第五十八条　劳务派遣单位是本法所称用人单位，应当履行用人单位对劳动者的义务。劳务派遣单位与被派遣劳动者订立的劳动合同，除应当载明本法第十七条规定的事项外，还应当载明被派遣劳动者的用工单位以及派遣期限、工作岗位等情况。

劳务派遣单位应当与被派遣劳动者订立二年以上的固定期限劳动合同，按月支付劳动报酬；被派遣劳动者在无工作期间，劳务派遣单位应当按照所在地人民政府规定的最低工资标准，向其按月支付报酬。

第五十九条　劳务派遣单位派遣劳动者应当与接受以劳务派遣形式用工的单位（以下称用工单位）订立劳务派遣协议。劳务派遣协议应当约定派遣岗位和人员数量、派遣期限、劳动报酬和社会保险费的数额与支付方式以及违反协议的责任。

用工单位应当根据工作岗位的实际需要与劳务派遣单位确定派遣期限，不得将连续用工期限分割订立数个短期劳务派遣协议。

第六十条　劳务派遣单位应当将劳务派遣协议的内容告知被派遣劳

动者。

劳务派遣单位不得克扣用工单位按照劳务派遣协议支付给被派遣劳动者的劳动报酬。

劳务派遣单位和用工单位不得向被派遣劳动者收取费用。

第六十一条　劳务派遣单位跨地区派遣劳动者的，被派遣劳动者享有的劳动报酬和劳动条件，按照用工单位所在地的标准执行。

第六十二条　用工单位应当履行下列义务：

（一）执行国家劳动标准，提供相应的劳动条件和劳动保护；

（二）告知被派遣劳动者的工作要求和劳动报酬；

（三）支付加班费、绩效奖金，提供与工作岗位相关的福利待遇；

（四）对在岗被派遣劳动者进行工作岗位所必需的培训；

（五）连续用工的，实行正常的工资调整机制。

用工单位不得将被派遣劳动者再派遣到其他用人单位。

第六十三条　被派遣劳动者享有与用工单位的劳动者同工同酬的权利。用工单位应当按照同工同酬原则，对被派遣劳动者与本单位同类岗位的劳动者实行相同的劳动报酬分配办法。用工单位无同类岗位劳动者的，参照用工单位所在地相同或者相近岗位劳动者的劳动报酬确定。

劳务派遣单位与被派遣劳动者订立的劳动合同和与用工单位订立的劳务派遣协议，载明或者约定的向被派遣劳动者支付的劳动报酬应当符合前款规定。

第六十四条　被派遣劳动者有权在劳务派遣单位或者用工单位依法参加或者组织工会，维护自身的合法权益。

第六十五条　被派遣劳动者可以依照本法第三十六条、第三十八条的规定与劳务派遣单位解除劳动合同。

被派遣劳动者有本法第三十九条和第四十条第一项、第二项规定情形的，用工单位可以将劳动者退回劳务派遣单位，劳务派遣单位依照本法有关规定，可以与劳动者解除劳动合同。

第六十六条　劳动合同用工是我国的企业基本用工形式。劳务派遣用工是补充形式，只能在临时性、辅助性或者替代性的工作岗位上实施。

前款规定的临时性工作岗位是指存续时间不超过六个月的岗位；辅助性工作岗位是指为主营业务岗位提供服务的非主营业务岗位；替代性工作岗位是指用工单位的劳动者因脱产学习、休假等原因无法工作的一定期间内，可以由其他劳动者替代工作的岗位。

用工单位应当严格控制劳务派遣用工数量，不得超过其用工总量的一定比例，具体比例由国务院劳动行政部门规定。

第六十七条　用人单位不得设立劳务派遣单位向本单位或者所属单位派遣劳动者。

### 第三节　非全日制用工

第六十八条　非全日制用工，是指以小时计酬为主，劳动者在同一用人单位一般平均每日工作时间不超过四小时，每周工作时间累计不超过二十四小时的用工形式。

第六十九条　非全日制用工双方当事人可以订立口头协议。

从事非全日制用工的劳动者可以与一个或者一个以上用人单位订立劳动合同；但是，后订立的劳动合同不得影响先订立的劳动合同的履行。

第七十条　非全日制用工双方当事人不得约定试用期。

第七十一条　非全日制用工双方当事人任何一方都可以随时通知对方终止用工。终止用工，用人单位不向劳动者支付经济补偿。

第七十二条　非全日制用工小时计酬标准不得低于用人单位所在地人民政府规定的最低小时工资标准。

非全日制用工劳动报酬结算支付周期最长不得超过十五日。

## 第六章　监督检查

第七十三条　国务院劳动行政部门负责全国劳动合同制度实施的监

督管理。

县级以上地方人民政府劳动行政部门负责本行政区域内劳动合同制度实施的监督管理。

县级以上各级人民政府劳动行政部门在劳动合同制度实施的监督管理工作中，应当听取工会、企业方面代表以及有关行业主管部门的意见。

第七十四条　县级以上地方人民政府劳动行政部门依法对下列实施劳动合同制度的情况进行监督检查：

（一）用人单位制定直接涉及劳动者切身利益的规章制度及其执行的情况；

（二）用人单位与劳动者订立和解除劳动合同的情况；

（三）劳务派遣单位和用工单位遵守劳务派遣有关规定的情况；

（四）用人单位遵守国家关于劳动者工作时间和休息休假规定的情况；

（五）用人单位支付劳动合同约定的劳动报酬和执行最低工资标准的情况；

（六）用人单位参加各项社会保险和缴纳社会保险费的情况；

（七）法律、法规规定的其他劳动监察事项。

第七十五条　县级以上地方人民政府劳动行政部门实施监督检查时，有权查阅与劳动合同、集体合同有关的材料，有权对劳动场所进行实地检查，用人单位和劳动者都应当如实提供有关情况和材料。

劳动行政部门的工作人员进行监督检查，应当出示证件，依法行使职权，文明执法。

第七十六条　县级以上人民政府建设、卫生、安全生产监督管理等有关主管部门在各自职责范围内，对用人单位执行劳动合同制度的情况进行监督管理。

第七十七条　劳动者合法权益受到侵害的，有权要求有关部门依法处理，或者依法申请仲裁、提起诉讼。

第七十八条　工会依法维护劳动者的合法权益，对用人单位履行劳动合同、集体合同的情况进行监督。用人单位违反劳动法律、法规和劳动合同、集体合同的，工会有权提出意见或者要求纠正；劳动者申请仲裁、提起诉讼的，工会依法给予支持和帮助。

第七十九条　任何组织或者个人对违反本法的行为都有权举报，县级以上人民政府劳动行政部门应当及时核实、处理，并对举报有功人员给予奖励。

## 第七章　法律责任

第八十条　用人单位直接涉及劳动者切身利益的规章制度违反法律、法规规定的，由劳动行政部门责令改正，给予警告；给劳动者造成损害的，应当承担赔偿责任。

第八十一条　用人单位提供的劳动合同文本未载明本法规定的劳动合同必备条款或者用人单位未将劳动合同文本交付劳动者的，由劳动行政部门责令改正；给劳动者造成损害的，应当承担赔偿责任。

第八十二条　用人单位自用工之日起超过一个月不满一年未与劳动者订立书面劳动合同的，应当向劳动者每月支付二倍的工资。

用人单位违反本法规定不与劳动者订立无固定期限劳动合同的，自应当订立无固定期限劳动合同之日起向劳动者每月支付二倍的工资。

第八十三条　用人单位违反本法规定与劳动者约定试用期的，由劳动行政部门责令改正；违法约定的试用期已经履行的，由用人单位以劳动者试用期满月工资为标准，按已经履行的超过法定试用期的期间向劳动者支付赔偿金。

第八十四条　用人单位违反本法规定，扣押劳动者居民身份证等证件的，由劳动行政部门责令限期退还劳动者本人，并依照有关法律规定给予处罚。

用人单位违反本法规定，以担保或者其他名义向劳动者收取财物的，由劳动行政部门责令限期退还劳动者本人，并以每人五百元以上二千元以下的标准处以罚款；给劳动者造成损害的，应当承担赔偿责任。

劳动者依法解除或者终止劳动合同，用人单位扣押劳动者档案或者其他物品的，依照前款规定处罚。

第八十五条　用人单位有下列情形之一的，由劳动行政部门责令限期支付劳动报酬、加班费或者经济补偿；劳动报酬低于当地最低工资标准的，应当支付其差额部分；逾期不支付的，责令用人单位按应付金额百分之五十以上百分之一百以下的标准向劳动者加付赔偿金：

（一）未按照劳动合同的约定或者国家规定及时足额支付劳动者劳动报酬的；

（二）低于当地最低工资标准支付劳动者工资的；

（三）安排加班不支付加班费的；

（四）解除或者终止劳动合同，未依照本法规定向劳动者支付经济补偿的。

第八十六条　劳动合同依照本法第二十六条规定被确认无效，给对方造成损害的，有过错的一方应当承担赔偿责任。

第八十七条　用人单位违反本法规定解除或者终止劳动合同的，应当依照本法第四十七条规定的经济补偿标准的二倍向劳动者支付赔偿金。

第八十八条　用人单位有下列情形之一的，依法给予行政处罚；构成犯罪的，依法追究刑事责任；给劳动者造成损害的，应当承担赔偿责任：

（一）以暴力、威胁或者非法限制人身自由的手段强迫劳动的；

（二）违章指挥或者强令冒险作业危及劳动者人身安全的；

（三）侮辱、体罚、殴打、非法搜查或者拘禁劳动者的；

（四）劳动条件恶劣、环境污染严重，给劳动者身心健康造成严重损害的。

第八十九条　用人单位违反本法规定未向劳动者出具解除或者终止劳动合同的书面证明，由劳动行政部门责令改正；给劳动者造成损害的，应当承担赔偿责任。

第九十条　劳动者违反本法规定解除劳动合同，或者违反劳动合同中约定的保密义务或者竞业限制，给用人单位造成损失的，应当承担赔偿责任。

第九十一条　用人单位招用与其他用人单位尚未解除或者终止劳动合同的劳动者，给其他用人单位造成损失的，应当承担连带赔偿责任。

第九十二条　违反本法规定，未经许可，擅自经营劳务派遣业务的，由劳动行政部门责令停止违法行为，没收违法所得，并处违法所得一倍以上五倍以下的罚款；没有违法所得的，可以处五万元以下的罚款。

劳务派遣单位、用工单位违反本法有关劳务派遣规定的，由劳动行政部门责令限期改正；逾期不改正的，以每人五千元以上一万元以下的标准处以罚款，对劳务派遣单位，吊销其劳务派遣业务经营许可证。用工单位给被派遣劳动者造成损害的，劳务派遣单位与用工单位承担连带赔偿责任。

第九十三条　对不具备合法经营资格的用人单位的违法犯罪行为，依法追究法律责任；劳动者已经付出劳动的，该单位或者其出资人应当依照本法有关规定向劳动者支付劳动报酬、经济补偿、赔偿金；给劳动者造成损害的，应当承担赔偿责任。

第九十四条　个人承包经营违反本法规定招用劳动者，给劳动者造成损害的，发包的组织与个人承包经营者承担连带赔偿责任。

第九十五条　劳动行政部门和其他有关主管部门及其工作人员玩忽职守、不履行法定职责，或者违法行使职权，给劳动者或者用人单位造成损害的，应当承担赔偿责任；对直接负责的主管人员和其他直接责任人员，依法给予行政处分；构成犯罪的，依法追究刑事责任。

## 第八章　附则

第九十六条　事业单位与实行聘用制的工作人员订立、履行、变更、解除或者终止劳动合同，法律、行政法规或者国务院另有规定的，依照其规定；未作规定的，依照本法有关规定执行。

第九十七条　本法施行前已依法订立且在本法施行之日存续的劳动合同，继续履行；本法第十四条第二款第三项规定连续订立固定期限劳动合同的次数，自本法施行后续订固定期限劳动合同时开始计算。

本法施行前已建立劳动关系，尚未订立书面劳动合同的，应当自本法施行之日起一个月内订立。

本法施行之日存续的劳动合同在本法施行后解除或者终止，依照本法第四十六条规定应当支付经济补偿的，经济补偿年限自本法施行之日起计算；本法施行前按照当时有关规定，用人单位应当向劳动者支付经济补偿的，按照当时有关规定执行。

第九十八条　本法自 2008 年 1 月 1 日起施行。

# 中华人民共和国劳动争议调解仲裁法

（2007 年 12 月 29 日第十届全国人民代表大会常务委员会第三十一次会议通过）

## 第一章　总则

第一条　为了公正及时解决劳动争议，保护当事人合法权益，促进劳动关系和谐稳定，制定本法。

第二条　中华人民共和国境内的用人单位与劳动者发生的下列劳动争议，适用本法：

（一）因确认劳动关系发生的争议；

（二）因订立、履行、变更、解除和终止劳动合同发生的争议；

（三）因除名、辞退和辞职、离职发生的争议；

（四）因工作时间、休息休假、社会保险、福利、培训以及劳动保护发生的争议；

（五）因劳动报酬、工伤医疗费、经济补偿或者赔偿金等发生的争议；

（六）法律、法规规定的其他劳动争议。

第三条　解决劳动争议，应当根据事实，遵循合法、公正、及时、着重调解的原则，依法保护当事人的合法权益。

第四条　发生劳动争议，劳动者可以与用人单位协商，也可以请工会或者第三方共同与用人单位协商，达成和解协议。

第五条 发生劳动争议，当事人不愿协商、协商不成或者达成和解协议后不履行的，可以向调解组织申请调解；不愿调解、调解不成或者达成调解协议后不履行的，可以向劳动争议仲裁委员会申请仲裁；对仲裁裁决不服的，除本法另有规定的外，可以向人民法院提起诉讼。

第六条 发生劳动争议，当事人对自己提出的主张，有责任提供证据。与争议事项有关的证据属于用人单位掌握管理的，用人单位应当提供；用人单位不提供的，应当承担不利后果。

第七条 发生劳动争议的劳动者一方在十人以上，并有共同请求的，可以推举代表参加调解、仲裁或者诉讼活动。

第八条 县级以上人民政府劳动行政部门会同工会和企业方面代表建立协调劳动关系三方机制，共同研究解决劳动争议的重大问题。

第九条 用人单位违反国家规定，拖欠或者未足额支付劳动报酬，或者拖欠工伤医疗费、经济补偿或者赔偿金的，劳动者可以向劳动行政部门投诉，劳动行政部门应当依法处理。

## 第二章 调解

第十条 发生劳动争议，当事人可以到下列调解组织申请调解：

（一）企业劳动争议调解委员会；

（二）依法设立的基层人民调解组织；

（三）在乡镇、街道设立的具有劳动争议调解职能的组织。

企业劳动争议调解委员会由职工代表和企业代表组成。职工代表由工会成员担任或者由全体职工推举产生，企业代表由企业负责人指定。企业劳动争议调解委员会主任由工会成员或者双方推举的人员担任。

第十一条 劳动争议调解组织的调解员应当由公道正派、联系群众、热心调解工作，并具有一定法律知识、政策水平和文化水平的成年公民担任。

第十二条 当事人申请劳动争议调解可以书面申请，也可以口头申请。口头申请的，调解组织应当当场记录申请人基本情况、申请调解的争议事项、理由和时间。

第十三条　调解劳动争议，应当充分听取双方当事人对事实和理由的陈述，耐心疏导，帮助其达成协议。

第十四条　经调解达成协议的，应当制作调解协议书。

调解协议书由双方当事人签名或者盖章，经调解员签名并加盖调解组织印章后生效，对双方当事人具有约束力，当事人应当履行。

自劳动争议调解组织收到调解申请之日起十五日内未达成调解协议的，当事人可以依法申请仲裁。

第十五条　达成调解协议后，一方当事人在协议约定期限内不履行调解协议的，另一方当事人可以依法申请仲裁。

第十六条　因支付拖欠劳动报酬、工伤医疗费、经济补偿或者赔偿金事项达成调解协议，用人单位在协议约定期限内不履行的，劳动者可以持调解协议书依法向人民法院申请支付令。人民法院应当依法发出支付令。

## 第三章　仲裁

### 第一节　一般规定

第十七条　劳动争议仲裁委员会按照统筹规划、合理布局和适应实际需要的原则设立。省、自治区人民政府可以决定在市、县设立；直辖市人民政府可以决定在区、县设立。直辖市、设区的市也可以设立一个或者若干个劳动争议仲裁委员会。劳动争议仲裁委员会不按行政区划层层设立。

第十八条　国务院劳动行政部门依照本法有关规定制定仲裁规则。省、自治区、直辖市人民政府劳动行政部门对本行政区域的劳动争议仲裁工作进行指导。

第十九条　劳动争议仲裁委员会由劳动行政部门代表、工会代表和企业方面代表组成。劳动争议仲裁委员会组成人员应当是单数。

劳动争议仲裁委员会依法履行下列职责：

（一）聘任、解聘专职或者兼职仲裁员；

（二）受理劳动争议案件；

（三）讨论重大或者疑难的劳动争议案件；

（四）对仲裁活动进行监督。

劳动争议仲裁委员会下设办事机构，负责办理劳动争议仲裁委员会的日常工作。

第二十条　劳动争议仲裁委员会应当设仲裁员名册。

仲裁员应当公道正派并符合下列条件之一：

（一）曾任审判员的；

（二）从事法律研究、教学工作并具有中级以上职称的；

（三）具有法律知识、从事人力资源管理或者工会等专业工作满五年的；

（四）律师执业满三年的。

第二十一条　劳动争议仲裁委员会负责管辖本区域内发生的劳动争议。

劳动争议由劳动合同履行地或者用人单位所在地的劳动争议仲裁委员会管辖。双方当事人分别向劳动合同履行地和用人单位所在地的劳动争议仲裁委员会申请仲裁的，由劳动合同履行地的劳动争议仲裁委员会管辖。

第二十二条　发生劳动争议的劳动者和用人单位为劳动争议仲裁案件的双方当事人。

劳务派遣单位或者用工单位与劳动者发生劳动争议的，劳务派遣单位和用工单位为共同当事人。

第二十三条　与劳动争议案件的处理结果有利害关系的第三人，可以申请参加仲裁活动或者由劳动争议仲裁委员会通知其参加仲裁活动。

第二十四条　当事人可以委托代理人参加仲裁活动。委托他人参加仲裁活动，应当向劳动争议仲裁委员会提交有委托人签名或者盖章的委托书，委托书应当载明委托事项和权限。

第二十五条　丧失或者部分丧失民事行为能力的劳动者，由其法定代理人代为参加仲裁活动；无法定代理人的，由劳动争议仲裁委员会为其指定代理人。劳动者死亡的，由其近亲属或者代理人参加仲裁活动。

第二十六条　劳动争议仲裁公开进行，但当事人协议不公开进行或者涉及国家秘密、商业秘密和个人隐私的除外。

## 第二节　申请和受理

第二十七条　劳动争议申请仲裁的时效期间为一年。仲裁时效期间从当事人知道或者应当知道其权利被侵害之日起计算。

前款规定的仲裁时效，因当事人一方向对方当事人主张权利，或者向有关部门请求权利救济，或者对方当事人同意履行义务而中断。从中断时起，仲裁时效期间重新计算。

因不可抗力或者有其他正当理由，当事人不能在本条第一款规定的仲裁时效期间申请仲裁的，仲裁时效中止。从中止时效的原因消除之日起，仲裁时效期间继续计算。

劳动关系存续期间因拖欠劳动报酬发生争议的，劳动者申请仲裁不受本条第一款规定的仲裁时效期间的限制；但是，劳动关系终止的，应当自劳动关系终止之日起一年内提出。

第二十八条　申请人申请仲裁应当提交书面仲裁申请，并按照被申请人人数提交副本。

仲裁申请书应当载明下列事项：

（一）劳动者的姓名、性别、年龄、职业、工作单位和住所，用人单位的名称、住所和法定代表人或者主要负责人的姓名、职务；

（二）仲裁请求和所根据的事实、理由；

（三）证据和证据来源、证人姓名和住所。

书写仲裁申请确有困难的，可以口头申请，由劳动争议仲裁委员会记入笔录，并告知对方当事人。

第二十九条　劳动争议仲裁委员会收到仲裁申请之日起五日内，认为符合受理条件的，应当受理，并通知申请人；认为不符合受理条件的，应当书面通知申请人不予受理，并说明理由。对劳动争议仲裁委员会不予受理或者逾期未作出决定的，申请人可以就该劳动争议事项向人民法院提起诉讼。

第三十条　劳动争议仲裁委员会受理仲裁申请后，应当在五日内将仲裁申请书副本送达被申请人。

被申请人收到仲裁申请书副本后，应当在十日内向劳动争议仲裁委员会提交答辩书。劳动争议仲裁委员会收到答辩书后，应当在五日内将答辩书副本送达申请人。被申请人未提交答辩书的，不影响仲裁程序的进行。

## 第三节　开庭和裁决

第三十一条　劳动争议仲裁委员会裁决劳动争议案件实行仲裁庭制。仲裁庭由三名仲裁员组成，设首席仲裁员。简单劳动争议案件可以由一名仲裁员独任仲裁。

第三十二条　劳动争议仲裁委员会应当在受理仲裁申请之日起五日内将仲裁庭的组成情况书面通知当事人。

第三十三条　仲裁员有下列情形之一，应当回避，当事人也有权以口头或者书面方式提出回避申请：

（一）是本案当事人或者当事人、代理人的近亲属的；

（二）与本案有利害关系的；

（三）与本案当事人、代理人有其他关系，可能影响公正裁决的；

（四）私自会见当事人、代理人，或者接受当事人、代理人的请客送礼的。

劳动争议仲裁委员会对回避申请应当及时作出决定，并以口头或者书面方式通知当事人。

第三十四条　仲裁员有本法第三十三条　第四项规定情形，或者有索贿受贿、徇私舞弊、枉法裁决行为的，应当依法承担法律责任。劳动争议仲裁委员会应当将其解聘。

第三十五条　仲裁庭应当在开庭五日前，将开庭日期、地点书面通知双方当事人。当事人有正当理由的，可以在开庭三日前请求延期开庭。是否延期，由劳动争议仲裁委员会决定。

第三十六条　申请人收到书面通知，无正当理由拒不到庭或者未经仲裁庭同意中途退庭的，可以视为撤回仲裁申请。

被申请人收到书面通知，无正当理由拒不到庭或者未经仲裁庭同意中途退庭的，可以缺席裁决。

第三十七条　仲裁庭对专门性问题认为需要鉴定的，可以交由当事人约定的鉴定机构鉴定；当事人没有约定或者无法达成约定的，由仲裁庭指定的鉴定机构鉴定。

根据当事人的请求或者仲裁庭的要求，鉴定机构应当派鉴定人参加开庭。当事人经仲裁庭许可，可以向鉴定人提问。

第三十八条　当事人在仲裁过程中有权进行质证和辩论。质证和辩论终结时，首席仲裁员或者独任仲裁员应当征询当事人的最后意见。

第三十九条　当事人提供的证据经查证属实的，仲裁庭应当将其作为认定事实的根据。

劳动者无法提供由用人单位掌握管理的与仲裁请求有关的证据，仲裁庭可以要求用人单位在指定期限内提供。用人单位在指定期限内不提供的，应当承担不利后果。

第四十条　仲裁庭应当将开庭情况记入笔录。当事人和其他仲裁参加人认为对自己陈述的记录有遗漏或者差错的，有权申请补正。如果不予补正，应当记录该申请。

笔录由仲裁员、记录人员、当事人和其他仲裁参加人签名或者盖章。

第四十一条　当事人申请劳动争议仲裁后，可以自行和解。达成和解协议的，可以撤回仲裁申请。

第四十二条　仲裁庭在作出裁决前，应当先行调解。

调解达成协议的，仲裁庭应当制作调解书。

调解书应当写明仲裁请求和当事人协议的结果。调解书由仲裁员签名，加盖劳动争议仲裁委员会印章，送达双方当事人。调解书经双方当事人签收后，发生法律效力。

调解不成或者调解书送达前，一方当事人反悔的，仲裁庭应当及时作出裁决。

第四十三条　仲裁庭裁决劳动争议案件，应当自劳动争议仲裁委员会受理仲裁申请之日起四十五日内结束。案情复杂需要延期的，经劳动争议仲裁委员会主任批准，可以延期并书面通知当事人，但是延长期限不得超过十五日。逾期未作出仲裁裁决的，当事人可以就该劳动争议事项向人民法院提起诉讼。

仲裁庭裁决劳动争议案件时，其中一部分事实已经清楚，可以就该部分先行裁决。

第四十四条　仲裁庭对追索劳动报酬、工伤医疗费、经济补偿或者赔偿金的案件，根据当事人的申请，可以裁决先予执行，移送人民法院执行。

仲裁庭裁决先予执行的，应当符合下列条件：

（一）当事人之间权利义务关系明确；

（二）不先予执行将严重影响申请人的生活。

劳动者申请先予执行的，可以不提供担保。

第四十五条　裁决应当按照多数仲裁员的意见作出，少数仲裁员的不同意见应当记入笔录。仲裁庭不能形成多数意见时，裁决应当按照首席仲裁员的意见作出。

第四十六条　裁决书应当载明仲裁请求、争议事实、裁决理由、裁决结果和裁决日期。裁决书由仲裁员签名，加盖劳动争议仲裁委员会印章。对裁决持不同意见的仲裁员，可以签名，也可以不签名。

第四十七条　下列劳动争议，除本法另有规定的外，仲裁裁决为终局裁决，裁决书自作出之日起发生法律效力：

（一）追索劳动报酬、工伤医疗费、经济补偿或者赔偿金，不超过当地月最低工资标准十二个月金额的争议；

（二）因执行国家的劳动标准在工作时间、休息休假、社会保险等方面发生的争议。

第四十八条　劳动者对本法第四十七条规定的仲裁裁决不服的，可以自收到仲裁裁决书之日起十五日内向人民法院提起诉讼。

第四十九条　用人单位有证据证明本法第四十七条规定的仲裁裁决有下列情形之一，可以自收到仲裁裁决书之日起三十日内向劳动争议仲裁委员会所在地的中级人民法院申请撤销裁决：

（一）适用法律、法规确有错误的；

（二）劳动争议仲裁委员会无管辖权的；

（三）违反法定程序的；

（四）裁决所根据的证据是伪造的；

（五）对方当事人隐瞒了足以影响公正裁决的证据的；

（六）仲裁员在仲裁该案时有索贿受贿、徇私舞弊、枉法裁决行为的。

人民法院经组成合议庭审查核实裁决有前款规定情形之一的，应当裁定撤销。

仲裁裁决被人民法院裁定撤销的，当事人可以自收到裁定书之日起十五日内就该劳动争议事项向人民法院提起诉讼。

第五十条　当事人对本法第四十七条规定以外的其他劳动争议案件的仲裁裁决不服的，可以自收到仲裁裁决书之日起十五日内向人民法院提起诉讼；期满不起诉的，裁决书发生法律效力。

第五十一条　当事人对发生法律效力的调解书、裁决书，应当依照规定的期限履行。一方当事人逾期不履行的，另一方当事人可以依照民事诉讼法的有关规定向人民法院申请执行。受理申请的人民法院应当依法执行。

## 第四章 附则

第五十二条 事业单位实行聘用制的工作人员与本单位发生劳动争议的，依照本法执行；法律、行政法规或者国务院另有规定的，依照其规定。

第五十三条 劳动争议仲裁不收费。劳动争议仲裁委员会的经费由财政予以保障。

第五十四条 本法自 2008 年 5 月 1 日起施行。

# 企业劳动争议协商调解规定

（人力资源和社会保障部第76次部务会审议通过，
自2012年1月1日起施行）

## 第一章　总则

第一条　为规范企业劳动争议协商、调解行为，促进劳动关系和谐稳定，根据《中华人民共和国劳动争议调解仲裁法》，制定本规定。

第二条　企业劳动争议协商、调解，适用本规定。

第三条　企业应当依法执行职工大会、职工代表大会、厂务公开等民主管理制度，建立集体协商、集体合同制度，维护劳动关系和谐稳定。

第四条　企业应当建立劳资双方沟通对话机制，畅通劳动者利益诉求表达渠道。

劳动者认为企业在履行劳动合同、集体合同，执行劳动保障法律、法规和企业劳动规章制度等方面存在问题的，可以向企业劳动争议调解委员会（以下简称调解委员会）提出。调解委员会应当及时核实情况，协调企业进行整改或者向劳动者做出说明。

劳动者也可以通过调解委员会向企业提出其他合理诉求。调解委员会应当及时向企业转达，并向劳动者反馈情况。

第五条　企业应当加强对劳动者的人文关怀，关心劳动者的诉求，关注劳动者的心理健康，引导劳动者理性维权，预防劳动争议发生。

第六条　协商、调解劳动争议，应当根据事实和有关法律法规的规定，遵循平等、自愿、合法、公正、及时的原则。

第七条　人力资源和社会保障行政部门应当指导企业开展劳动争议预防调解工作，具体履行下列职责：

（一）指导企业遵守劳动保障法律、法规和政策；

（二）督促企业建立劳动争议预防预警机制；

（三）协调工会、企业代表组织建立企业重大集体性劳动争议应急调解协调机制，共同推动企业劳动争议预防调解工作；

（四）检查辖区内调解委员会的组织建设、制度建设和队伍建设情况。

## 第二章　协商

第八条　发生劳动争议，一方当事人可以通过与另一方当事人约见、面谈等方式协商解决。

第九条　劳动者可以要求所在企业工会参与或者协助其与企业进行协商。工会也可以主动参与劳动争议的协商处理，维护劳动者合法权益。

劳动者可以委托其他组织或者个人作为其代表进行协商。

第十条　一方当事人提出协商要求后，另一方当事人应当积极做出口头或者书面回应。5 日内不做出回应的，视为不愿协商。

协商的期限由当事人书面约定，在约定的期限内没有达成一致的，视为协商不成。当事人可以书面约定延长期限。

第十一条　协商达成一致，应当签订书面和解协议。和解协议对双方当事人具有约束力，当事人应当履行。

经仲裁庭审查，和解协议程序和内容合法有效的，仲裁庭可以将其作为证据使用。但是，当事人为达成和解的目的作出妥协所涉及的对争议事实的认可，不得在其后的仲裁中作为对其不利的证据。

第十二条　发生劳动争议，当事人不愿协商、协商不成或者达成和解协议后，一方当事人在约定的期限内不履行和解协议的，可以依法向调解委员会或者乡镇、街道劳动就业社会保障服务所（中心）等其他依法设立的调解组织申请调解，也可以依法向劳动人事争议仲裁委员会（以下简称仲裁委员会）申请仲裁。

## 第三章　调解

第十三条　大中型企业应当依法设立调解委员会，并配备专职或者兼职工作人员。

有分公司、分店、分厂的企业，可以根据需要在分支机构设立调解委员会。总部调解委员会指导分支机构调解委员会开展劳动争议预防调解工作。

调解委员会可以根据需要在车间、工段、班组设立调解小组。

第十四条　小微型企业可以设立调解委员会，也可以由劳动者和企业共同推举人员，开展调解工作。

第十五条　调解委员会由劳动者代表和企业代表组成，人数由双方协商确定，双方人数应当对等。劳动者代表由工会委员会成员担任或者由全体劳动者推举产生，企业代表由企业负责人指定。调解委员会主任由工会委员会成员或者双方推举的人员担任。

第十六条　调解委员会履行下列职责：

（一）宣传劳动保障法律、法规和政策；

（二）对本企业发生的劳动争议进行调解；

（三）监督和解协议、调解协议的履行；

（四）聘任、解聘和管理调解员；

（五）参与协调履行劳动合同、集体合同、执行企业劳动规章制度等方面出现的问题；

（六）参与研究涉及劳动者切身利益的重大方案；

（七）协助企业建立劳动争议预防预警机制。

第十七条　调解员履行下列职责：

（一）关注本企业劳动关系状况，及时向调解委员会报告；

（二）接受调解委员会指派，调解劳动争议案件；

（三）监督和解协议、调解协议的履行；

（四）完成调解委员会交办的其他工作。

第十八条　调解员应当公道正派、联系群众、热心调解工作，具有一定劳动保障法律政策知识和沟通协调能力。调解员由调解委员会聘任的本企业工作人员担任，调解委员会成员均为调解员。

第十九条　调解员的聘期至少为1年，可以续聘。调解员不能履行调解职责时，调解委员会应当及时调整。

第二十条　调解员依法履行调解职责，需要占用生产或者工作时间的，企业应当予以支持，并按照正常出勤对待。

第二十一条　发生劳动争议，当事人可以口头或者书面形式向调解委员会提出调解申请。

申请内容应当包括申请人基本情况、调解请求、事实与理由。

口头申请的，调解委员会应当当场记录。

第二十二条　调解委员会接到调解申请后，对属于劳动争议受理范围且双方当事人同意调解的，应当在3个工作日内受理。对不属于劳动争议受理范围或者一方当事人不同意调解的，应当做好记录，并书面通知申请人。

第二十三条　发生劳动争议，当事人没有提出调解申请，调解委员会可以在征得双方当事人同意后主动调解。

第二十四条　调解委员会调解劳动争议一般不公开进行。但是，双方当事人要求公开调解的除外。

第二十五条　调解委员会根据案件情况指定调解员或者调解小组进行调解，在征得当事人同意后，也可以邀请有关单位和个人协助调解。

调解员应当全面听取双方当事人的陈述，采取灵活多样的方式方法，开展耐心、细致的说服疏导工作，帮助当事人自愿达成调解协议。

第二十六条　经调解达成调解协议的，由调解委员会制作调解协议书。调解协议书应当写明双方当事人基本情况、调解请求事项、调解的结果和协议履行期限、履行方式等。

调解协议书由双方当事人签名或者盖章，经调解员签名并加盖调解委员会印章后生效。

调解协议书一式三份，双方当事人和调解委员会各执一份。

第二十七条　生效的调解协议对双方当事人具有约束力，当事人应当履行。

双方当事人可以自调解协议生效之日起 15 日内共同向仲裁委员会提出仲裁审查申请。仲裁委员会受理后，应当对调解协议进行审查，并根据《劳动人事争议仲裁办案规则》第五十四条规定，对程序和内容合法有效的调解协议，出具调解书。

第二十八条　双方当事人未按前条规定提出仲裁审查申请，一方当事人在约定的期限内不履行调解协议的，另一方当事人可以依法申请仲裁。

仲裁委员会受理仲裁申请后，应当对调解协议进行审查，调解协议合法有效且不损害公共利益或者第三人合法利益的，在没有新证据出现的情况下，仲裁委员会可以依据调解协议作出仲裁裁决。

第二十九条　调解委员会调解劳动争议，应当自受理调解申请之日起 15 日内结束。但是，双方当事人同意延期的可以延长。

在前款规定期限内未达成调解协议的，视为调解不成。

第三十条　当事人不愿调解、调解不成或者达成调解协议后，一方当事人在约定的期限内不履行调解协议的，调解委员会应当做好记录，由双方当事人签名或者盖章，并书面告知当事人可以向仲裁委员会申请仲裁。

第三十一条　有下列情形之一的，按照《劳动人事争议仲裁办案规则》第十条的规定属于仲裁时效中断，从中断时起，仲裁时效期间重新计算：

（一）一方当事人提出协商要求后，另一方当事人不同意协商或者在5日内不做出回应的；

（二）在约定的协商期限内，一方或者双方当事人不同意继续协商的；

（三）在约定的协商期限内未达成一致的；

（四）达成和解协议后，一方或者双方当事人在约定的期限内不履行和解协议的；

（五）一方当事人提出调解申请后，另一方当事人不同意调解的；

（六）调解委员会受理调解申请后，在第二十九条规定的期限内一方或者双方当事人不同意调解的；

（七）在第二十九条规定的期限内未达成调解协议的；

（八）达成调解协议后，一方当事人在约定期限内不履行调解协议的。

第三十二条　调解委员会应当建立健全调解登记、调解记录、督促履行、档案管理、业务培训、统计报告、工作考评等制度。

第三十三条　企业应当支持调解委员会开展调解工作，提供办公场所，保障工作经费。

第三十四条　企业未按照本规定成立调解委员会，劳动争议或者群体性事件频发，影响劳动关系和谐，造成重大社会影响的，由县级以上人力资源和社会保障行政部门予以通报；违反法律法规规定的，依法予以处理。

第三十五条　调解员在调解过程中存在严重失职或者违法违纪行为，侵害当事人合法权益的，调解委员会应当予以解聘。

## 第四章　附则

第三十六条　民办非企业单位、社会团体开展劳动争议协商、调解工作参照本规定执行。

第三十七条　本规定自2012年1月1日起施行。

# 最高人民法院关于审理劳动争议案件适用法律若干问题的解释

（2001 年 3 月 22 日最高人民法院审判委员会第 1165 次会议通过）

法释〔2001〕14 号

为正确审理劳动争议案件，根据《中华人民共和国劳动法》（以下简称《劳动法》和《中华人民共和国民事诉讼法》（以下简称《民事诉讼法》）等相关法律之规定，就适用法律的若干问题，作如下解释。

第一条　劳动者与用人单位之间发生的下列纠纷，属于《劳动法》第二条规定的劳动争议，当事人不服劳动争议仲裁委员会作出的裁决，依法向人民法院起诉的，人民法院应当受理：

（一）劳动者与用人单位在履行劳动合同过程中发生的纠纷；

（二）劳动者与用人单位之间没有订立书面劳动合同，但已形成劳动关系后发生的纠纷；

（三）劳动者退休后，与尚未参加社会保险统筹的原用人单位因追索养老金、医疗费、工伤保险待遇和其他社会保险费而发生的纠纷。

第二条　劳动争议仲裁委员会以当事人申请仲裁的事项不属于劳动争议为由，作出不予受理的书面裁决、决定或者通知，当事人不服，依法向人民法院起诉的，人民法院应当分别情况予以处理：

（一）属于劳动争议案件的，应当受理；

（二）虽不属于劳动争议案件，但属于人民法院主管的其他案件，应当依法受理。

第三条　劳动争议仲裁委员会根据《劳动法》第八十二条之规定，

以当事人的仲裁申请超过六十日期限为由，作出不予受理的书面裁决、决定或者通知，当事人不服，依法向人民法院起诉的，人民法院应当受理；对确已超过仲裁申请期限，又无不可抗力或者其他正当理由的，依法驳回其诉讼请求。

第四条　劳动争议仲裁委员会以申请仲裁的主体不适格为由，作出不予受理的书面裁决、决定或者通知，当事人不服，依法向人民法院起诉的，经审查，确属主体不适格的，裁定不予受理或者驳回起诉。

第五条　劳动争议仲裁委员会为纠正原仲裁裁决错误重新作出裁决，当事人不服，依法向人民法院起诉的，人民法院应当受理。

第六条　人民法院受理劳动争议案件后，当事人增加诉讼请求的，如该诉讼请求与讼争的劳动争议具有不可分性，应当合并审理；如属独立的劳动争议，应当告知当事人向劳动争议仲裁委员会申请仲裁。

第七条　劳动争议仲裁委员会仲裁的事项不属于人民法院受理的案件范围，当事人不服，依法向人民法院起诉的，裁定不予受理或者驳回起诉。

第八条　劳动争议案件由用人单位所在地或者劳动合同履行地的基层人民法院管辖。

劳动合同履行地不明确的，由用人单位所在地的基层人民法院管辖。

第九条　当事人双方不服劳动争议仲裁委员会作出的同一仲裁裁决，均向同一人民法院起诉的，先起诉的一方当事人为原告，但对双方的诉讼请求，人民法院应当一并作出裁决。

当事人双方就同一仲裁裁决分别向有管辖权的人民法院起诉的，后受理的人民法院应当将案件移送给先受理的人民法院。

第十条　用人单位与其他单位合并的，合并前发生的劳动争议，由合并后的单位为当事人；用人单位分立为若干单位的，其分立前发生的劳动争议，由分立后的实际用人单位为当事人。

用人单位分立为若干单位后，对承受劳动权利义务的单位不明确的，分立后的单位均为当事人。

第十一条　用人单位招用尚未解除劳动合同的劳动者，原用人单位与劳动者发生的劳动争议，可以列新的用人单位为第三人。

原用人单位以新的用人单位侵权为由向人民法院起诉的，可以列劳动者为第三人。

原用人单位以新的用人单位和劳动者共同侵权为由向人民法院起诉的，新的用人单位和劳动者列为共同被告。

第十二条　劳动者在用人单位与其他平等主体之间的承包经营期间，与发包方和承包方双方或者一方发生劳动争议，依法向人民法院起诉的，应当将承包方和发包方作为当事人。

第十三条　因用人单位作出的开除、除名、辞退、解除劳动合同、减少劳动报酬、计算劳动者工作年限等决定而发生的劳动争议，用人单位负举证责任。

第十四条　劳动合同被确认为无效后，用人单位对劳动者付出的劳动，一般可参照本单位同期、同工种、同岗位的工资标准支付劳动报酬。

根据《劳动法》第九十七条之规定，由于用人单位的原因订立的无效合同，给劳动者造成损害的，应当比照违反和解除劳动合同经济补偿金的支付标准，赔偿劳动者因合同无效所造成的经济损失。

第十五条　用人单位有下列情形之一，迫使劳动者提出解除劳动合同的，用人单位应当支付劳动者的劳动报酬和经济补偿，并可支付赔偿金：

（一）以暴力、威胁或者非法限制人身自由的手段强迫劳动的；

（二）未按照劳动合同约定支付劳动报酬或者提供劳动条件的；

（三）克扣或者无故拖欠劳动者工资的；

（四）拒不支付劳动者延长工作时间工资报酬的；

（五）低于当地最低工资标准支付劳动者工资的。

第十六条　劳动合同期满后，劳动者仍在原用人单位工作，原用人单位未表示异议的，视为双方同意以原条件继续履行劳动合同。一方提出终止劳动关系的，人民法院应当支持。

根据《劳动法》第二十条之规定，用人单位应当与劳动者签订无固定期限劳动合同而未签订的，人民法院可以视为双方之间存在无固定期限劳动合同关系，并以原劳动合同确定双方的权利义务关系。

第十七条　劳动争议仲裁委员会作出仲裁裁决后，当事人对裁决中的部分事项不服，依法向人民法院起诉的，劳动争议仲裁裁决不发生法律效力。

第十八条　劳动争议仲裁委员会对多个劳动者的劳动争议作出仲裁裁决后，部分劳动者对仲裁裁决不服，依法向人民法院起诉的，仲裁裁决对提出起诉的劳动者不发生法律效力；对未提出起诉的部分劳动者，发生法律效力，如其申请执行的，人民法院应当受理。

第十九条　用人单位根据《劳动法》第四条之规定，通过民主程序制定的规章制度，不违反国家法律、行政法规及政策规定，并已向劳动者公示的，可以作为人民法院审理劳动争议案件的依据。

第二十条　用人单位对劳动者作出的开除、除名、辞退等处理，或者因其他原因解除劳动合同确有错误的，人民法院可以依法判决予以撤销。

对于追索劳动报酬、养老金、医疗费以及工伤保险待遇、经济补偿金、培训费及其他相关费用等案件，给付数额不当的，人民法院可以予以变更。

第二十一条　当事人申请人民法院执行劳动争议仲裁机构作出的发生法律效力的裁决书、调解书，被申请人提出证据证明劳动争议仲裁裁决书、调解书有下列情形之一，并经审查核实的，人民法院可以根据《民事诉讼法》第二百一十七条之规定，裁定不予执行：

（一）裁决的事项不属于劳动争议仲裁范围，或者劳动争议仲裁机构无权仲裁的；

（二）适用法律确有错误的；

（三）仲裁员仲裁该案时，有徇私舞弊、枉法裁决行为的；

（四）人民法院认定执行该劳动争议仲裁裁决违背社会公共利益的。

人民法院在不予执行的裁定书中，应当告知当事人在收到裁定书之次日起三十日内，可以就该劳动争议事项向人民法院起诉。

# 最高人民法院关于审理劳动争议案件适用法律若干问题的解释（二）

（2006 年 7 月 10 日最高人民法院审判委员会第 1393 次会议通过）

法释〔2006〕6 号

为正确审理劳动争议案件，根据《中华人民共和国劳动法》、《中华人民共和国民事诉讼法》等相关法律规定，结合民事审判实践，对人民法院审理劳动争议案件适用法律的若干问题补充解释如下：

第一条　人民法院审理劳动争议案件，对下列情形，视为劳动法第八十二条规定的“劳动争议发生之日”：

（一）在劳动关系存续期间产生的支付工资争议，用人单位能够证明已经书面通知劳动者拒付工资的，书面通知送达之日为劳动争议发生之日。用人单位不能证明的，劳动者主张权利之日为劳动争议发生之日。

（二）因解除或者终止劳动关系产生的争议，用人单位不能证明劳动者收到解除或者终止劳动关系书面通知时间的，劳动者主张权利之日为劳动争议发生之日。

（三）劳动关系解除或者终止后产生的支付工资、经济补偿金、福利待遇等争议，劳动者能够证明用人单位承诺支付的时间为解除或者终止劳动关系后的具体日期的，用人单位承诺支付之日为劳动争议发生之日。劳动者不能证明的，解除或者终止劳动关系之日为劳动争议发生之日。

第二条　拖欠工资争议，劳动者申请仲裁时劳动关系仍然存续，用人单位以劳动者申请仲裁超过六十日为由主张不再支付的，人民法院不予支持。但用人单位能够证明劳动者已经收到拒付工资的书面通知的除外。

第三条　劳动者以用人单位的工资欠条为证据直接向人民法院起诉，诉讼请求不涉及劳动关系其他争议的，视为拖欠劳动报酬争议，按照普通民事纠纷受理。

第四条　用人单位和劳动者因劳动关系是否已经解除或者终止，以及应否支付解除或终止劳动关系经济补偿金产生的争议，经劳动争议仲裁委员会仲裁后，当事人依法起诉的，人民法院应予受理。

第五条　劳动者与用人单位解除或者终止劳动关系后，请求用人单位返还其收取的劳动合同定金、保证金、抵押金、抵押物产生的争议，或者办理劳动者的人事档案、社会保险关系等移转手续产生的争议，经劳动争议仲裁委员会仲裁后，当事人依法起诉的，人民法院应予受理。

第六条　劳动者因为工伤、职业病，请求用人单位依法承担给予工伤保险待遇的争议，经劳动争议仲裁委员会仲裁后，当事人依法起诉的，人民法院应予受理。

第七条　下列纠纷不属于劳动争议：

（一）劳动者请求社会保险经办机构发放社会保险金的纠纷；

（二）劳动者与用人单位因住房制度改革产生的公有住房转让纠纷；

（三）劳动者对劳动能力鉴定委员会的伤残等级鉴定结论或者对职业病诊断鉴定委员会的职业病诊断鉴定结论的异议纠纷；

（四）家庭或者个人与家政服务人员之间的纠纷；

（五）个体工匠与帮工、学徒之间的纠纷；

（六）农村承包经营户与受雇人之间的纠纷。

第八条　当事人不服劳动争议仲裁委员会作出的预先支付劳动者部分工资或者医疗费用的裁决，向人民法院起诉的，人民法院不予受理。

用人单位不履行上述裁决中的给付义务，劳动者依法向人民法院申请强制执行的，人民法院应予受理。

第九条　劳动者与起有字号的个体工商户产生的劳动争议诉讼，人民法院应当以营业执照上登记的字号为当事人，但应同时注明该字号业主的自然情况。

第十条　劳动者因履行劳动力派遣合同产生劳动争议而起诉，以派遣单位为被告；争议内容涉及接受单位的，以派遣单位和接受单位为共同被告。

第十一条　劳教者和用人单位均不服劳动争议仲裁委员会的同一裁决，向同一人民法院起诉的，人民法院应当并案审理，双方当事人互为原告和被告。在诉讼过程中，一方当事人撤诉的，人民法院应当根据另一方当事人的诉讼请求继续审理。

第十二条　当事人能够证明在申请仲裁期间内因不可抗力或者其他客观原因无法申请仲裁的，人民法院应当认定申请仲裁期间中止，从中止的原因消灭之次日起，申请仲裁期间连续计算。

第十三条　当事人能够证明在申请仲裁期间内具有下列情形之一的，人民法院应当认定申请仲裁期间中断：

（一）向对方当事人主张权利；

（二）向有关部门请求权利救济；

（三）对方当事人同意履行义务。

申请仲裁期间中断的，从对方当事人明确拒绝履行义务，或者有关部门作出处理决定或明确表示不予处理时起，申请仲裁期间重新计算。

第十四条　在诉讼过程中，劳动者向人民法院申请采取财产保全措施，人民法院经审查认为申请人经济确有困难，或有证据证明用人单位存在欠薪逃匿可能的，应当减轻或者免除劳动者提供担保的义务，及时采取保全措施。

第十五条　人民法院作出的财产保全裁定中，应当告知当事人在劳动仲裁机构的裁决书或者在人民法院的裁判文书生效后三个月内申请强制执行。逾期不申请的，人民法院应当裁定解除保全措施。

第十六条　用人单位制定的内部规章制度与集体合同或者劳动合同约定的内容不一致，劳动者请求优先适用合同约定的，人民法院应予支持。

第十七条　当事人在劳动争议调解委员会主持下达成的具有劳动权利义务内容的调解协议，具有劳动合同的约束力，可以作为人民法院裁判的根据。

当事人在劳动争议调解委员会主持下仅就劳动报酬争议达成调解协议，用人单位不履行调解协议确定的给付义务，劳动者直接向人民法院起诉的，人民法院可以按照普通民事纠纷受理。

第十八条　本解释自二○○六年十月一日起施行。本解释施行前本院颁布的有关司法解释与本解释规定不一致的，以本解释的规定为准。

本解释施行后，人民法院尚未审结的一审、二审案件适用本解释。本解释施行前已经审结的案件，不得适用本解释的规定进行再审。

# 最高人民法院关于审理劳动争议案件适用法律若干问题的解释（三）

（2010年7月12日最高人民法院审判委员会第1489次会议通过）

法释〔2010〕12号

为正确审理劳动争议案件，根据《中华人民共和国劳动法》、《中华人民共和国劳动合同法》、《中华人民共和国劳动争议调解仲裁法》、《中华人民共和国民事诉讼法》等相关法律规定，结合民事审判实践，特作如下解释。

第一条　劳动者以用人单位未为其办理社会保险手续，且社会保险经办机构不能补办导致其无法享受社会保险待遇为由，要求用人单位赔偿损失而发生争议的，人民法院应予受理。

第二条　因企业自主进行改制引发的争议，人民法院应予受理。

第三条　劳动者依据劳动合同法第八十五条规定，向人民法院提起诉讼，要求用人单位支付加付赔偿金的，人民法院应予受理。

第四条　劳动者与未办理营业执照、营业执照被吊销或者营业期限届满仍继续经营的用人单位发生争议的，应当将用人单位或者其出资人列为当事人。

第五条　未办理营业执照、营业执照被吊销或者营业期限届满仍继续经营的用人单位，以挂靠等方式借用他人营业执照经营的，应当将用人单位和营业执照出借方列为当事人。

第六条　当事人不服劳动人事争议仲裁委员会作出的仲裁裁决，依法向人民法院提起诉讼，人民法院审查认为仲裁裁决遗漏了必须共同参加仲裁的当事人的，应当依法追加遗漏的人为诉讼当事人。

被追加的当事人应当承担责任的，人民法院应当一并处理。

第七条　用人单位与其招用的已经依法享受养老保险待遇或领取退休金的人员发生用工争议，向人民法院提起诉讼的，人民法院应当按劳务关系处理。

第八条　企业停薪留职人员、未达到法定退休年龄的内退人员、下岗待岗人员以及企业经营性停产放长假人员，因与新的用人单位发生用工争议，依法向人民法院提起诉讼的，人民法院应当按劳动关系处理。

第九条　劳动者主张加班费的，应当就加班事实的存在承担举证责任。但劳动者有证据证明用人单位掌握加班事实存在的证据，用人单位不提供的，由用人单位承担不利后果。

第十条　劳动者与用人单位就解除或者终止劳动合同办理相关手续、支付工资报酬、加班费、经济补偿或者赔偿金等达成的协议，不违反法律、行政法规的强制性规定，且不存在欺诈、胁迫或者乘人之危情形的，应当认定有效。

前款协议存在重大误解或者显失公平情形，当事人请求撤销的，人民法院应予支持。

第十一条　劳动人事争议仲裁委员会作出的调解书已经发生法律效力，一方当事人反悔提起诉讼的，人民法院不予受理；已经受理的，裁定驳回起诉。

第十二条　劳动人事争议仲裁委员会逾期未作出受理决定或仲裁裁决，当事人直接提起诉讼的，人民法院应予受理，但申请仲裁的案件存在下列事由的除外：

（一）移送管辖的；

（二）正在送达或送达延误的；

（三）等待另案诉讼结果、评残结论的；

（四）正在等待劳动人事争议仲裁委员会开庭的；

（五）启动鉴定程序或者委托其他部门调查取证的；

（六）其他正当事由。

当事人以劳动人事争议仲裁委员会逾期未作出仲裁裁决为由提起诉讼的，应当提交劳动人事争议仲裁委员会出具的受理通知书或者其他已接受仲裁申请的凭证或证明。

第十三条 劳动者依据调解仲裁法第四十七条第（一）项规定，追索劳动报酬、工伤医疗费、经济补偿或者赔偿金，如果仲裁裁决涉及数项，每项确定的数额均不超过当地月最低工资标准十二个月金额的，应当按照终局裁决处理。

第十四条 劳动人事争议仲裁委员会作出的同一仲裁裁决同时包含终局裁决事项和非终局裁决事项，当事人不服该仲裁裁决向人民法院提起诉讼的，应当按照非终局裁决处理。

第十五条 劳动者依据调解仲裁法第四十八条规定向基层人民法院提起诉讼，用人单位依据调解仲裁法第四十九条规定向劳动人事争议仲裁委员会所在地的中级人民法院申请撤销仲裁裁决的，中级人民法院应不予受理；已经受理的，应当裁定驳回申请。

被人民法院驳回起诉或者劳动者撤诉的，用人单位可以自收到裁定书之日起三十日内，向劳动人事争议仲裁委员会所在地的中级人民法院申请撤销仲裁裁决。

第十六条 用人单位依照调解仲裁法第四十九条规定向中级人民法院申请撤销仲裁裁决，中级人民法院作出的驳回申请或者撤销仲裁裁决的裁定为终审裁定。

第十七条 劳动者依据劳动合同法第三十条第二款和调解仲裁法第十六条规定向人民法院申请支付令，符合民事诉讼法第十七章督促程序规定的，人民法院应予受理。

依据劳动合同法第三十条第二款规定申请支付令被人民法院裁定终结督促程序后，劳动者就劳动争议事项直接向人民法院起诉的，人民法院应当告知其先向劳动人事争议仲裁委员会申请仲裁。

依据调解仲裁法第十六条规定申请支付令被人民法院裁定终结督促

程序后，劳动者依据调解协议直接向人民法院提起诉讼的，人民法院应予受理。

第十八条　劳动人事争议仲裁委员会作出终局裁决，劳动者向人民法院申请执行，用人单位向劳动人事争议仲裁委员会所在地的中级人民法院申请撤销的，人民法院应当裁定中止执行。

用人单位撤回撤销终局裁决申请或者其申请被驳回的，人民法院应当裁定恢复执行。仲裁裁决被撤销的，人民法院应当裁定终结执行。

用人单位向人民法院申请撤销仲裁裁决被驳回后，又在执行程序中以相同理由提出不予执行抗辩的，人民法院不予支持。

# 最高人民法院关于审理劳动争议案件适用法律若干问题的解释（四）

（2012 年 12 月 31 日最高人民法院审判委员会第 1566 次会议通过）

法释〔2013〕4 号

为正确审理劳动争议案件，根据《中华人民共和国劳动法》《中华人民共和国劳动合同法》《中华人民共和国劳动争议调解仲裁法》《中华人民共和国民事诉讼法》等相关法律规定，结合民事审判实践，就适用法律的若干问题，作如下解释：

第一条　劳动人事争议仲裁委员会以无管辖权为由对劳动争议案件不予受理，当事人提起诉讼的，人民法院按照以下情形分别处理：

（一）经审查认为该劳动人事争议仲裁委员会对案件确无管辖权的，应当告知当事人向有管辖权的劳动人事争议仲裁委员会申请仲裁；

（二）经审查认为该劳动人事争议仲裁委员会有管辖权的，应当告知当事人申请仲裁，并将审查意见书面通知该劳动人事争议仲裁委员会，劳动人事争议仲裁委员会仍不受理，当事人就该劳动争议事项提起诉讼的，应予受理。

第二条　仲裁裁决的类型以仲裁裁决书确定为准。

仲裁裁决书未载明该裁决为终局裁决或非终局裁决，用人单位不服该仲裁裁决向基层人民法院提起诉讼的，应当按照以下情形分别处理：

（一）经审查认为该仲裁裁决为非终局裁决的，基层人民法院应予受理；

（二）经审查认为该仲裁裁决为终局裁决的，基层人民法院不予受理，但应告知用人单位可以自收到不予受理裁定书之日起三十日内向劳动人事争议仲裁委员会所在地的中级人民法院申请撤销该仲裁裁决；已经受理的，裁定驳回起诉。

第三条　中级人民法院审理用人单位申请撤销终局裁决的案件，应当组成合议庭开庭审理。经过阅卷、调查和询问当事人，对没有新的事实、证据或者理由，合议庭认为不需要开庭审理的，可以不开庭审理。

中级人民法院可以组织双方当事人调解。达成调解协议的，可以制作调解书。一方当事人逾期不履行调解协议的，另一方可以申请人民法院强制执行。

第四条　当事人在人民调解委员会主持下仅就给付义务达成的调解协议，双方认为有必要的，可以共同向人民调解委员会所在地的基层人民法院申请司法确认。

第五条　劳动者非因本人原因从原用人单位被安排到新用人单位工作，原用人单位未支付经济补偿，劳动者依照劳动合同法第三十八条规定与新用人单位解除劳动合同，或者新用人单位向劳动者提出解除、终止劳动合同，在计算支付经济补偿或赔偿金的工作年限时，劳动者请求把在原用人单位的工作年限合并计算为新用人单位工作年限的，人民法院应予支持。

用人单位符合下列情形之一的，应当认定属于“劳动者非因本人原因从原用人单位被安排到新用人单位工作”：

（一）劳动者仍在原工作场所、工作岗位工作，劳动合同主体由原用人单位变更为新用人单位；

（二）用人单位以组织委派或任命形式对劳动者进行工作调动；

（三）因用人单位合并、分立等原因导致劳动者工作调动；

（四）用人单位及其关联企业与劳动者轮流订立劳动合同；

（五）其他合理情形。

第六条　当事人在劳动合同或者保密协议中约定了竞业限制，但未约定解除或者终止劳动合同后给予劳动者经济补偿，劳动者履行了竞业限制义务，要求用人单位按照劳动者在劳动合同解除或者终止前十二个月平均工资的30%按月支付经济补偿的，人民法院应予支持。

前款规定的月平均工资的30%低于劳动合同履行地最低工资标准的，按照劳动合同履行地最低工资标准支付。

第七条　当事人在劳动合同或者保密协议中约定了竞业限制和经济补偿，当事人解除劳动合同时，除另有约定外，用人单位要求劳动者履行竞业限制义务，或者劳动者履行了竞业限制义务后要求用人单位支付经济补偿的，人民法院应予支持。

第八条　当事人在劳动合同或者保密协议中约定了竞业限制和经济补偿，劳动合同解除或者终止后，因用人单位的原因导致三个月未支付经济补偿，劳动者请求解除竞业限制约定的，人民法院应予支持。

第九条　在竞业限制期限内，用人单位请求解除竞业限制协议时，人民法院应予支持。

在解除竞业限制协议时，劳动者请求用人单位额外支付劳动者三个月的竞业限制经济补偿的，人民法院应予支持。

第十条　劳动者违反竞业限制约定，向用人单位支付违约金后，用人单位要求劳动者按照约定继续履行竞业限制义务的，人民法院应予支持。

第十一条　变更劳动合同未采用书面形式，但已经实际履行了口头变更的劳动合同超过一个月，且变更后的劳动合同内容不违反法律、行政法规、国家政策以及公序良俗，当事人以未采用书面形式为由主张劳动合同变更无效的，人民法院不予支持。

第十二条　建立了工会组织的用人单位解除劳动合同符合劳动合同法第三十九条、第四十条规定，但未按照劳动合同法第四十三条规定事先通知工会，劳动者以用人单位违法解除劳动合同为由请求用人单位支付赔偿金的，人民法院应予支持，但起诉前用人单位已经补正有关程序的除外。

第十三条　劳动合同法施行后，因用人单位经营期限届满不再继续经营导致劳动合同不能继续履行，劳动者请求用人单位支付经济补偿的，人民法院应予支持。

第十四条　外国人、无国籍人未依法取得就业证件即与中国境内的用人单位签订劳动合同，以及香港特别行政区、澳门特别行政区和台湾地区居民未依法取得就业证件即与内地用人单位签订劳动合同，当事人请求确认与用人单位存在劳动关系的，人民法院不予支持。

持有《外国专家证》并取得《外国专家来华工作许可证》的外国人，与中国境内的用人单位建立用工关系的，可以认定为劳动关系。

第十五条　本解释施行前本院颁布的有关司法解释与本解释抵触的，自本解释施行之日起不再适用。

本解释施行后尚未终审的劳动争议纠纷案件，适用本解释；本解释施行前已经终审，当事人申请再审或者按照审判监督程序决定再审的，不适用本解释。